A CONTABILIDADE NA GESTÃO DOS REGIMES PRÓPRIOS DE PREVIDÊNCIA SOCIAL

O GEN | Grupo Editorial Nacional, a maior plataforma editorial no segmento CTP (científico, técnico e profissional), publica nas áreas de saúde, ciências exatas, jurídicas, sociais aplicadas, humanas e de concursos, além de prover serviços direcionados a educação, capacitação médica continuada e preparação para concursos. Conheça nosso catálogo, composto por mais de cinco mil obras e três mil e-books, em www.grupogen.com.br.

As editoras que integram o GEN, respeitadas no mercado editorial, construíram catálogos inigualáveis, com obras decisivas na formação acadêmica e no aperfeiçoamento de várias gerações de profissionais e de estudantes de Administração, Direito, Engenharia, Enfermagem, Fisioterapia, Medicina, Odontologia, Educação Física e muitas outras ciências, tendo se tornado sinônimo de seriedade e respeito.

Nossa missão é prover o melhor conteúdo científico e distribuí-lo de maneira flexível e conveniente, a preços justos, gerando benefícios e servindo a autores, docentes, livreiros, funcionários, colaboradores e acionistas.

Nosso comportamento ético incondicional e nossa responsabilidade social e ambiental são reforçados pela natureza educacional de nossa atividade, sem comprometer o crescimento contínuo e a rentabilidade do grupo.

A CONTABILIDADE NA GESTÃO DOS REGIMES PRÓPRIOS DE PREVIDÊNCIA SOCIAL

Diana Vaz de Lima
Otoni Gonçalves Guimarães

Os autores e a editora empenharam-se para citar adequadamente e dar o devido crédito a todos os detentores dos direitos autorais de qualquer material utilizado neste livro, dispondo-se a possíveis acertos caso, inadvertidamente, a identificação de algum deles tenha sido omitida.

Não é responsabilidade da editora nem dos autores a ocorrência de eventuais perdas ou danos a pessoas ou bens que tenham origem no uso desta publicação.

Apesar dos melhores esforços dos autores, do editor e dos revisores, é inevitável que surjam erros no texto. Assim, são bem-vindas as comunicações de usuários sobre correções ou sugestões referentes ao conteúdo ou ao nível pedagógico que auxiliem o aprimoramento de edições futuras. Os comentários dos leitores podem ser encaminhados à **Editora Atlas Ltda.** pelo e-mail editorialcsa@grupogen.com.br.

Direitos exclusivos para a língua portuguesa
Copyright © 2016 by
Editora Atlas Ltda.
Uma editora integrante do GEN | Grupo Editorial Nacional

Reservados todos os direitos. É proibida a duplicação ou reprodução deste volume, no todo ou em parte, sob quaisquer formas ou por quaisquer meios (eletrônico, mecânico, gravação, fotocópia, distribuição na internet ou outros), sem permissão expressa da editora.

Rua Conselheiro Nébias, 1384
Campos Elísios, São Paulo, SP – CEP 01203-904
Tels.: 21-3543-0770/11-5080-0770
editorialcsa@grupogen.com.br
www.grupogen.com.br

Designer de capa: Rejane Megale

Projeto Gráfico e Editoração Eletrônica: Ronaldo Alexandre

CIP-BRASIL. CATALOGAÇÃO NA PUBLICAÇÃO
SINDICATO NACIONAL DOS EDITORES DE LIVROS, RJ

L697c
Lima, Diana Vaz de
A contabilidade na gestão dos regimes próprios de previdência social / Diana Vaz de Lima, Otoni Gonçalves Guimarães. – 1. ed. – São Paulo : Atlas, 2016.

Bibliografia.
ISBN 978-85-97-00898-2

1. Contabilidade pública – Brasil. 2. Previdência social – Legislação – Brasil. I. Guimarães, Otoni Gonçalves. II. Título.

16-36057
CDD: 657.61
CDU: 35.073.52

Diana Vaz de Lima
Ao meu esposo, Marcelo, e aos nossos queridos filhos, Ágata e Tales.

Otoni Gonçalves Guimarães
Em memória de Natal G. Guimarães e Aurea F. Guimarães, meus pais.

Marilzete, esposa, Anyne, Aryane e Luiza, filhas, gratidão pelo incentivo e apoio.

Sumário

Prefácio, XIII

1 O Ambiente da Contabilidade Aplicada ao RPPS, 1

1.1 A Previdência Social no contexto da Seguridade Social, 2

1.2 O Princípio do Equilíbrio Financeiro e Atuarial, 4

    1.2.1 Aspectos conceituais, 4

    1.2.2 Os regimes de financiamento dos RPPS, 6

1.3 Os RPPS na Previdência hoje, 7

1.4 Aspectos fundamentais da Contabilidade Pública, 8

    1.4.1 Conceitos e objetivos da Contabilidade Aplicada ao Setor Público, 8

    1.4.2 Regime contábil: orçamento *versus* patrimônio, 9

    1.4.3 Procedimentos de segurança da documentação contábil, 10

    1.4.4 Plano de contas aplicado aos RPPS, 12

    1.4.5 Natureza da Informação Orçamentária, Patrimonial e de Controle, 13

    1.4.6 Demonstrações Contábeis, 14

1.5 A aplicação dos Princípios de Contabilidade pelos RPPS, 16

    1.5.1 Princípio da Entidade, 16

    1.5.2 Princípio da Continuidade, 17

    1.5.3 Princípio da Oportunidade, 18

    1.5.4 Princípio do Registro pelo Valor Original, 18

    1.5.5 Princípio da Competência, 19

    1.5.6 Princípio da Prudência, 19

1.6 O ambiente da Contabilidade Aplicada aos RPPS, 20
   1.6.1 Aspectos normativos, 21
   1.6.2 Peculiaridades dos RPPS, 22
1.7 Resumo, 23
1.8 Temas para discussão, pesquisa e desenvolvimento, 25

2 Aspectos Contábeis no Contexto da Legislação dos RPPS, 27
   2.1 Normas gerais de contabilidade e atuária, 28
   2.2 Organização e funcionamento dos RPPS, 35
   2.3 Avaliações e reavaliações atuariais, 39
   2.4 Orientações normativas para o cumprimento da legislação previdenciária, 42
   2.5 Normas contábeis aplicáveis aos RPPS, 44
   2.6 Resumo, 45
   2.7 Temas para discussão, pesquisa e desenvolvimento, 46

3 Especificidades na Elaboração do Orçamento dos RPPS, 49
   3.1 Características do orçamento público, 50
   3.2 Características das receitas públicas, 52
      3.2.1 Classificação da receita orçamentária, 53
      3.2.2 Etapas e reconhecimento da receita orçamentária, 55
   3.3 Características das despesas públicas, 56
      3.3.1 Classificação da despesa orçamentária, 57
      3.3.2 Estágios e reconhecimento da despesa orçamentária, 58
   3.4 Especificidades na elaboração do orçamento dos RPPS, 58
      3.4.1 Fontes de financiamento do RPPS, 59
      3.4.2 Impacto orçamentário dos pagamentos a serem realizados, 61
      3.4.3 Reserva orçamentária do RPPS, 62
      3.4.4 Exemplo prático, 65
         3.4.4.1 Situação orçamentária equilibrada, 65
         3.4.4.2 Situação orçamentária superavitária, 66
         3.4.4.3 Situação orçamentária deficitária, 67
      3.4.5 Utilizando a reserva do RPPS, 68
      3.4.6 Investimentos dos RPPS, 69

3.5 Resumo, 69

3.6 Temas para discussão, pesquisa e desenvolvimento, 71

4 Plano de Contas Aplicado aos RPPS, 73

4.1 Breve histórico, 74

4.2 Planificação contábil segundo as Normas do Conselho Federal de Contabilidade, 75

4.3 Plano de contas aplicado aos RPPS, 79

    4.3.1 Objetivo, 79

    4.3.2 Critérios de ordenamento das contas, 79

    4.3.3 Regras para classificação das contas, 83

        4.3.3.1 Ativo, 83

        4.3.3.2 Passivo, 84

        4.3.3.3 Variações Patrimoniais Diminutivas, 84

        4.3.3.4 Variações Patrimoniais Aumentativas, 86

        4.3.3.5 Controles da aprovação do planejamento e orçamento, 87

        4.3.3.6 Controles da execução do planejamento e orçamento, 88

        4.3.3.7 Controles devedores, 88

        4.3.3.8 Controles credores, 89

    4.3.4 Natureza da informação contábil, 90

    4.3.5 Consolidação das contas do PCASP, 92

    4.3.6 Regime Contábil, 94

4.4 As especificidades do PCASP RPPS, 94

    4.4.1 Regras gerais, 94

    4.4.2 Contas específicas, 95

4.5 Registro contábil nos RPPS, 97

4.6 Resumo, 98

4.7 Temas para discussão, pesquisa e desenvolvimento, 100

5 Provisão Matemática Previdenciária, 101

5.1 Considerações gerais, 102

5.2 Avaliação e parecer atuarial, 103

5.3 Segregação da massa de segurados, 107

5.4 Contas envolvidas, 109
5.5 Tratamento contábil, 114
    5.5.1 Registro Contábil da Provisão Matemática Previdenciária Inicial, 115
    5.5.2 Atualização da Provisão Matemática Previdenciária, 122
    5.5.3 Apuração do déficit atuarial, 127
    5.5.4 Amortização do déficit atuarial, 130
    5.5.5 Superávit atuarial, 132
5.6 Resumo, 136
5.7 Temas para discussão, pesquisa e desenvolvimento, 138

6 Tratamento Contábil da Carteira de Investimentos dos RPPS, 141
    6.1 A gestão de Ativos em previdência, 142
    6.2 A Política de Investimentos dos recursos previdenciários, 146
    6.3 Peculiaridades da carteira de investimentos dos RPPS, 148
    6.4 Aplicações e investimentos realizados pelos RPPS, 155
    6.5 Atualização da carteira de investimentos dos RPPS, 157
        6.5.1 Valorização da carteira de aplicações e investimentos dos recursos sob gestão do RPPS, 158
        6.5.2 Desvalorização da carteira de investimentos dos RPPS, 159
        6.5.3 Registro de ajuste para perdas estimadas, 160
        6.5.4 Aplicação do procedimento de *impairment*, 163
        6.5.5 Marcação na curva *versus* Marcação a Mercado (MaM), 167
    6.6 Resgate da carteira de aplicações e investimentos, 168
    6.7 *Asset Liability Management* (ALM) ou Gestão de Ativos e Passivos, 169
    6.8 Os RPPS como investidores qualificados e profissionais e a "*suitability*", 170
    6.9 Resumo, 172
    6.10 Temas para discussão, pesquisa e desenvolvimento, 174

7 Contribuições e Benefícios Previdenciários, 175
    7.1 Contribuições previdenciárias – contas envolvidas, 176
    7.2 Contribuições dos servidores ativos, 180
    7.3 Contribuições dos aposentados e pensionistas, 186

7.4 Contribuição a cargo do ente federativo, 190

7.5 Parcelamento de débitos previdenciários, 196

7.6 Compensação previdenciária, 199

7.7 Transferências recebidas pelos RPPS, 203

    7.7.1 Aporte de recursos para cobertura de déficit financeiro, 203

    7.7.2 Aporte de recursos financeiros para cobertura de déficit atuarial, 206

    7.7.3 Aporte de outros Ativos para cobertura de déficit atuarial, 208

7.8 Pagamento de benefícios previdenciários, 209

7.9 Resumo, 215

7.10 Temas para discussão, pesquisa e desenvolvimento, 217

8 Outros Procedimentos Usuais nos RPPS, 219

  8.1 Taxa de administração, 220

    8.1.1 Base de cálculo, 221

    8.1.2 Tratamento contábil da taxa de administração, 222

    8.1.3 Constituição de reservas administrativas com a taxa de administração, 224

    8.1.4 Investimentos com as sobras da taxa de administração, 225

    8.1.5 Despesas não custeadas pela taxa de administração, 225

  8.2 Procedimento contábil da reavaliação, 225

    8.2.1 Objetivo, 226

    8.2.2 Metodologia e periodicidade da reavaliação, 226

    8.2.3 Critérios de reavaliação, 227

    8.2.4 Contabilização da reavaliação, 228

    8.2.5 Reavaliação de bem com depreciação acumulada, 229

    8.2.6 Caso prático, 230

    8.2.7 Divulgação, 232

  8.3 Depreciações, 232

    8.3.1 Definição e objetivo, 233

    8.3.2 Base de cálculo, 233

    8.3.3 Vida útil e taxas aplicadas, 234

    8.3.4 Bens não depreciáveis, 237

    8.3.5 Métodos de depreciação e amortização, 237

8.3.6 Contabilização da depreciação, 238

8.3.7 Melhorias e adições complementares, 239

8.3.8 Depreciação de bens usados, 239

8.3.9 Bens totalmente depreciados, 240

8.3.10 Controle patrimonial, 242

8.3.11 Divulgação, 243

8.4 Ajuste de *impairment* para Ativos não geradores de caixa, 243

8.4.1 Fontes indicadoras de irrecuperabilidade, 244

8.4.2 Contabilização do *impairment* para Ativos não geradores de caixa, 245

8.5 Resumo, 246

8.6 Temas para discussão, pesquisa e desenvolvimento, 247

9 Sistemas e Demonstrativos Exigidos pelo MPS, 249

9.1 Sistema de Informações dos Regimes de Previdência Social (CADPREV), 250

9.2 Demonstrativo do Resultado da Avaliação Atuarial (DRAA), 251

9.3 Demonstrativo de Informações Previdenciárias e Repasses (DIPR), 261

9.4 Demonstrativo da Política de Investimentos (DPIN), 265

9.5 Demonstrativo de Aplicações e Investimentos dos Recursos (DAIR), 271

9.6 Nota final, 276

9.7 Resumo, 276

9.8 Tema para discussão, pesquisa e desenvolvimento, 277

Glossário de termos técnicos, 279

Referências, 293

Prefácio

Prezados leitores,

É uma grande honra para mim prefaciar o livro *A Contabilidade na Gestão dos Regimes Próprios de Previdência Social*. Os autores, Diana Vaz de Lima e Otoni Gonçalves Guimarães, são profundos conhecedores do tema, a quem devo grande parte do que conheço sobre previdência social. Ter o privilégio de ler antecipadamente esta obra foi, na verdade, uma oportunidade de aprender ainda mais com este amplo e profundo trabalho, que chega para ser uma referência aos gestores dos Regimes Próprios de Previdência Social (RPPS).

O modelo de seguridade social brasileiro foi consolidado ao longo do século XX, baseado em uma saúde universal, uma assistência social com foco na redução da pobreza e uma previdência contributiva, com dois regimes obrigatórios, o Regime Geral de Previdência Social (RGPS) e os RPPS, e um regime complementar facultativo e capitalizado.

Tanto o RGPS quanto os RPPS foram implementados em modelo de repartição simples, sem preocupação com equilíbrio financeiro e atuarial, tendo em vista que o Brasil era um país jovem, com poucos aposentados e pensionistas. Todavia, a partir da década de 1990, com o rápido envelhecimento da população, esses regimes começaram a apresentar fortes déficits, o que levou à implementação de uma série de pequenas reformas.

Desde então, os RPPS passaram por uma grande restruturação, comandada pelo Ministério da Previdência Social, mediante suas normas regulamentadoras e ações de fiscalização de regularidade. Nesse período foi regulamentada a compensação entre os regimes, importante instrumento para o seu equilíbrio, mas que precisa ser consolidada e tornar-se mais ágil e justa. Os RPPS se reorganizaram, com quase todos implantando o conceito de unidade gestora única de previdência, ainda que não assumindo todas as etapas do processo. A maior parte deles também implementou um modelo de capitalização que levou a um acúmulo total de cerca de R$ 170 bilhões em 2014.

Todavia, em função dos descuidos do passado, os RPPS acumularam um enorme déficit atuarial e um crescente déficit financeiro. Trata-se de uma dívida contraída junto aos servidores e que será, sem dúvida, o maior desafio fiscal desses entes nas duas próximas décadas. O crescente déficit financeiro ocorre justamente no momento em que os estados e municípios enfrentam sua mais grave crise fiscal, sendo sua principal componente.

Este momento requer uma maior eficiência na gestão dos RPPS, transparência e uma grande capacidade de encontrar novas alternativas para minimizar os impactos desse déficit, cumprindo todas as normas legais e os princípios de governança. A contabilidade é indispensável para alcançar esses objetivos, tanto como elemento de fiscalização para os servidores e a sociedade em geral, quanto para a tomada de decisões dos gestores, bem como para a conformidade dos atos e sua publicidade.

Este livro aborda todas essas dimensões de forma ampla e didática. As especificidades da contabilidade pública aplicada aos RPPS são muito bem pontuadas nos Capítulos 1 a 4. Temas complexos e muito relevantes como a segregação de massas e a apuração e contabilização do déficit atuarial são tratados no Capítulo 5 com bastante clareza.

O Capítulo 6 traz uma completa e detalhada orientação não apenas da contabilização, como também da gestão da carteira de investimentos dos RPPS. Chamo a atenção para dois pontos muito relevantes e pouco explorados pela maioria dos RPPS e dos fundos de pensão: o registro de ajuste para perdas estimadas e o *Asset Liability Management* (ALM). Ao não fazer o registro de estimativas de perdas, perdemos em transparência ao mostrar um resultado irreal, além de adiar as medidas saneadoras. O ALM, por seu lado, é fundamental para o casamento entre os investimentos e a necessidade de liquidez para o pagamento de benefícios.

Os Capítulos 7 a 9 trazem uma atualizada orientação sobre todo um conjunto de procedimentos que devem ser adotados pelos gestores de RPPS para o adequado funcionamento da instituição e o cumprimento das exigências dos diversos normativos a que estão submetidos. Chamo a atenção para a importância da reavaliação dos ativos, bem como da depreciação, abordada no Capítulo 8. O cenário futuro dos RPPS é de uma diversidade muito maior de ativos, deixando de ser basicamente ativos financeiros. Em função disso, o aprofundamento do conhecimento sobre as técnicas de avaliação e depreciação de bens e direitos é fundamental.

O cenário futuro dos RPPS requer, dos seus gestores e conselheiros, mais ousadia e criatividade e uma maior eficácia na implementação das ações. Para tanto, é fundamental que todos aprofundem seus conhecimentos na área. Nesse contexto, este livro torna-se uma leitura obrigatória para quem deseja ser agente da solução dos problemas.

Brasília, janeiro de 2016.

Leonardo Rolim
Consultor da Câmara dos Deputados
Ex-Secretário de Políticas de Previdência Social

O Ambiente da Contabilidade Aplicada ao RPPS

OBJETIVOS

Proporcionar ao leitor os seguintes conhecimentos:
- A Previdência Social no contexto da Seguridade Social
- O Princípio do Equilíbrio Financeiro e Atuarial
- Os RPPS na Previdência hoje
- Aspectos fundamentais da Contabilidade Pública
- A aplicação dos Princípios de Contabilidade pelos RPPS
- O ambiente da Contabilidade Aplicada aos RPPS

1.1 A Previdência Social no contexto da Seguridade Social

A Seguridade Social, de que trata o Título VIII da Constituição Federal, representa um conjunto de ações de iniciativa dos Poderes públicos e da sociedade para assegurar os direitos das pessoas em relação à saúde, à previdência e à assistência social. A Previdência Social se organiza em três regimes distintos – Regime Geral de Previdência Social (RGPS), Regime Próprio de Previdência Social (RPPS) e Regime de Previdência Complementar (RPC):

a) **Regime Geral de Previdência Social (RGPS)**: fundamentado no art. 201 da Constituição Federal, é de caráter contributivo e de filiação obrigatória, de âmbito nacional. Originalmente destinado aos trabalhadores do setor privado e aos funcionários públicos celetistas, é também aplicável aos servidores titulares de cargos efetivos não vinculados a regime próprio; admite Previdência Complementar.

b) **Regime Próprio de Previdência Social (RPPS)**: contempla os servidores públicos titulares de cargos efetivos civis da União, dos Estados, do Distrito Federal e dos Municípios, conforme previsto no art. 40 da Constituição Federal, e os militares dos Estados e do Distrito Federal. De filiação obrigatória e compulsória a partir da instituição por lei de iniciativa do poder executivo do respectivo ente federativo, segundo regra geral, é de caráter contributivo, deve observar equilíbrio financeiro e atuarial, admite a constituição de fundo integrado de bens, direitos e Ativos diversos e, como o regime geral, funciona como um seguro para utilização nas situações de risco social e benefícios programados de aposentadorias, além de pensões por morte aos dependentes do segurado. Assim como no RGPS, admite Previdência Complementar.

c) **Regime de Previdência Complementar (RPC)**: previsto no art. 202 da Constituição Federal, trata de regime de previdência privada de caráter complementar, sendo facultativo e organizado de forma autônoma em relação ao RGPS e ao RPPS, com a constituição de fundos que garantam o benefício contratado. Subdividem-se em Entidades Abertas de Previdência Complementar (EAPC) e Entidades Fechadas de Previdência Complementar (EFPC).

Os Regimes Próprios de Previdência Social (RPPS), foco da presente obra, abrangem, portanto, exclusivamente, o servidor titular de cargo efetivo, os aposentados, o militar ativo, o militar da reserva ou reformado e os seus dependentes. De acordo com o art. 40 da Constituição Federal, observando, em relação aos militares, os arts. 42 e 142, também, da Constituição Federal.

Os RPPS deverão assegurar ao servidor público, pelo menos, os benefícios de aposentadoria e pensão, e sua criação depende de lei que disponha expressamente sobre tais benefícios, que são, no máximo, os mesmos previstos para o Regime Geral de Previdência Social (RGPS).[1]

Os RPPS devem ser administrados por uma Unidade Gestora única, responsável por seu gerenciamento e operacionalização. Na hipótese de o ente federativo deixar de assegurar em lei os benefícios de aposentadoria e pensão aos seus servidores titulares de cargos efetivos, o RPPS será considerado em extinção; contudo, a extinção da Unidade Gestora não evidencia a extinção do RPPS. Ressalta-se que o servidor público titular de cargo efetivo só poderá se vincular a um RPPS, à exceção daquele que exercer cargo em acumulação nas hipóteses previstas no art. 37, inciso XVI, da Constituição Federal, quando deverá filiar-se ao respectivo regime de previdência por cada um dos cargos que exercer.

Com a filiação do servidor ao RGPS e a consequente extinção do RPPS, serão devidas, a partir da data da vigência da lei que deixou de garantir os benefícios aos servidores, as contribuições sociais nos termos da Lei nº 8.212/1991, permanecendo sob a responsabilidade do RPPS em extinção os aposentados e pensionistas e os servidores que já tenham adquirido direito à aposentadoria, vedado o reconhecimento retroativo de direitos e deveres ao RPPS, salientando que eventual patrimônio do regime próprio somente poderá ser utilizado para o pagamento de benefícios previdenciários, da compensação financeira ou liquidação de débitos com o RGPS, nos termos da legislação específica.

A Secretaria de Políticas de Previdência Social (SPPS) é o órgão do Ministério da Previdência Social responsável pela formulação da política de previdência social, pela supervisão de programas e ações das entidades vinculadas e pela proposição de normas gerais para organização, funcionamento e manutenção dos regimes próprios de previdência da União, dos Estados, do Distrito Federal e dos Municípios.

---

[1] Art. 18 da Lei nº 8.213/1991.

1.2 O Princípio do Equilíbrio Financeiro e Atuarial

O art. 40 da Constituição Federal, em redação dada pela Emenda Constitucional nº 41/2003, estabelece que aos servidores titulares de cargo efetivo da União, dos Estados, do Distrito Federal e dos Municípios, incluídas suas autarquias e fundações, é assegurado regime de previdência de caráter contributivo e solidário, mediante contribuição do respectivo ente público, dos servidores ativos e aposentados e dos pensionistas, observados os critérios que preservem o equilíbrio financeiro e atuarial.

Registra-se que o grande redirecionador da previdência do servidor público ocorreu a partir da promulgação da Emenda Constitucional nº 20/1998, que estabeleceu o caráter contributivo para o regime e introduziu o Princípio do Equilíbrio Financeiro e Atuarial.

Esse entendimento constitucional recepcionou o que já previa o art. 1º da Lei nº 9.717/1998, que estabelece que os RPPS deverão ser organizados com base em normas gerais de contabilidade e atuária, de modo a garantir o seu equilíbrio financeiro e atuarial, cujos parâmetros gerais de organização e funcionamento estão disciplinados por portarias do Ministério da Previdência Social, com destaque para as Portarias MPS nº 402/2008 e MPS nº 403/2008.

Ratificando esse entendimento, o art. 69 da Lei de Responsabilidade Fiscal, Lei Complementar nº 101/2000, determina que o Ente da Federação que mantiver ou vier a instituir Regime Próprio de Previdência Social para os seus servidores conferir-lhe-á caráter contributivo e o organizará com base em normas de contabilidade e atuária que preservem seu equilíbrio financeiro e atuarial.

1.2.1 Aspectos conceituais

Pelas normas de atuária aplicáveis aos RPPS, o equilíbrio financeiro representa a garantia de equivalência entre os Ativos e receitas auferidas e as obrigações do regime em cada exercício financeiro, ou seja, o equilíbrio financeiro é atingido quando o que se tem de recursos no sistema previdenciário é suficiente para custear os benefícios por ele assegurados naquele exercício.

O equilíbrio atuarial, por sua vez, representa a garantia dessa equivalência, a valor presente, apuradas atuarialmente, em uma perspectiva de longo prazo, devendo o custeio do sistema – perspectiva de recursos arrecadados segundo as alíquotas legalmente instituídas e outros aportes de bens e direitos – ser definido a partir da avaliação atuarial que leve em consideração uma série de critérios, premissas e hipóteses, como a expectativa de vida dos segurados, as regras de acesso e o valor dos benefícios de responsabilidade do RPPS, segundo a sua legislação e outros.

Como dito, ao RPPS deverá ser garantido o equilíbrio financeiro e atuarial, mensurado pelos planos de benefícios e custeio em conformidade com a avaliação atuarial inicial e as reavaliações realizadas, no mínimo, em cada exercício financeiro para a organização e revisão dos planos. A avaliação atuarial do RPPS deverá observar os parâmetros estabelecidos nas normas específicas de atuária aplicáveis aos RPPS.[2]

Dessa forma, o ente estatal e os servidores assumem a responsabilidade solidária pela manutenção do equilíbrio financeiro e atuarial do sistema, devendo a contribuição do ente ser, no máximo, equivalente ao dobro da contribuição do segurado ativo.[3] Aos servidores que pagam suas contribuições e cumprem os requisitos de idade e tempo de contribuição, deverá ser dada a garantia de que receberão seus proventos de aposentadoria e pensão aos seus dependentes. Importante frisar que o ente federativo poderá, a qualquer tempo, aportar Ativos ao RPPS no intuito de promover o seu equilíbrio atuarial.[4]

A avaliação e reavaliações atuariais deverão ser realizadas a partir da Nota Técnica Atuarial – documento exclusivo de cada RPPS que deve descrever de forma clara e precisa as características gerais dos planos de benefícios, a formulação para o cálculo do custeio e das reservas matemáticas previdenciárias, as suas bases técnicas e premissas a serem utilizadas nos cálculos –, que deverá ser encaminhada à Secretaria de Políticas de Previdência Social (SPPS), como parâmetro para o acompanhamento da observância do Equilíbrio Financeiro e Atuarial do RPPS, contendo os elementos mínimos estabelecidos pela legislação previdenciária devidamente assinada pelo representante legal do ente, pelo dirigente da Unidade Gestora do RPPS e pelo profissional de atuária responsável pela avaliação.

---

[2] Portaria MPS nº 403/2008.
[3] Lei nº 10.887/2004.
[4] Art. 249 da Constituição Federal.

1.2.2 Os regimes de financiamento dos RPPS

O regime de financiamento representa o mecanismo pelo qual o RPPS busca, segundo a condição econômico-financeira do ente federativo, estabelecer os fluxos de ingresso e acumulação de recursos necessários para o cumprimento de suas obrigações previdenciárias no imediato, no curto, no médio e no longo prazo.

O regime de financiamento, de escolha do ente federativo, deverá ter como base a Nota Técnica Atuarial e ser consolidado no parecer atuarial, contemplando o perfil da massa de seus segurados e beneficiários, bem como as características dos benefícios que serão proporcionados, sejam benefícios de risco (aposentadoria por invalidez, auxílio-doença, pensão por morte, auxílio-reclusão) ou benefícios programáveis (aposentadorias voluntária e compulsória).

O RPPS poderá adotar os seguintes regimes de financiamento em seu plano de benefícios objetivando a observância do equilíbrio financeiro e atuarial:[5]

a) *Regime financeiro de capitalização*: trata-se do regime em que as contribuições e aportes são arrecadados durante a fase contributiva do segurado, portanto, antes de ocorrer a obrigação do pagamento do benefício, que, somados aos demais Ativos, devem ser esses recursos aplicados ou investidos com o objetivo de produzir as reservas garantidoras dos benefícios previstos no Plano de Benefícios.

b) *Regime financeiro de repartição de capitais de cobertura*: é o regime em que as contribuições estabelecidas no plano de custeio e outros aportes arrecadados, em determinado exercício, são suficientes para a constituição das reservas matemáticas dos benefícios iniciados por eventos que ocorram nesse mesmo exercício, admitindo-se a constituição de fundo previdenciário para oscilação de risco. Poderá ser utilizado como mínimo aplicável para o financiamento dos benefícios de risco de aposentadoria por invalidez e pensão por morte.

c) *Regime financeiro de repartição simples*: refere-se ao regime em que as contribuições estabelecidas no plano de custeio e outros aportes, projetados em cada exercício, são suficientes para o pagamento dos benefícios, também em cada exercício projetado, sem o propósito de acumulação de recursos, admitindo-se, também, a constituição de fundo previdenciário

---

[5] Art. 4º da Portaria MPS nº 403/2008.

para oscilação de risco. Poderá ser utilizado como mínimo aplicável para o financiamento dos benefícios de auxílio-doença, salário-maternidade, auxílio-reclusão e salário-família.

Observa-se, portanto, que, em obediência ao princípio estabelecido no art. 40 da Constituição Federal, as obrigações relativas aos benefícios de aposentadoria e pensão por morte do segurado, obrigatoriamente, são calculadas pelo Regime de Capitalização.

Vale ainda enfatizar que, obrigatoriamente, são benefícios previdenciários apenas os benefícios de aposentadorias e pensão por morte, ou seja, os benefícios de que trata o art. 40 da Constituição Federal; os demais benefícios admitidos somente são previdenciários se a lei instituidora do RPPS assim definir.

Trata-se de uma questão que merece circunstanciados estudos, tendo em vista que a decisão de incluir os benefícios não obrigatórios como previdenciários fatalmente promove uma implicação direta no Plano de Custeio do RPPS, com a demanda de alíquota superior, em razão do maior volume de obrigações do Plano de Benefícios, além da necessidade de maiores recursos para o pagamento das despesas administrativas da Unidade Gestora.

1.3 Os RPPS na Previdência hoje

Como dito anteriormente, a previdência dos servidores públicos titulares de cargos efetivos da União, dos Estados, do Distrito Federal e dos Municípios tem os seus fundamentos calcados no art. 40 da Constituição Federal e nas Emendas Constitucionais n°s 20/1998, 41/2003, 47/2004, 70/2012 e em outras possíveis que, ao longo do tempo, vêm promovendo significativas mudanças no sistema de previdência social como um todo, estabelecendo normas de transição e promovendo ajustes. Até então, a Lei nº 9.717/1998 vem sendo recepcionada pelas emendas constitucionais editadas dispondo sobre as regras gerais para a organização e funcionamento dos RPPS, instituindo, assim, de forma sólida, o conceito de Regime Próprio de Previdência Social.

Os militares das Forças Armadas e os militares estaduais e do Distrito Federal podem receber tratamento diferenciado, conforme disposto nos arts. 42 e 142, ambos da Constituição Federal. No caso dos militares estaduais, o tratamento diferenciado depende de legislação local, inclusive podendo manter tratamentos idênticos aos dispensados aos servidores civis.

Logo, a organização do Regime Próprio de Previdência Social demandou a instituição de normas gerais de contabilidade e de atuária objetivando a garantia do equilíbrio financeiro e atuarial do sistema de previdência social, introduzindo, ainda, outras medidas relevantes, como a previsão de constituição de fundos integrados de bens, direitos e Ativos com finalidade previdenciária, o que significou a separação definitiva entre assistência e previdência, inclusive mediante a cobrança de contribuição também dos aposentados e pensionistas.

A Emenda Constitucional nº 20/1998, que, como dito, trouxe significativas mudanças nas regras previdenciárias do servidor público, suscitou a necessidade de alterações no cálculo das projeções atuariais dos RPPS realizadas com base na população dos segurados e beneficiários de cada regime.

O Volume 21 da Coleção da Previdência Social apresenta uma análise atuarial da Reforma da Previdência do funcionalismo público da União, demonstrando as modificações paramétricas que provocaram alterações no plano de benefícios previdenciários e as modificações estruturais que alteraram a forma de financiamento dos benefícios trazidos pela reforma.

1.4 Aspectos fundamentais da Contabilidade Pública

Como entidade pública, os Regimes Próprios de Previdência Social devem ter seus procedimentos contábeis pautados nos fundamentos da Contabilidade Pública Nacional, alicerçados pelos Princípios de Contabilidade e pelas Normas Brasileiras de Contabilidade Aplicadas ao Setor Público (NBC T SP).

1.4.1 Conceitos e objetivos da Contabilidade Aplicada ao Setor Público

Segundo o disposto na NBC T SP 16.1 – Conceituação, Objeto e Campo de Aplicação –, a Contabilidade definida para o setor público é o ramo da ciência contábil que aplica, no processo gerador de informações, os Princípios de Contabilidade e as normas contábeis direcionados ao controle patrimonial de entidades do setor público.

Na Contabilidade, o objeto é sempre o patrimônio da entidade, definido como um conjunto de bens, direitos e obrigações para com terceiros, pertencente a uma pessoa física, a um conjunto de pessoas, a uma sociedade ou a uma instituição de qualquer natureza, independentemente de sua finalidade. O essencial é que o patrimônio de cada entidade disponha de autonomia em relação aos demais existentes, o que significa que a entidade pode dele dispor livremente, certamente nos limites estabelecidos pela ordem jurídica e, sob certo aspecto, da racionalidade econômica e administrativa.

Na mesma linha, pode-se afirmar que o objeto da Contabilidade Pública é o patrimônio público, entendido este como o conjunto de bens e direitos onerados pelas obrigações que o integra e que a entidade governamental utiliza como meio para concretização dos seus fins.

Quanto ao objetivo, a Contabilidade Aplicada ao Setor Público deve fornecer aos usuários informações sobre os resultados alcançados e os aspectos de natureza orçamentária, econômica, financeira e física do patrimônio da entidade do setor público e suas mutações, em apoio ao processo de tomada de decisão, à adequada prestação de contas e ao necessário suporte para a instrumentalização do controle social.

A função social da Contabilidade Aplicada ao Setor Público deve refletir, sistematicamente, o ciclo da administração pública para evidenciar informações necessárias à tomada de decisões, à prestação de contas aos órgãos de controle interno e externo, bem como à sociedade.

Com relação ao campo de aplicação, abrange todas as entidades do setor público, que devem observar as normas e as técnicas preconizadas pela NBC T SP 16.1, de acordo com o seguinte escopo:

a) <u>Integralmente</u>, as entidades governamentais, os serviços sociais e os conselhos profissionais.

b) <u>Parcialmente</u>, as demais entidades do setor público, para garantir procedimentos suficientes de prestação de contas.

c) Instrumentalização do controle social.

1.4.2 Regime contábil: orçamento *versus* patrimônio

No Brasil, o regime contábil de competência integral é um Princípio de Contabilidade que determina que as receitas e as despesas devam ser incluídas na apuração do resultado do período em que ocorrerem, sempre simultaneamente quando se correlacionarem, independentemente do recebimento ou pagamento.

No âmbito do Setor Público brasileiro, contudo, deve-se manter, concomitantemente, processo de registro apto para sustentar o dispositivo legal do regime orçamentário e financeiro da despesa e da receita públicas, enquanto a legislação assim dispuser. Nesse sentido, há que se distinguir os conceitos orçamentários dos conceitos patrimoniais, para a correta aplicação dos procedimentos contábeis.

Do ponto de vista orçamentário, o reconhecimento da receita orçamentária (recursos que ingressam no exercício e constituem elemento novo para o patrimônio público) e o da despesa orçamentária (transação que depende de autorização legislativa, na forma de consignação da dotação orçamentária, para ser efetivada) devem observar o disposto no art. 35 da Lei nº 4.320/1964,[6] procedendo ao registro da receita orçamentária no momento da arrecadação e da despesa orçamentária no momento do empenho.

Do ponto de vista patrimonial, contudo, as variações patrimoniais quantitativas (transações que promovem alterações nos elementos patrimoniais da entidade do setor público, afetando o seu resultado) devem ser registradas no momento da ocorrência do fato gerador, independentemente do seu recebimento ou pagamento.

1.4.3 Procedimentos de segurança da documentação contábil

Segundo o disposto na NBC T SP 16.5, as entidades do Setor Público devem desenvolver procedimentos que garantam a segurança, a preservação e a disponibilidade dos documentos e dos registros contábeis mantidos em sistemas eletrônicos. Os documentos em papel podem ser digitalizados e armazenados em meio eletrônico ou magnético, desde que assinados e autenticados, em observância à norma brasileira de contabilidade que trata da escrituração em forma eletrônica.

Na Contabilidade Pública, existem regras de aplicação geral que orientam os procedimentos e as práticas contábeis, que têm por objetivo o tratamento contábil uniforme, dando condições para que os controles internos e externos examinem a qualidade e a legitimidade dos atos e fatos praticados na Administração Pública, seja ela federal, estadual, distrital ou municipal. Uma dessas regras é que as entida-

---

[6] Lei nº 4.320/1964:
"Art. 35. Pertencem ao exercício financeiro:
I – as receitas nele arrecadadas;
II – as despesas nele legalmente empenhadas."

des públicas devem manter sistema de escrituração uniforme de seus atos e fatos administrativos.

Mesmo nas entidades em que o processo de escrituração é eletrônico, por meio de eventos, como no SIAFI e no SIAFEM, os registros são efetuados em livros contábeis virtuais, que podem ser verificados e consultados por meio do espelho contábil no momento em que é realizado o lançamento. Nas entidades públicas, o Razão e o Diário constituem os registros contábeis permanentes, mas, diferentemente da entidade privada, não há a obrigatoriedade de autenticação no registro público competente. Sobre o assunto, o Relatório da Câmara Técnica do Conselho Federal de Contabilidade nº 28/2004 dispôs que:

> A Contabilidade Aplicada à Administração Pública está obrigada a escriturar os livros "Diário e o Razão" em virtude da utilização do método das partidas dobradas e, consequentemente, estarem abrangidas pelas Resoluções do CFC nº 750, de 29 de dezembro de 1993, e nº 563, de 28 de outubro de 1983.

Em relação ao registro dos livros, o mesmo relatório do CFC apresenta que:

> A Contabilidade Aplicada à Administração Pública não está obrigada a registrar o "Diário" em nenhum órgão competente em virtude da inexistência de lei específica. Entretanto, deverá mantê-lo disponível à disposição da fiscalização pelo período estabelecido de acordo com a legislação pertinente.

Quadro 1 Modelo do Livro Diário

ESTADO MODELO					
Prefeitura Municipal Modelo					
Data	Conta a Débito	Conta a Crédito	Histórico	Valor
02/01/20XX	5.2.1.1 – Previsão Inicial da Receita	6.2.1.1 – Receita a Realizar	Registro da previsão da receita no momento da aprovação da lei orçamentária	1.200.000,00

Quadro 2 Modelo do Livro Razão

ESTADO MODELO					
Prefeitura Municipal Modelo					
Conta: 6.2.1.1 – Receita a Realizar					
Data	Histórico da Operação	Débito	Crédito	Saldo	Natureza
02/01/20XX	Registro da previsão da receita no momento da aprovação da lei orçamentária	1.200.000,00	0,00	1.200.000,00	Devedor
Total do Movimento		1.200.000,00	0,00	1.200.000,00	Devedor

Com relação à segurança da informação, o Governo Federal, por exemplo, utiliza-se do sistema de segurança, navegação e habilitação do SIAFI Senha, que permite a autorização de acesso aos dados do SIAFI, mediante o estabelecimento de diferentes níveis. A Senha é o sistema de segurança responsável pelo controle de acesso e navegação, e tem como objetivo o uso autorizado dos recursos do SIAFI, assegurando o acesso de cada usuário cadastrado às transações compatíveis com o seu perfil.

O operador do SIAFI responde integralmente pelo uso do Sistema sob sua senha e obriga-se a cumprir os requisitos de segurança instituídos pela Secretaria do Tesouro Nacional (STN), expondo-se às consequências das sanções penais ou administrativas cabíveis em caso de uso indevido do Sistema e dos dados. A infringência às regras estabelecidas para seu uso deve ser sempre informada pelo agente competente à instância superior, para que sejam tomadas as providências necessárias à apuração de eventual responsabilidade e aplicação de penalidades, se for o caso.

1.4.4 Plano de contas aplicado aos RPPS

De acordo com o *Manual de Contabilidade Aplicada ao Setor Público* (MCASP), editado pela STN, o Plano de Contas Aplicado ao Setor Público (PCASP) é a estrutura básica da escrituração contábil, formada por uma relação padronizada de contas contábeis, que permite o registro contábil dos atos e fatos praticados pela entidade de maneira padronizada, harmônica e sistematizada, bem como a elaboração de relatórios gerenciais e demonstrações contábeis de acordo com as necessidades de informação dos usuários.

A utilização do PCASP é obrigatória para todos os órgãos e entidades da administração direta e indireta dos entes da Federação, incluindo seus fundos, autarquias, inclusive as especiais, fundações e empresas estatais dependentes, tendo em vista o disposto no art. 51 da Lei de Responsabilidade Fiscal – Lei Complementar nº 101/2000 –, sob o regulamento do Decreto nº 6.976/2009. Em regra, os entes subnacionais devem adotar a estrutura do PCASP até o nível de consolidação (5º nível), a fim de possibilitar a elaboração do Balanço do Setor Público Nacional (BSPN).

Adicionalmente, a STN disponibiliza o PCASP Estendido, de adoção facultativa para os entes que precisem de uma referência para o desenvolvimento de suas rotinas e sistemas. No caso dos RPPS, por determinação do Ministério da Previdência Social, o PCASP Estendido é de adoção obrigatória em relação às contas de interesse.

1.4.5 Natureza da Informação Orçamentária, Patrimonial e de Controle

Para facilitar a elaboração dos balanços públicos e permitir o acompanhamento da execução orçamentária e o conhecimento da composição patrimonial, na metodologia utilizada para a estruturação do PCASP foi feita a segregação das contas contábeis em grandes grupos, de acordo com as características dos atos e fatos neles registrados.

De acordo com o disposto no MCASP, essa metodologia permite o registro dos dados contábeis de forma organizada de modo a facilitar a análise das informações de acordo com a sua natureza, seja ela orçamentária, patrimonial ou de controle.

Na *Natureza de Informação Orçamentária* serão registrados, processados e evidenciados os atos e fatos relacionados ao planejamento e à execução orçamentária, como a aprovação da lei orçamentária anual, a realização da receita orçamentária, o empenho e a liquidação da despesa orçamentária e a inscrição em restos a pagar.

Na *Natureza de Informação Patrimonial* serão registrados, processados e evidenciados os fatos financeiros e os fatos não financeiros relacionados com as variações patrimoniais qualitativas e quantitativas do patrimônio público, como a entrada e saída de recursos, direitos e obrigações de curto e longo prazo e incorporações e baixas de bens.

Na *Natureza de Informação de Controle* encontram-se registrados, processados e evidenciados os atos de gestão cujos efeitos possam produzir modificações no patrimônio da entidade do setor público, bem como aqueles com funções específicas de controle, como o registro de contratos e garantias e o controle das disponibilidades.

Dependendo da natureza do ato ou fato administrativo, os lançamentos contábeis podem demandar registros em apenas uma ou em todas as naturezas de informação simultaneamente.

1.4.6 Demonstrações Contábeis

As Demonstrações Contábeis Aplicadas ao Setor Público (DCASP) são compostas pelas demonstrações relacionadas pela Lei nº 4.320/1964 e pela NBC T SP 16.6 – Demonstrações Contábeis: Balanço Orçamentário, Balanço Financeiro, Balanço Patrimonial, Demonstração das Variações Patrimoniais, Demonstração dos Fluxos de Caixa e Demonstração das Mutações do Patrimônio Líquido.

O *Balanço Orçamentário* demonstra as receitas e as despesas orçamentárias previstas em confronto com as receitas e despesas orçamentárias realizadas, e será composto por três quadros: um principal, confrontando a aprovação com a execução da lei orçamentária anual, e dois adicionais, tratando dos restos a pagar não processados e dos restos a pagar processados, respectivamente.

O *Balanço Financeiro* evidencia as receitas e as despesas orçamentárias, bem como os ingressos e dispêndios extraorçamentários, conjugados com os saldos de caixa do exercício anterior e os que se transferem para o início do ano seguinte. O Balanço Financeiro é composto por um quadro único, demonstrando a receita orçamentária realizada e a despesa orçamentária executada, os recebimentos e pagamentos extraorçamentários, as transferências financeiras recebidas e concedidas e o saldo em espécie do exercício anterior e para o exercício seguinte.

No *Balanço Patrimonial* será evidenciada, quantitativa e qualitativamente, a situação patrimonial da entidade pública por meio de contas representativas do patrimônio público, bem como os atos potenciais, que são registrados em contas de natureza de informação de controle (contas de compensação). O Balanço

Patrimonial é composto por um quadro principal e por três quadros adicionais, que evidenciam, respectivamente, os Ativos e Passivos financeiros, as contas de controle e o superávit ou déficit financeiro.

A *Demonstração das Variações Patrimoniais* é a demonstração de resultado de uma entidade pública. Tem como objetivo evidenciar as alterações verificadas no patrimônio, resultantes ou independentes da execução orçamentária, e indicar o resultado patrimonial do exercício. A DVP, como também é conhecida, é elaborada de acordo com dois modelos: (i) *modelo sintético*, que especifica apenas os grupos de contas (2º nível do PCASP), acompanhado de quadros anexos que detalham a sua composição, ou (ii) *modelo analítico*, que detalha os subgrupos das variações patrimoniais em um único quadro.

A *Demonstração dos Fluxos de Caixa*, também conhecida como DFC, é a demonstração que permite analisar a capacidade de a entidade gerar caixa e equivalentes de caixa, e a utilização de recursos próprios e de terceiros em suas atividades. A DFC é segregada em três grandes fluxos: atividades operacionais, atividades de investimentos e atividades de financiamento. Além do quadro principal, quatro quadros adicionais acompanham a DFC: o quadro de receitas derivadas e originárias, o quadro de transferências recebidas e concedidas, o quadro de desembolsos de pessoal e demais despesas por função e o quadro de juros e encargos da dívida.

A *Demonstração das Mutações do Patrimônio Líquido* (DMPL) tem como papel demonstrar a evolução do patrimônio líquido da entidade, e complementa o anexo de metas fiscais que integra a lei das diretrizes orçamentárias. Sua elaboração é obrigatória apenas para as empresas estatais dependentes constituídas sob a forma de sociedade anônima.

Registra-se que, além dessas demonstrações contábeis, os RPPS devem elaborar os demonstrativos exigidos pela Lei Complementar nº 101/2000 (Lei de Responsabilidade Fiscal) e os demonstrativos específicos definidos pela legislação previdenciária, que serão apresentados no Capítulo 9 – Sistema e Demonstrativos Exigidos pelo MPS.

1.5 A aplicação dos Princípios de Contabilidade pelos RPPS

Os Princípios de Contabilidade representam a essência das doutrinas e teorias relativas à Ciência Contábil, consoante o entendimento predominante nos universos científico e profissional de nosso País.

Considerando a conveniência de um maior esclarecimento sobre o conteúdo e abrangência dos Princípios de Contabilidade sob a perspectiva do Setor Público, o Conselho Federal de Contabilidade publicou a Resolução nº 1.111/2007, que aprovou o Apêndice II da Resolução CFC nº 750/1993, que trata dos Princípios de Contabilidade: Entidade, Continuidade, Oportunidade, Registro pelo Valor Original, Competência e Prudência.

1.5.1 Princípio da Entidade

O Princípio da Entidade se afirma nos RPPS pela autonomia e responsabilização do patrimônio a ele pertencente. Portanto, independentemente de possuir personalidade jurídica própria, a autonomia patrimonial dos RPPS tem origem na destinação do seu patrimônio e na responsabilização pela obrigatoriedade da prestação de contas pelos agentes públicos.

A legislação previdenciária estabelece que à União, aos Estados, ao Distrito Federal e aos Municípios é facultada a constituição de fundos integrados de bens, direitos e Ativos com finalidade previdenciária, com a existência de conta do fundo distinta da conta do Tesouro da unidade federativa (Lei nº 9.717/1998, art. 6º, inciso II).

A Emenda Constitucional nº 41/2003 incluiu, no § 20 do art. 40 da Constituição Federal de 1988, a vedação da *"existência de mais de um regime próprio de previdência social para os servidores titulares de cargos efetivos, e de mais de uma Unidade Gestora do respectivo regime em cada ente estatal, ressalvado o disposto no art. 142, § 3º, X"*.

Após a sua institucionalização, o regime próprio de previdência será considerado uma entidade contábil, devendo a sua escrituração ser feita destacadamente dentro das contas do ente, com a necessidade de diferenciação entre o seu patrimônio (RPPS) e o patrimônio do ente público que o instituiu. Objetivando atender a esses dispositivos legais, os RPPS podem ser constituídos sob a forma de fundo especial, de autarquia ou de fundação pública:

- **Fundo Especial** – Constitui fundo especial o produto de receita especificada que por lei se vincula à realização de determinados objetivos ou serviços, facultada a adoção de normas peculiares de aplicação. Assim, o fundo especial sempre é identificado a partir do orçamento, por meio de vinculação de receita à despesa, conforme disposto no *Manual de Contabilidade Aplicada ao Setor Público*. O fundo especial será considerado uma entidade quando houver designação de agentes específicos para a gestão do fundo e prestação de contas específicas (art. 71 da Lei nº 4.320/1964). A legislação previdenciária exige a indicação desse agente independentemente de ser ou não a Unidade Gestora dotada de personalidade jurídica.

- **Autarquia** – É uma entidade administrativa autônoma, criada por lei, com personalidade jurídica de direito público, patrimônio próprio e atribuições estatais específicas para realizar os fins que a lei lhe atribuir.

- **Fundação Pública** – É uma entidade dotada de personalidade jurídica de direito privado, sem fins lucrativos, com autonomia administrativa, patrimônio próprio e funcionamento custeado basicamente por recursos do Poder Público, ainda que sob a forma de prestação de serviços, criada por lei para o desenvolvimento de atividades que não exijam execução por órgãos ou entidades de direito público.

1.5.2 Princípio da Continuidade

Para observância do Princípio da Continuidade, deve ser considerado que a continuidade do regime próprio está vinculada ao estrito cumprimento da destinação do seu patrimônio, ou seja, a continuidade da entidade se dá enquanto perdurar sua finalidade.

No caso dos RPPS, a entidade se caracteriza pela perpetuidade, para que seja possível o cumprimento do seu objeto social, que é o pagamento dos benefícios previdenciários sob sua responsabilidade ao longo dos anos, bem como a gestão dos Ativos a ele vinculados. Nessa visão, alguns procedimentos contábeis devem ser necessariamente implementados, como a constituição de provisões e reservas, as avaliações a valor de mercado dos Ativos garantidores dos benefícios, as depreciações e as reavaliações.

1.5.3 Princípio da Oportunidade

Quanto ao Princípio da Oportunidade, refere-se ao processo de mensuração e apresentação dos componentes patrimoniais dos RPPS para produzir informações íntegras e tempestivas, devendo as variações patrimoniais serem reconhecidas na sua totalidade, independentemente do cumprimento das formalidades legais para sua ocorrência, visando ao completo atendimento da essência sobre a forma.

Nos RPPS, a observância ao Princípio da Oportunidade pode ser exemplificada pela contabilização, no momento de sua ocorrência, das variações positivas ou negativas, ou seja, a marcação a mercado da carteira de Ativos financeiros do regime próprio de previdência, bem como do registro da depreciação dos bens, seja pelo uso, seja pela ação da natureza, seja pela obsolescência. Procedimentos como esses têm a função de apreender as variações do patrimônio e evidenciar seu oportuno reconhecimento.

1.5.4 Princípio do Registro pelo Valor Original

Ao observar o Princípio do Valor Original, o gestor da Unidade Gestora do RPPS deve considerar que ao longo do tempo o valor original não se confunde com o custo histórico, mas corresponde ao valor resultante de consensos de mensuração com agentes internos ou externos, com base em valores de entrada (custo histórico, custo histórico corrigido, custo corrente, entre outros) ou valores de saída (valor de liquidação, valor de realização, valor justo, entre outros).

Dessa forma, a avaliação pode assumir aspectos distintos conforme se esteja em um ou outro momento da vida da entidade. O critério de avaliação não pode ser único para um mesmo objeto e deve estar condicionado aos diversos momentos e bens que se consideram, como, por exemplo, os diversos critérios de avaliação que são utilizados na atualização da carteira de investimentos dos regimes próprios de previdência e as avaliações e reavaliações dos bens móveis e imóveis de propriedade do RPPS.

1.5.5 Princípio da Competência

O Princípio da Competência determina que os efeitos das transações e outros eventos dos RPPS sejam reconhecidos nos períodos a que se referem, independentemente do recebimento ou pagamento.

Como ocorre nas demais entidades governamentais, nos RPPS os atos e os fatos que afetam o patrimônio público devem ser contabilizados por competência, e os seus efeitos devem ser evidenciados nas demonstrações contábeis do exercício financeiro com o qual se relacionam, complementarmente ao registro orçamentário das receitas e das despesas públicas.

1.5.6 Princípio da Prudência

Pelo Princípio da Prudência, as estimativas de valores que afetam o patrimônio dos RPPS devem refletir a aplicação de procedimentos de mensuração que prefiram montantes menores para Ativos, entre alternativas igualmente válidas, e valores maiores para Passivos.

O registro de estimativas para perdas de investimentos é um exemplo da aplicação do Princípio da Prudência, pois a sua constituição determina o ajuste, para menos, de valor decorrente de transações com o mundo exterior, no caso dos investimentos dos recursos financeiros realizados pela Unidade Gestora do RPPS. A escolha não está no reconhecimento ou não da estimativa, indispensável sempre que houver risco de perda de parte do valor investido, mas sim no cálculo do seu montante.

A observância aos Princípios de Contabilidade é obrigatória no exercício da profissão contábil e constitui condição de legitimidade das Normas Brasileiras de Contabilidade Aplicadas ao Setor Público (NBC T SP) e do Código de Ética Profissional do Contador. Portanto, qualquer que seja a legislação em vigor, é condição que ela guarde consonância com os fundamentos da doutrina contábil, para que as práticas e os procedimentos contábeis aplicáveis ao Setor Público preservem a essência das transações, proporcionando a adequada interpretação dos fenômenos patrimoniais, o acompanhamento do processo orçamentário, a análise dos resultados econômicos e o fluxo financeiro.

Atualmente, além dos Princípios Contábeis e das NBC T SP, a Contabilidade Pública encontra-se estruturada em três pilares: a Lei nº 4.320/1964, que estatui as normas gerais de direito financeiro para elaboração e controle dos orçamentos e balanços da União, dos Estados, dos Municípios e do Distrito Federal; a Lei Complementar nº 101/2000, que estabelece as normas de finanças públicas voltadas para a responsabilidade na gestão fiscal; e o *Manual de Contabilidade Aplicada ao Setor Público* (MCASP), editado pela Secretaria do Tesouro Nacional, nas suas sucessivas edições.

Registra-se que a Contabilidade Pública brasileira ainda está passando por um processo de adequação aos denominados padrões internacionais, na forma da aplicação das NBC T SP, o que requer constante acompanhamento e adequação dos procedimentos contábeis advindos dessa evolução.

1.6 O ambiente da Contabilidade Aplicada aos RPPS

No âmbito da Unidade Gestora dos RPPS, o objeto da Contabilidade é o patrimônio da entidade, que necessariamente deverá dispor de autonomia em relação ao patrimônio do ente público que o instituiu, tendo em vista a sua destinação, em observância ao Princípio da Entidade, bem como às normas específicas que tratam da organização e do funcionamento desses regimes.

Numa perspectiva sistêmica, a Contabilidade dos RPPS não só está voltada para o acompanhamento da execução orçamentária e financeira, mas também para a correta apresentação do patrimônio e apreensão das causas de suas mutações, observando-se, como parte da essência, o cumprimento dos Princípios de Contabilidade.

Aplicada à Previdência Social, a Contabilidade tem o papel de evidenciar a capacidade econômico-financeira do ente público em garantir ao segurado que não tenha mais capacidade laborativa os recursos necessários à sua sobrevivência e de seus dependentes na proporção dos benefícios definidos pela legislação, numa perspectiva de sustentabilidade, conforme emanado de nossa Carta Maior.

No caso dos RPPS, tem-se que a Unidade Gestora deve ser uma entidade independente, seja na forma de fundo especial, autarquia ou fundação, sendo seu patrimônio autônomo em relação ao patrimônio do ente instituidor.[7]

A legislação é rica quanto à definição dos chamados Fundos Especiais. Por exemplo, a Lei nº 4.320/1964 define que o Fundo Especial *"representa o produto*

---

[7] Art. 40, § 20, da Constituição Federal.

de receita especificada, que por lei, se vincula à realização de determinados objetivos ou serviços, facultada a adoção de normas peculiares de aplicação desse produto"; já a Lei Complementar nº 101/2000 ensina que "*os recursos legalmente vinculados a finalidade específica serão utilizados exclusivamente para atender ao objeto de sua vinculação, ainda que em exercício diverso daquele em que ocorrer o ingresso*".

Portanto, os RPPS, independentemente de sua forma de estruturação, adaptam-se ao conceito de Fundo Especial, haja vista terem os seus recursos destinação específica definida por lei própria de cada ente federativo, consoante a Lei nº 9.717/1998, que determina que os recursos previdenciários somente poderão ser utilizados para pagamentos de benefícios e taxa de administração.

Como instrumento de controle administrativo e fiscal, há que observar as exigências da Secretaria da Receita Federal do Brasil, que, por meio de Instrução Normativa, determina que também os fundos públicos de que trata o art. 71 da Lei nº 4.320/1964 estão obrigados a se inscreverem no Cadastro Nacional de Pessoa Jurídica (CNPJ), caso das Unidades Gestoras dos RPPS não providas de personalidade jurídica.[8]

1.6.1 Aspectos normativos

Segundo a Lei nº 9.717/1998,[9] que dispõe sobre as regras gerais para a organização e o funcionamento dos Regimes Próprios de Previdência Social, consoante o art. 40 da Constituição Federal, os RPPS devem ser organizados tendo como fundamentos as normas gerais de contabilidade e atuária, de modo que garantam o seu equilíbrio financeiro e atuarial.

Para atender a esses fundamentos, em julho de 2003 foi publicada a Portaria MPS nº 916,[10] que trouxe as normas gerais de Contabilidade para o RPPS. Desde então, aludida portaria passou por algumas atualizações e adequações, até a sua revogação em 12 de dezembro de 2013 pela Portaria MPS nº 509, dispondo sobre a adoção do PCASP e das DCASP, definidos no *Manual de Contabilidade Aplicada ao Setor Público*, da Secretaria do Tesouro Nacional, no âmbito dos RPPS.

---

[8] Instrução Normativa RFB nº 1.470, de 30 de maio de 2014, art. 4º, X.
[9] Publicada no *Diário Oficial da União*, Seção 1, em 28 de novembro de 1998.
[10] Publicada no *Diário Oficial da União*, Seção 1, em 17 de julho de 2003.

Registra-se que essa iniciativa não desobrigou os gestores de RPPS quanto à utilização de plano de contas, haja vista o disposto em seu art. 2º, que determina que:

> Os RPPS adotarão as contas a estes aplicáveis, especificadas no Plano de Contas Aplicado ao Setor Público – PCASP estendido até o 7º nível de classificação, conforme a versão atualizada do Anexo III da Instrução de Procedimentos Contábeis nº 00 (IPC 00) da Secretaria do Tesouro Nacional.[11]

Basicamente, a normatização contábil aplicada aos RPPS tem como objetivo a harmonização dos registros contábeis de modo a promover a verdadeira evidenciação de sua situação econômica, patrimonial, orçamentária e financeira, e a extração de relatórios gerenciais para avaliação de sua gestão.

1.6.2 Peculiaridades dos RPPS

As Unidades Gestoras de RPPS devem ser tratadas de forma especial tendo em vista a sua finalidade, destacando-se as seguintes peculiaridades:

a) *Visão de longo prazo*: a preocupação é que a entidade se perpetue, para que seja possível o cumprimento do seu objeto social.

b) *Foco no patrimônio*: diferentemente da maioria dos órgãos públicos, a preocupação dos RPPS não está voltada exclusivamente para a execução orçamentária e financeira, mas também, e principalmente, para o fortalecimento de seus Ativos, objetivando garantir as condições de honrar os compromissos previdenciários sob sua responsabilidade.

---

[11] Periodicamente, a Portaria MPS nº 916/2003 foi sofrendo modificações. Em dezembro de 2003, foi publicada a Portaria MPS nº 1.768, que alterou a obrigatoriedade da geração dos efeitos da Portaria MPS nº 916/2003 para o exercício financeiro de 2005 e adaptou o Plano de Contas às demandas encaminhadas pelos seus usuários de todo o Brasil. Em janeiro de 2005, foi publicada a Portaria MPS nº 66, alterando novamente a Portaria MPS nº 916/2003 e procedendo a ajustes no Plano de Contas dos RPPS. Em 2006, a Portaria MPS nº 183 prorrogou os efeitos financeiros da Portaria MPS nº 916/2003 para o exercício financeiro de 2007, tornando facultativa sua aplicação entre os exercícios de 2004 e 2006. Em 2007 foi publicada a Portaria MPS nº 95, alterando os Anexos I, II, III e IV da Portaria MPS nº 916/2003. Em 12 de dezembro de 2013, a Portaria MPS nº 509 revogou as Portarias MPS nº 916/2003 e nº 95/2007.

c) *Provisões para o balanço*: as provisões atuariais constituídas são primordiais para aferir a capacidade do RPPS de garantir a cobertura dos compromissos previdenciários assumidos desde o momento do ingresso do servidor no regime.

d) *Taxa de administração*: a Unidade Gestora do RPPS pode dispor de um limite dos recursos previdenciários para fazer frente aos seus gastos administrativos, sendo recomendável o seu controle em conta contábil específica, observada a possibilidade de acumulação para constituição de reserva para utilização em exercícios posteriores, desde que haja alíquota expressamente definida em lei de cada ente federativo.

e) *Carteira de investimentos*: objetivando garantir a segurança, a rentabilidade, a solvência e a liquidez dos Ativos, ou seja, a sustentabilidade do regime, os recursos disponíveis dos RPPS devem ser aplicados conforme as condições preestabelecidas pelo Conselho Monetário Nacional, mediante resoluções atualizadas, buscando sempre as melhores remunerações e os menores riscos para os Ativos.[12]

Como se pode observar, a administração da Unidade Gestora dos RPPS demanda a implantação de procedimentos contábeis que possibilitem o controle e o acompanhamento da evolução do seu patrimônio, como a atualização da carteira de investimentos a valores de mercado e a contabilização da avaliação atuarial, exigindo dos profissionais de contabilidade a revisão e a incorporação de conceitos que fortaleçam o aspecto patrimonial.

1.7 Resumo

1. Os RPPS, instituídos por lei de cada ente federativo, contemplam os servidores públicos titulares de cargos efetivos civis da União, dos Estados, do Distrito Federal e dos Municípios e militares dos Estados e Distrito Federal, conforme previsto no art. 40 da Constituição Federal.

2. O equilíbrio financeiro representa a garantia de equivalência entre os Ativos e receitas auferidas e as obrigações do RPPS em cada exercício financeiro, ou seja, o equilíbrio financeiro é atingido quando o que se arrecada, acrescido

---

[12] Em vigor as Resoluções CMN nº 3.922/2010 e nº 4.392/2014.

dos recursos acumulados no sistema previdenciário, é suficiente para custear os benefícios por ele assegurados em determinado exercício.

3. O equilíbrio atuarial representa a garantia dessa equivalência, a valor presente, apurada atuarialmente, em uma perspectiva de longo prazo, devendo o custeio do sistema – recursos arrecadados pelas alíquotas e outros aportes de bens e direitos – ser definido a partir do cálculo atuarial que leve em consideração uma série de critérios, como a expectativa de vida dos segurados e o valor dos benefícios de responsabilidade da respectiva Unidade Gestora do RPPS, segundo a sua legislação.

4. O regime de financiamento representa o mecanismo pelo qual o RPPS busca, segundo sua condição econômico-financeira, estabelecer os fluxos de ingresso e acumulação de recursos necessários para o cumprimento de suas obrigações previdenciárias no imediato, no curto, no médio e no longo prazo. O RPPS poderá adotar os regimes de financiamento de capitalização, repartição de capitais de cobertura e repartição simples, observada a legislação específica que regulamenta as avaliações e reavaliações atuariais.

5. Como entidade pública, os Regimes Próprios de Previdência Social devem ter seus procedimentos contábeis pautados nos fundamentos da Contabilidade Pública, alicerçados pelos Princípios de Contabilidade e pelas Normas Brasileiras de Contabilidade Aplicadas ao Setor Público (NBC T SP).

6. A Unidade Gestora de cada RPPS deve ser uma entidade independente, seja na forma de fundo especial, autarquia ou fundação, sendo seu patrimônio autônomo em relação ao patrimônio do ente instituidor.

7. Os RPPS estão obrigados a se inscrever no Cadastro Nacional de Pessoa Jurídica (CNPJ), mesmo que sob a forma de fundo especial.

8. Os RPPS devem ser organizados tendo como fundamentos as normas gerais de contabilidade e atuária, de modo que garantam o seu equilíbrio financeiro e atuarial.

9. A normatização contábil aplicada aos RPPS tem como objetivo a harmonização dos registros contábeis, de modo a promover a verdadeira evidenciação de sua situação econômica, patrimonial, orçamentária e financeira, e a extração de relatórios gerenciais para avaliação de sua gestão.

10. As Unidades Gestoras de RPPS devem ser tratadas de forma especial tendo em vista a sua finalidade, destacando-se as seguintes peculiaridades: visão de longo prazo, foco no patrimônio, provisões para o balanço, taxa de administração e carteira de investimentos.

1.8 Temas para discussão, pesquisa e desenvolvimento

1. Em que aspectos a contabilidade aplicada aos RPPS diferencia-se da contabilidade aplicada às demais entidades governamentais?

2. Em que se diferencia o equilíbrio financeiro do equilíbrio atuarial?

3. Qual o papel dos regimes de financiamento e quais podem ser adotados nos RPPS por tipo de benefício?

4. Em sua opinião, qual a importância da adoção da contabilidade patrimonial nas Unidades Gestoras dos RPPS?

5. Apresente as características dos Princípios de Contabilidade.

Aspectos Contábeis no Contexto da Legislação dos RPPS

2

OBJETIVOS

Proporcionar ao leitor os seguintes conhecimentos:

- Normas gerais de contabilidade e atuária
- Organização e funcionamento dos RPPS
- Avaliações e reavaliações atuariais
- Orientações normativas para o cumprimento da legislação previdenciária
- Normas contábeis aplicáveis aos RPPS

2.1 Normas gerais de contabilidade e atuária

Segundo o disposto na Lei nº 9.717/1998 e atualizações, repercutindo a previsão do art. 40 da Constituição Federal, os RPPS devem ser organizados com base em normas gerais de contabilidade e atuária, de modo a garantir seu equilíbrio financeiro e atuarial. Do ponto de vista contábil, os seguintes procedimentos e diretrizes encontram-se relacionados no decorrer dos seus artigos:

- *A realização de avaliação atuarial inicial e em cada balanço, utilizando-se de parâmetros gerais para a organização e revisão do plano de custeio em função do plano de benefícios*: necessidade da constituição e registro contábil da avaliação atuarial inicial, sendo as obrigações evidenciadas sob a forma de provisão passiva, atualizada, no mínimo, anualmente com base nas reavaliações atuariais realizadas.

- *O financiamento mediante recursos provenientes da União, dos Estados, do Distrito Federal e dos Municípios e das contribuições do pessoal civil e militar, ativo, aposentado e dos pensionistas, para seus respectivos regimes, além de possíveis aportes de Ativos diversos*: as fontes de financiamento do RPPS devem ser contabilizadas na forma de variações patrimoniais aumentativas (receitas sob o enfoque patrimonial).

- *As contribuições e os recursos vinculados ao fundo previdenciário da União, dos Estados, do Distrito Federal e dos Municípios, e as contribuições do pessoal civil e militar, ativo, aposentado e dos pensionistas, ou seja, os recursos vinculados à finalidade previdenciária somente poderão ser utilizados para o pagamento de benefícios previdenciários dos respectivos regimes, ressalvadas as despesas administrativas, e observados os limites de gastos estabelecidos em parâmetros gerais*: todas as fontes de financiamento do RPPS têm como objetivo o pagamento dos benefícios previdenciários de curto, médio e longo prazo. A única exceção prevista em lei são os gastos destinados ao custeio das despesas administrativas da Unidade Gestora, cujo percentual deverá ser fixado em lei do respectivo ente federativo, observado o limite estabelecido.

- *Identificação e consolidação em demonstrativos financeiros e orçamentários de todas as despesas fixas e variáveis de responsabilidade da Unidade Gestora*: a Emenda Constitucional nº 41/2003 vedou a existência de mais de uma Unidade Gestora de RPPS em cada ente federativo, devendo todas as informações previdenciárias do ente público ser apresentadas de forma consolidada pelo seu RPPS, para efeito de elaboração dos demonstrativos exigidos pelo Ministério da Previdência Social, dos relatórios da Lei de Responsabilidade Fiscal e dos Balanços Públicos da Lei nº 4.320/1964.

- *Sujeição às inspeções e auditorias de natureza atuarial, contábil, financeira, orçamentária e patrimonial dos órgãos de controle interno e externo*: os RPPS são sujeitos a ações de auditoria direta e indireta do Ministério da Previdência Social, executada diretamente por Auditores-Fiscais da Receita Federal do Brasil em exercício no Ministério da Previdência Social,[1] e indiretamente por meio das análises internas das informações apresentadas por cada ente federativo detentor de RPPS ao MPS, sem prejuízo dos mecanismos de controles internos e das auditorias do Tribunal de Contas sob o qual a Unidade Gestora encontra-se jurisdicionada.

- *A União, os Estados, o Distrito Federal e os Municípios são responsáveis pela cobertura de eventuais insuficiências financeiras do respectivo regime próprio, decorrentes de pagamentos de benefícios previdenciários*: além do pagamento das contribuições patronais devidas, dos aportes definidos em lei, da amortização das dívidas reconhecidas junto ao RPPS e da transferência dos recursos previdenciários consignados, cabe ao ente público a responsabilidade pelo equilíbrio financeiro do seu regime próprio, visto que a previdência social é um direito social constitucionalmente garantido a todo cidadão, especialmente na condição de trabalhador;[2] portanto, é obrigação do Estado a promoção dos meios necessários à garantia desse direito, sem afastar dos princípios da legalidade, impessoalidade, moralidade, publicidade e eficiência, além da economicidade, todos capitulados na Carta Maior.

- *A União, os Estados, o Distrito Federal e os Municípios publicarão, até 30 (trinta) dias após o encerramento de cada bimestre, demonstrativo financeiro e orçamentário da receita e despesa previdenciárias acumuladas no exercício financeiro em curso*: além das demonstrações contábeis e dos demonstrativos da Lei de Responsabilidade Fiscal, a Unidade Gestora deverá encaminhar em nome do ente federativo todos os demonstrativos exigidos pelo Ministério da Previdência Social, segundo a forma e os prazos por ele estabelecidos.

---

[1] Art. 11, §§ 2º a 6º, da Lei nº 11.457/2007, na redação dada pela Lei nº 12.154/2009.
[2] Arts. 6º e 7º, inciso IV, da Constituição Federal.

- *Os RPPS não poderão conceder benefícios distintos dos previstos no RGPS, salvo disposição em contrário da Constituição Federal*: a lei instituidora do regime próprio, objetivamente, deverá prever os benefícios que serão oferecidos aos seus segurados, sendo, no mínimo, os benefícios de aposentadorias e pensão por morte previstos na Constituição Federal e, no máximo, os garantidos pelo Regime Geral de Previdência Social (RGPS).[3] O pagamento de benefícios sem amparo legal representa utilização indevida dos recursos previdenciários.

Consoante o disposto no art. 249 da Constituição Federal, a Lei nº 9.717/1998 autoriza ao ente federativo a constituição de fundos integrados de bens, direitos e Ativos com finalidade previdenciária como forma de promover a sustentabilidade do RPPS, o que possibilita a definição de fontes de recursos para o financiamento do regime, diversas das tradicionais contribuições previdenciárias.

A legislação define como recursos previdenciários, portanto fonte de recursos para financiamento do plano de benefícios, as contribuições e quaisquer valores, bens, Ativos e seus rendimentos vinculados ao fundo de previdência, inclusive a totalidade dos créditos do ente instituidor, reconhecidos pelo regime de origem, relativos à compensação financeira disciplinada na Lei nº 9.796, de 5 de maio de 1999.[4]

É fundamental compreender que a Constituição Federal, ao expressar que *"com o objetivo de assegurar recursos para o pagamento de proventos de aposentadoria e pensões concedidas aos respectivos servidores e seus dependentes, em adição aos recursos dos respectivos tesouros, a União, os Estados, o Distrito Federal e os Municípios poderão constituir fundos integrados pelos recursos provenientes de contribuições e por bens, direitos e ativos de qualquer natureza, mediante lei que disporá sobre a natureza e administração desses fundos"*, pode passar a ideia de faculdade ao ente federativo de optar ou não pela constituição do fundo previdenciário; na verdade, ela está tão somente sub-rogando a competência originária da União para legislar sobre previdência social, no que tange à sua organização e ao seu funcionamento e estabelecimento de contribuições.

Por outro lado, pela imposição do art. 40, também da Carta Maior, os regimes próprios de previdência social estão submetidos à observância do caráter contri-

---

[3] Art. 18 da Lei nº 8.213/1991.
[4] ON/SPS nº 02/2009.

butivo e ao equilíbrio financeiro e atuarial, o que, certamente, será impossível de se obter sem a constituição prévia de reservas para fazer frente às obrigações com os pagamentos dos benefícios previdenciários prometidos aos segurados e dependentes do regime mediante uma lógica de capitalização, embora solidária, dos recursos previdenciários na fase de atividade dos segurados.

Ao adotar a alternativa de financiamento do RPPS, também, pela assunção de bens, direitos e Ativos, que devem ser revestidos de solvência e liquidez, de modo a garantir a satisfação do plano de benefícios, os dirigentes e gestores assumem a responsabilidade adicional de promover a rentabilização e monetização desses Ativos na exata proporção das demandas com as obrigações previdenciárias, ou seja, fazer com que, no momento de se pagar os benefícios, haja disponibilidade financeira suficiente.

Assim como os recursos financeiros, esses Ativos devem cumprir os parâmetros da meta atuarial definida para o RPPS, devendo ser contabilizados em contas específicas no grupo de investimentos, conforme será adiante demonstrado.

Portanto, conforme evidenciado, do ponto de vista da legalidade, não há óbice quanto à possibilidade de aporte de Ativos diversos de propriedade do ente federativo como fonte de custeio do regime previdenciário, imóveis, por exemplo, sendo indispensável a observação de alguns procedimentos, critérios e requisitos, tais como:

i. Realização prévia de detalhados estudos sobre a viabilidade dos Ativos a serem vinculados à finalidade previdenciária quanto à liquidez, de modo a permitir a solvência do plano de benefícios ou gerar recursos suficientes para tal, considerando a projeção dessas despesas.

ii. Realização de avaliação prévia dos Ativos objetivando estabelecer o seu valor de mercado.

iii. Estabelecimento, em lei, da autorização para a vinculação dos bens à finalidade previdenciária com a identificação expressa de cada Ativo.

iv. Os bens, depois dos devidos registros cartoriais, deverão ser incorporados e mantidos no patrimônio do RPPS em contas contábeis específicas, não integrantes do imobilizado, pelo seu valor de mercado.

v. Os Ativos com a finalidade previdenciária integrarão o denominado "ativo do plano", para fins da avaliação atuarial, e deverão compor a definição da meta atuarial para fins de avaliação atuarial.

Vale salientar que o Ministério da Previdência Social não reconhece a liquidação de eventuais débitos decorrentes de contribuições e aportes em atraso ou vincendos, mediante a dação em pagamento com imóveis ou outros Ativos.

A partir do recente movimento de entes federativos na instituição de regime de previdência complementar para os seus servidores em conformidade com o texto constitucional,[5] dirigentes e gestores de alguns entes federativos e RPPS têm defendido a ideia de que a simples fixação do limite do RGPS para o pagamento de benefícios para os segurados e beneficios do seu regime próprio constitui, por si só, medida capaz de equalizar os déficits atuariais e financeiros desse regime, o que não é verdade, especialmente para aqueles que, em um processo de revisão da segregação da massa outrora adotada, estão simplesmente extinguindo o Fundo Previdenciário de forma a disponibilizar todo o montante dos recursos financeiros já acumulados para o pagamento de benefícios de todo o grupo de aposentados e pensionistas atuais e mantendo tão somente o Fundo Financeiro em repartição simples.

Além de ferir o fundamento constitucional de observância do equilíbrio financeiro e atuarial, a partir da utilização indevida dos recursos acumulados, essa medida certamente promoverá importante impacto nas contas previdenciárias de responsabilidade do ente federativo, ficando ainda, via de regra, um grande déficit financeiro e atuarial demandante de solução, além do possível impacto no limite da despesa total com pessoal exigido pela LRF.

Exige também a legislação que a Unidade Gestora mantenha contas bancárias distintas das do Tesouro da unidade federativa, que os recursos previdenciários sejam aplicados em conformidade com as regras estabelecidas pelo Conselho Monetário Nacional, que seja estabelecido um limite de gastos para as despesas administrativas (taxa de administração) e que o fundo seja criado mediante lei.

Em caso de retorno dos servidores titulares de cargos efetivos ativos ao RGPS, início de processo de extinção do RPPS, o ente público assumirá integralmente a responsabilidade pelo pagamento dos benefícios concedidos durante a sua vigência, bem como daqueles benefícios cujos requisitos necessários à sua concessão te-

---

[5] §§ 15 a 17 do art. 40 da Constituição Federal.

nham sido implementados anteriormente ao processo de extinção, não se eximindo da responsabilidade de continuar efetuando os repasses das contribuições às contas do regime em processo de extinção, inclusive de eventuais parcelamentos.

Ainda segundo a Lei nº 9.717/1998, o Ministério da Previdência Social é detentor da competência para orientar, acompanhar e supervisionar a organização e o funcionamento dos RPPS, os dirigentes do órgão ou da entidade gestora do regime, bem como os membros dos conselhos administrativo e fiscal dos fundos, respondem diretamente por infração apurada mediante processo administrativo que tenha por base o auto, a representação ou a denúncia positiva dos fatos irregulares, assegurando-se ao acusado o contraditório e a ampla defesa.

A competência legal de acompanhamento e supervisão dos RPPS é materializada pelo MPS mediante o fornecimento aos entes federativos do Certificado de Regularidade Previdenciária (CRP), nos casos de recebimento de transferências voluntárias de recursos da União; na celebração de acordos, contratos, convênios ou ajustes, bem como de empréstimos, financiamentos, avais e subvenções em geral de órgãos ou entidades da Administração direta e indireta da União; na contratação de empréstimos e financiamentos por instituições financeiras federais e pagamento dos valores devidos pelo RGPS em razão da compensação financeira previdenciária.[6]

Os diversos critérios exigidos pelo MPS para a emissão do CRP estão definidos na Portaria MPS nº 204/2008 e atualizações, que busca verificar a adequação do RPPS aos diversos aspectos da legislação de caráter normativo geral, enfatizando as formalidades de constituição do regime, a gestão e os gestores, as perspectivas de atingimento do equilíbrio financeiro e atuarial, a harmonização da legislação local com as normas gerais, assim configurados:

    a) Observância do caráter contributivo do RPPS, pela fixação das alíquotas de contribuição do ente, dos servidores, aposentados e pensionistas, incluindo os limites mínimo e máximo. A constatação do repasse integral dos valores das contribuições à Unidade Gestora e, quando for o caso, dos valores relativos a débitos parcelados mediante acordo; da retenção, pela Unidade Gestora, dos valores devidos pelos segurados e pensionistas relativos aos benefícios e remunerações cujo pagamento esteja sob sua responsabilidade.

---

[6] Decreto nº 3.788/2001.

b) Observância do equilíbrio financeiro e atuarial mediante a implementação em lei das alíquotas, aportes e planos de equacionamentos apontados pelas avaliações e reavaliações atuariais realizadas segundo as normas próprias aplicadas.

c) Existência de Unidade Gestora única e um único regime próprio com cobertura, exclusivamente, a servidores titulares de cargos efetivos.

d) Constatação da existência de instâncias de decisão com garantia de representação dos segurados.

e) Evidenciação de que os recursos previdenciários estejam sendo utilizados tão somente para o pagamento dos benefícios previdenciários previstos na legislação de cada ente e da taxa de administração fixada.

f) Inexistência de convênios, consórcios e outros mecanismos para o pagamento dos benefícios previdenciários.

g) Certificação de que a legislação do ente federativo não tenha previsão de inclusão de parcelas remuneratórias não componentes da remuneração do cargo efetivo para fins de pagamento de benefícios.

h) Manutenção de contas bancárias específicas sob a gestão da Unidade Gestora destinadas aos recursos previdenciários e distintas das contas do ente.

i) Adequação das regras de concessão e manutenção dos benefícios previdenciários à legislação de caráter normativo geral, incluindo regras de cálculo, reajustamentos, limitação ao rol de benefícios do RGPS, entre outras.

j) Atendimento no prazo e na forma de solicitações emanadas do MPS por meio de suas auditorias direta e indireta.

k) Elaboração da escrituração contábil de acordo com o Plano de Contas Aplicado aos RPPS.

l) Aplicação dos recursos previdenciários em consonância com as regras de alocações e limites estabelecidos pelo Conselho Monetário Nacional (CMN).

m) Apresentação nos prazos e nas formas estabelecidas pelo MPS dos demonstrativos definidos pela legislação, tais como o Demonstrativo do

Resultado da Avaliação Atuarial (DRAA) e Nota Técnica Atuarial, o Demonstrativo da Política de Investimentos (DPIN), o Demonstrativo das Aplicações e Investimentos dos Recursos Previdenciários (DAIR), o Demonstrativo de Informações Previdenciárias e Repasses (DIPR) e os Demonstrativos Contábeis.

2.2 Organização e funcionamento dos RPPS

Os parâmetros e as diretrizes gerais para organização e funcionamento dos regimes próprios de previdência social dos servidores públicos ocupantes de cargos efetivos da União, dos Estados, do Distrito Federal e dos Municípios, em cumprimento às Leis nº 9.717/1998 e nº 10.887/2004, vêm ao longo do tempo sendo disciplinados por portarias e orientações normativas editadas pelo Ministério da Previdência Social, especialmente a Portaria MPS nº 402/2008 e atualizações, na qual consta, em relação à contabilidade, a Seção VI – Da Escrituração Contábil –, que estabelece que para a organização dos RPPS devem ser observadas as seguintes normas de contabilidade:

i. A escrituração contábil do RPPS deve ser distinta da mantida pelo ente federativo. Segundo a norma, considera-se distinta a escrituração contábil que permita a diferenciação entre o patrimônio do RPPS e o patrimônio do ente federativo, possibilitando a elaboração de demonstrativos contábeis específicos, mesmo que a Unidade Gestora não possua personalidade jurídica própria.

ii. A escrituração deverá incluir todas as operações que envolvam direta ou indiretamente a responsabilidade do RPPS e modifiquem ou possam vir a modificar o seu patrimônio.

iii. A escrituração obedecerá aos princípios e à legislação aplicada à Contabilidade Pública.

iv. O exercício contábil terá a duração de um ano civil.

v. Devem ser adotados registros contábeis auxiliares, conforme o caso, para apuração das depreciações, de avaliações e reavaliações dos bens, direitos e Ativos, inclusive dos investimentos e da evolução das reservas.

vi. Os demonstrativos contábeis devem ser complementados por notas explicativas e outros quadros necessários ao minucioso esclarecimento da situação patrimonial e dos investimentos mantidos pelo RPPS.

vii. Os bens, direitos e Ativos de qualquer natureza vinculados à finalidade previdenciária devem ser avaliados e reavaliados periodicamente, de forma que estejam permanentemente representados pelos seus respectivos valores de mercado.

As demonstrações contábeis dos RPPS deverão ser apresentadas pelo ente federativo à Secretaria de Políticas de Previdência Social, conforme modelo, periodicidade e instruções de preenchimento por ela definidos, podendo ser os mesmos disponíveis no *Manual de Contabilidade Aplicada ao Setor Público* (MCASP), da STN.

Embora repetitivo, é de bom alvitre asseverar que, com relação às disponibilidades financeiras e demais recursos previdenciários e vinculados ao RPPS, estes serão depositados e mantidos em contas bancárias separadas das demais disponibilidades do ente federativo, aplicadas no mercado financeiro e de capitais brasileiro em conformidade com as regras estabelecidas pelo Conselho Monetário Nacional. A Portaria MPS nº 402/2008 ainda trata da Auditoria em sua Seção X, dispondo que:

a) O MPS exercerá a orientação, supervisão e acompanhamento dos RPPS e dos fundos previdenciários por meio de procedimentos de auditoria direta e auditoria indireta.

b) A auditoria direta é exercida por Auditor-Fiscal da Receita Federal do Brasil em exercício no MPS. O ente federativo será cientificado do encerramento e dos resultados da auditoria por meio da Notificação de Auditoria-Fiscal (NAF). As irregularidades relativas aos critérios exigidos para a emissão do Certificado de Regularidade Previdenciária (CRP), inseridas na NAF, serão analisadas e julgadas em Procedimento Administrativo Previdenciário (PAP), observadas as regras estabelecidas em norma específica do MPS, respeitando o devido processo legal, a ampla defesa e o contraditório.

c) A auditoria indireta é realizada internamente no Departamento dos Regimes de Previdência no Serviço Público (DRPSP), da SPPS, mediante análise da legislação, documentos e informações fornecidas pelo ente federativo. Nesse caso, não há instauração de PAP, tendo em vista que as eventuais irregularidades são detectadas a partir de documentos apresentados pelo auditado.

Com relação à carteira de investimentos, a Portaria nº 402/2008 estabelece que os valores das aplicações dos recursos do RPPS em cotas de fundos de investimento ou em títulos de emissão do Tesouro Nacional, integrantes da carteira própria do RPPS, devem ser marcados a mercado, no mínimo mensalmente, mediante a utilização de metodologias de apuração consentâneas com os parâmetros reconhecidos pelo mercado financeiro, de forma a refletir o seu valor real, e as normas baixadas pelo Banco Central do Brasil e a Comissão de Valores Mobiliários.

A Portaria MPS nº 402/2008, atualizada pela Portaria MPS nº 65/2014, admite que os valores aplicados em cotas de fundos de investimento, constituídos sob a forma de condomínio aberto, poderão ser contabilizados pelos respectivos custos de aquisição acrescidos dos rendimentos auferidos, desde que comprovada a aderência às obrigações do Passivo do RPPS, oficializando a possibilidade de os RPPS investirem em fundos com Ativos marcados na curva.

As novas regras estabelecem que os fundos marcados na curva somente podem ser compostos por títulos públicos emitidos pelo Tesouro Nacional, e que os gestores dos RPPS devem firmar termo de capacidade financeira, garantindo que os recursos aportados não são necessários para o pagamento de obrigações previdenciárias até o vencimento dos papéis, uma vez que os regulamentos desses fundos de investimento não permitem resgates antes do prazo contratado.

Entre as várias áreas de interesse da previdência do servidor, em razão da tecnicidade exigida pelos processos e o envolvimento de outros segmentos, merece destaque a regulamentação estabelecida para a gestão dos recursos previdenciários.

Em virtude de sua competência e como o órgão responsável por expedir diretrizes gerais para o bom funcionamento do Sistema Financeiro Nacional, integrado pelo Ministro da Fazenda (Presidente), o Ministro do Planejamento, Orçamento e Gestão e o Presidente do Banco Central do Brasil, o Conselho Monetário Nacional (CMN) vem editando sucessivas Resoluções dispondo, exclusivamente, sobre as aplicações e investimentos de recursos previdenciários sob a responsabilidade dos RPPS, estabelecendo princípios, limites e segmentos de alocação desses recursos.[7] O PCASP RPPS dispõe do Grupo de Contas específico para registro desses Ativos – *1.1.4.0.0.00.00 Investimentos e Aplicações Temporárias a Curto Prazo* –, que receberá tratamento destacado em capítulo próprio.

Além das regras emanadas do CMN, o MPS editou e seguidamente vem atualizando portarias específicas dispondo sobre os procedimentos exigidos dos responsáveis pela condução dos processos de gestão dos recursos previdenciários, encontrando-se em vigor a Portaria MPS nº 519/2011, com algumas alterações posteriores. Em síntese, exige a regulamentação:

a) Que cada RPPS elabore a sua política anual de investimentos, que deve ser aprovada por instância superior competente de decisão.

b) Que o responsável pela gestão dos recursos previdenciários tenha sido aprovado em exame de certificação organizado por entidade autônoma de reconhecida capacidade técnica e difusão no mercado brasileiro de capitais e que seja pessoa física vinculada ao ente federativo ou à Unidade Gestora do regime como servidor titular de cargo efetivo ou de livre nomeação e exoneração, e apresentar-se formalmente designado para a função por ato da autoridade competente.

c) Que, no caso de gestão por entidade autorizada e credenciada (terceirizada), é obrigatória a realização de processo seletivo, com submissão à instância superior de deliberação, devendo observar como critérios, no mínimo, a solidez patrimonial da entidade, a compatibilidade desta com o volume de recursos e a experiência positiva no exercício da atividade de administração de recursos de terceiros.

d) Que sejam exigidos da entidade credenciada relatórios periódicos detalhados contendo informações sobre a rentabilidade, os riscos e o desempenho das aplicações, além da obrigação de seus gestores em manter elevados padrões éticos relativos às aplicações dos recursos e disponibilizar informações detalhadas aos segurados e à sociedade em geral sobre as alocações dos recursos previdenciários, entre outros, a política anual de investimentos, as movimentações das aplicações e resgates, procedi-

---

[7] Resoluções CMN nº 3.922/2010 e nº 4.392/2014.

mentos de credenciamento e relação das instituições e entidades credenciadas para a realização de quaisquer operações e/ou consultorias sobre as aplicações e investimentos dos recursos previdenciários.

2.3 Avaliações e reavaliações atuariais

A Portaria MPS nº 403/2008 dispõe sobre as normas aplicáveis às avaliações e reavaliações atuariais dos RPPS, e estabelece que a avaliação atuarial deve contemplar os dados de todos os servidores titulares de cargos efetivos ativos, aposentados e pensionistas, e respectivos dependentes, vinculados ao RPPS, de todos os poderes, entidades e órgãos do ente federativo.

O ente federativo, a Unidade Gestora do RPPS e o responsável pela elaboração da avaliação atuarial deverão, em conjunto, eleger as hipóteses biométricas, demográficas, econômicas e financeiras adequadas às características da massa de segurados e de seus dependentes para o correto dimensionamento dos compromissos futuros do RPPS, sem se afastar dos parâmetros mínimos de prudência estabelecidos pelas normas de atuária aplicadas aos regimes de previdência social dos servidores públicos, tendo como referência as hipóteses e premissas consubstanciadas na Nota Técnica Atuarial do respectivo RPPS.

Segundo a retrocitada Portaria, dois documentos são fundamentais para o correto dimensionamento do equilíbrio financeiro e atuarial do RPPS: a Nota Técnica Atuarial e o parecer atuarial. A Nota Técnica Atuarial é um documento exclusivo de cada RPPS, que deve descrever de forma clara e precisa as características gerais dos planos de benefícios, a formulação para o cálculo do custeio e das reservas matemáticas previdenciárias, as suas bases técnicas e premissas a serem utilizadas nos cálculos.

De forma análoga à biologia, poderíamos dizer que a Nota Técnica Atuarial traz a codificação genética do RPPS, daí sua indiscutível importância. O parecer atuarial, por sua vez, tem como papel apresentar de forma conclusiva a situação financeira e atuarial do plano ou planos de benefícios, certificar a adequação da base de dados e das hipóteses utilizadas na avaliação e ainda apontar possíveis medidas para a busca e manutenção do equilíbrio financeiro, sendo ainda indispensáveis as informações sobre a qualidade da base cadastral, destacando a sua atualização, amplitude e consistência.

Caso a base cadastral dos segurados, beneficiários e dependentes esteja incompleta ou inconsistente, o parecer atuarial deve dispor sobre o impacto em relação ao resultado apurado, devendo ser adotadas, pelo ente federativo, providências para sua adequação até a próxima avaliação atuarial.

As reavaliações atuariais deverão ter como data da avaliação o último dia do exercício anterior ao da exigência de sua apresentação, e serão elaboradas com dados cadastrais posicionados entre os meses de julho a dezembro do exercício anterior ao da exigência de sua apresentação.

Os documentos, bancos de dados e informações que tiverem suportado a avaliação e reavaliações atuariais devem permanecer arquivados na Unidade Gestora do RPPS, podendo ser solicitados pelo Ministério da Previdência Social a qualquer tempo.

A Portaria MPS nº 403/2008 também define parâmetros para a segregação da massa como possível alternativa a plano de amortização por meio de alíquotas suplementares ou aportes periódicos financeiros e outros Ativos nas situações de elevado déficit atuarial.

A adoção da segregação da massa como mecanismo de equacionamento de déficit atuarial requer profundos estudos e avaliações da capacidade orçamentária e financeira do ente federativo, considerando, inclusive, a consequente redução da arrecadação de contribuições e o aumento das despesas com o pagamento de benefícios pelo plano financeiro, além das implicações nos limites de gastos totais com pessoal e endividamento impostos pela Lei de Responsabilidade Fiscal.

A técnica da segregação da massa consiste na separação dos segurados do RPPS em dois grupos distintos, observados os princípios da eficiência e economicidade na realocação dos recursos financeiros do RPPS e na composição das submassas, a partir do estabelecimento de uma data de corte que tome por base a data de ingresso do segurado no ente federativo na condição de servidor titular de cargo efetivo vinculado ao RPPS, a idade do segurado ou a sua condição de servidor em atividade, aposentado ou pensionista, admitindo-se a conjugação desses parâmetros, para fins de alocação dos segurados ao Plano Financeiro e ao Plano Previdenciário.

A Portaria MPS nº 403/2008 assim conceitua os planos "Previdenciário" e "Financeiro":

a) Plano Previdenciário: sistema estruturado com a finalidade de acumulação de recursos para pagamento dos compromissos definidos no plano de benefícios do RPPS, sendo o seu plano de custeio calculado atuarialmente segundo os conceitos dos regimes financeiros de Capitalização, Repartição de Capitais de Cobertura e Repartição Simples.

b) Plano Financeiro: sistema estruturado somente no caso de segregação da massa, no qual as contribuições a serem pagas pelo ente federativo, pelos servidores ativos e inativos e pelos pensionistas vinculados são fixadas sem objetivo de acumulação de recursos, sendo as insuficiências aportadas pelo ente federativo, contudo, admitida a constituição de fundo financeiro.

Na segregação da massa, os segurados e os beneficiários de aposentadorias e pensões já concedidas ou a conceder alocados ao "Plano Financeiro" representam um grupo "fechado" e em extinção, sendo vedado o ingresso de novos segurados nesse plano, enquanto outro grupo de segurados e beneficiários atuais ou somente os futuros e seus dependentes são alocados ao "Plano Previdenciário". Na prática, o Plano Financeiro fica sendo de responsabilidade da fonte tesouro do ente, enquanto o Plano Previdenciário requer que seja capitalizado para garantir o benefício da massa de segurados, na perspectiva de autossustentabilidade.

No caso de a avaliação indicar déficit atuarial, deverão ser apresentados no parecer atuarial possíveis planos de amortização para seu equacionamento mediante a acumulação dos recursos necessários para cobertura desse déficit atuarial, que poderá ocorrer em até 35 anos contados a partir de sua implementação por meio de lei do ente federativo.

Estabelece também a Portaria MPS nº 403/2008 que, havendo lei na qual o ente federativo assume o equacionamento do déficit atuarial, este pode ser indicado como plano de amortização no parecer atuarial. Ao ser registrado dessa forma, esse "compromisso", cujo valor entra reduzindo o Passivo atuarial apurado, faz com que o déficit, digamos, "deixe de existir", uma vez que já há um compromisso legal pelo seu equacionamento, ou seja, há definição legal de fonte de financiamento ao plano de benefícios. Por isso, é recomendável que seja evidenciado o valor do déficit atuarial em notas explicativas de forma a deixar mais transparente a informação que está sendo divulgada pelos RPPS.

O principal instrumento para o registro contábil dos resultados das avaliações e reavaliações atuariais é o relatório atuarial, documento formalmente expedido pelo responsável pela avaliação atuarial, que também é o responsável legal pelos dados e informações nele contidos. Exige o MPS que os resultados das avaliações e reavaliações atuariais sejam a ele enviados por intermédio do Demonstrativo do Resultado da Avaliação Atuarial (DRAA), documento exclusivo de cada RPPS que registra de forma resumida as características gerais do plano ou planos e os principais resultados da avaliação atuarial.

Com relação ao passivo atuarial, seu registro se dá na forma de reservas matemáticas previdenciárias, que correspondem aos compromissos líquidos do plano de benefícios. As reservas matemáticas previdenciárias serão registradas no Passivo Exigível a Longo Prazo, no grupo de contas denominado Provisões Matemáticas Previdenciárias, observado o detalhamento estabelecido no PCASP. Devido à importância desses valores para o patrimônio da Unidade Gestora do RPPS, o assunto será tratado com mais propriedade no Capítulo 5 – Provisão Matemática Previdenciária.

2.4 Orientações normativas para o cumprimento da legislação previdenciária

Assim como há várias portarias tratando sobre todos os temas de previdência social do servidor público, o Ministério da Previdência Social vem publicando também orientações normativas dispondo sobre as regras gerais para o cumprimento da legislação previdenciária aplicada aos Regimes Próprios de Previdência Social (RPPS), objetivando esclarecer, harmonizar ou estabelecer procedimentos previstos nos demais instrumentos legais.

A Orientação Normativa (ON) SPS nº 02/2009, por exemplo, ensina que o RPPS é considerado instituído a partir da entrada em vigor da lei que estabelecer que os benefícios de aposentadoria e pensão sejam de responsabilidade do ente federativo, independentemente da criação da Unidade Gestora ou do estabelecimento de alíquota de contribuição, ou depois de cumpridas as condições estabelecidas na própria lei de criação, sendo vedada a instituição retroativa de regime próprio.

Essa mesma ON define como Unidade Gestora a entidade ou órgão integrante da estrutura da administração pública de cada ente federativo, vinculada ao Poder Executivo, que tem por finalidade a administração, o gerenciamento e a operacionalização do RPPS, incluindo a arrecadação e a gestão de recursos e fundos previdenciários, a concessão, o pagamento e a manutenção dos benefícios, ou seja, é a entidade responsável pela gestão do Ativo e do Passivo de interesse dos segurados e beneficiários do RPPS.

A Unidade Gestora deverá contar com colegiado ou instância de deliberação e decisão, na qual deverá ser garantida a representação dos segurados, cabendo-lhes acompanhar e fiscalizar sua administração; portanto, requer a participação efetiva dos principais interessados na gestão e fiscalização do regime.

Segundo a ON SPS nº 02/2009, considera-se em extinção o RPPS do ente federativo que deixar de assegurar em lei os benefícios de aposentadoria e pensão por morte a todos os servidores titulares de cargo efetivo pelas seguintes razões:

a) Ter vinculado, por meio de lei, todos os servidores titulares de cargo efetivo ao RGPS.

b) Ter sido revogada a lei ou os dispositivos da lei que asseguravam a concessão dos benefícios de aposentadoria ou pensão por morte aos servidores titulares de cargo efetivo.

c) Ter adotado o regime da Consolidação das Leis do Trabalho (CLT) como regime jurídico único de trabalho para seus servidores até 4 de junho de 1998, data de publicação da Emenda Constitucional nº 19/1998, e garantido, em lei, a concessão de aposentadoria aos servidores ativos amparados pelo regime em extinção e de pensão a seus dependentes.

Vale observar que o ente que detiver o seu RPPS em extinção deverá manter ou editar lei que discipline o seu funcionamento e as regras para concessão de benefícios de futuras pensões ou de aposentadorias aos segurados que possuíam direitos adquiridos na data da lei que alterou o regime previdenciário dos servidores, até a extinção definitiva, que ocorrerá somente com a cessação do último benefício de sua responsabilidade, ainda que custeado com recursos do tesouro. A extinção da Unidade Gestora não afeta a existência do RPPS.

Portanto, a decisão de extinguir um RPPS requer estudos pormenorizados, pois a medida pode representar significativos aumentos de gastos para o ente federativo com a continuidade de obrigações previdenciárias e administrativas, além das advindas com o RGPS, considerando, também, que o ente passa a ser devedor da compensação financeira previdenciária relativa ao período em que o servidor esteve vinculado ao seu RPPS.

A Orientação Normativa SPS nº 1, de 30 de maio de 2012, estabelece orientações para o cálculo e as revisões dos benefícios de aposentadoria por invalidez e das pensões deles decorrentes concedidas pelos RPPS para fins de cumprimento ao disposto na Emenda Constitucional nº 70, de 29 de março de 2012.

2.5 Normas contábeis aplicáveis aos RPPS

Conforme visto no Capítulo 1 – O Ambiente da Contabilidade Aplicada ao RPPS –, até dezembro de 2013 os procedimentos contábeis aplicados aos RPPS eram estabelecidos pela Portaria MPS nº 916/2003 e suas atualizações. Com a edição da Portaria MPS nº 509/2013, foram definidas as novas regras contábeis a serem observadas no âmbito dos RPPS, a partir da adoção do Plano de Contas Aplicado ao Setor Público (PCASP) e das Demonstrações Contábeis Aplicadas ao Setor Público (DCASP), contempladas no *Manual de Contabilidade Aplicada ao Setor Público* (MCASP), da Secretaria do Tesouro Nacional (STN).

Com relação à estrutura do Plano de Contas, os RPPS devem adotar as contas especificadas no PCASP Estendido até o 7º nível de classificação, observando exatamente a mesma nomenclatura e codificação definida pela STN. Caso haja a necessidade de inclusão ou desdobramento de contas, recomenda-se que as solicitações sejam encaminhadas à Secretaria de Políticas de Previdência Social, que, em conjunto com a Secretaria do Tesouro Nacional, procederá à verificação para atendimento da solicitação. Caso a necessidade de informação seja apenas gerencial, o contabilista responsável poderá criar contas a partir do nível já publicado.

Exemplo: *Conta Única – RPPS*

1.1.1.1.1.06.00	Conta Única – RPPS
1.1.1.1.1.06.01	*Bancos Conta Movimento – RPPS*
1.1.1.1.1.06.02	*Bancos Conta Movimento – Plano Financeiro*
1.1.1.1.1.06.03	*Bancos Conta Movimento – Plano Previdenciário*
1.1.1.1.1.06.04	*Bancos Conta Movimento – Taxa de Administração*

Os RPPS terão obrigatoriamente de se adaptar à estrutura do PCASP e suas atualizações até o último nível publicado (subitem), não só para gerar as demonstrações contábeis, mas também para permitir o acompanhamento da execução orçamentária e financeira. Para atender à estrutura e codificação das contas exigidas pela legislação previdenciária, o sistema contábil utilizado pelos RPPS deverá ser adaptado ou substituído, com o devido acompanhamento e validação pelo contabilista responsável.

A planificação contábil poderá, por ocasião do encerramento do exercício, caso não seja aplicada a todo ente público, demandar procedimentos especiais para o processo de consolidação das contas. Nesse caso, é imprescindível que o ente público inclua tais contas em seu plano de contas e, em conjunto com o contabilista responsável pela contabilidade do RPPS, mantenha compatibilização desses valores, para que seja possível a adequada consolidação dessas informações.

Com relação às demonstrações contábeis exigidas dos RPPS, são basicamente as mesmas demonstrações exigidas pela legislação contábil aplicada ao Setor Público, observando que a citada Portaria MPS nº 509/2013 prevê que a Secretaria de Políticas de Previdência Social adotará as medidas necessárias para a prestação das informações relativas à contabilidade dos RPPS.

Para facilitar o entendimento, as demonstrações contábeis que devem ser elaboradas pelos RPPS serão apresentadas no Capítulo 4 – Plano de Contas Aplicado aos RPPS –, com destaque para as contas representativas de procedimentos contábeis específicos, por exemplo, o registro das aplicações dos recursos previdenciários e da provisão matemática previdenciária.

2.6 Resumo

1. A legislação previdenciária faculta que o ente federativo legisle sobre a constituição de fundos integrados de bens, direitos e Ativos com finalidade previdenciária, exigindo que, entre outros, a conta do fundo seja distinta da conta do Tesouro da unidade federativa.

2. Em caso de extinção do RPPS, o ente público assumirá integralmente a responsabilidade pelo pagamento dos benefícios concedidos durante a sua vigência, bem como daqueles benefícios cujos requisitos necessários à sua concessão foram implementados anteriormente à extinção.

3. Os dirigentes do órgão ou da entidade gestora do Regime Próprio de Previdência Social (RPPS) dos entes públicos, bem como os membros dos conselhos administrativo e fiscal dos fundos, respondem diretamente por infração apurada mediante processo administrativo que tenha por base o auto, a representação ou a denúncia positiva dos fatos irregulares, além de possíveis enquadramentos na legislação civil e criminal.

4. A escrituração contábil do RPPS deve ser distinta da mantida pelo ente federativo, possibilitando a elaboração de demonstrativos contábeis específicos, mesmo que a Unidade Gestora não possua personalidade jurídica própria.

5. A escrituração deverá incluir todas as operações que envolvam direta ou indiretamente a responsabilidade do RPPS e modifiquem ou possam vir a modificar o seu patrimônio, observando os princípios e a legislação aplicada à Contabilidade Pública nacional.

6. Os recursos financeiros vinculados ao RPPS serão depositados e mantidos em contas bancárias separadas das disponibilidades do ente federativo, aplicadas no mercado financeiro e de capitais brasileiro em conformidade com as regras estabelecidas pelo Conselho Monetário Nacional.

7. Os valores das aplicações de recursos do RPPS em cotas de fundos de investimento ou em títulos de emissão do Tesouro Nacional devem ser marcados a mercado, sendo admitido, também, que os valores aplicados em cotas de fundos de investimento, constituídos sob a forma de condomínio aberto, possam ser marcados na curva do papel.

8. O parecer atuarial deve conter, de forma expressa, a avaliação da qualidade da base cadastral, destacando a sua atualização, amplitude e consistência.

9. A técnica de segregação da massa consiste em uma forma de equacionamento do déficit atuarial alternativa ao plano de amortização por meio de alíquotas suplementares ou aportes periódicos, separando os segurados do RPPS em dois grupos distintos: Plano Financeiro e Plano Previdenciário.

10. Os RPPS terão obrigatoriamente de se adaptar à estrutura do PCASP e suas atualizações até o último nível publicado (subitem), não só para gerar as demonstrações contábeis, mas também para permitir o acompanhamento da execução orçamentária e financeira.

2.7 Temas para discussão, pesquisa e desenvolvimento

1. Qual o papel da avaliação atuarial e de suas reavaliações?

2. Quais as consequências de extinção do RPPS e como o ente público deverá proceder posteriormente à extinção do regime previdenciário?

3. Por que a contabilidade do RPPS deverá ser distinta da contabilidade do ente federativo?

4. Em que consiste a técnica da segregação da massa?

5. Que mudanças recentes foram introduzidas na contabilidade aplicada ao RPPS?

6. Que impactos na capacidade orçamentária, financeira e responsabilidade fiscal do ente federativo pode causar a segregação da massa de segurados?

7. Que tipo de Ativo pode ser de interesse do RPPS no caso de aporte para equacionamento de déficit atuarial?

8. Os bens de uso pela Unidade Gestora podem ser considerados recursos previdenciários e podem compor o Ativo para fins da avaliação atuarial do RPPS? Em que grupo do Ativo devem ser registrados?

Especificidades na Elaboração do Orçamento dos RPPS

3

OBJETIVOS

Proporcionar ao leitor os seguintes conhecimentos:

- Características do orçamento público
- Características das receitas públicas
- Características das despesas públicas
- Especificidades na elaboração do orçamento dos RPPS

3.1 Características do orçamento público

Segundo o Ministério do Planejamento, Orçamento e Gestão, um dado essencial para o planejamento da ação governamental é o dimensionamento da disponibilidade de recursos com que se poderá contar para o desenvolvimento das ações. Nesse dimensionamento, devem ser distinguidas as diversas fontes de financiamento e as restrições legais para sua utilização.

Surge assim a necessidade de elaboração do orçamento público, como instrumento de controle preventivo da Administração Pública, dando-lhe a necessária autorização para arrecadar e gastar dentro dos limites que se contém no próprio orçamento. Para sua real eficácia, a recomendação é de que a constituição orgânica do orçamento se vincule aos Princípios Orçamentários, que visam estabelecer regras básicas a fim de conferir racionalidade, eficiência e transparência aos processos de elaboração, execução e controle do orçamento público.

O art. 2º da Lei nº 4.320/1964 dispõe que a Lei de Orçamento conterá a discriminação da receita orçamentária e da despesa orçamentária de forma que evidencie a política econômico-financeira e o programa de trabalho do Governo, obedecidos os Princípios da Unidade, Universalidade e Anualidade:

  i. Unidade: o orçamento deve ser uno, isto é, em cada ente da federação deve existir apenas um orçamento para o exercício financeiro, a Lei de Orçamento deve compreender o Orçamento Fiscal, o Orçamento de Investimento e o Orçamento da Seguridade Social.[1]

 ii. Universalidade: o orçamento deve conter todas as receitas orçamentárias e todas as despesas orçamentárias de cada ente governamental, incluindo seus Poderes, fundos, órgãos e entidades da administração direta e indireta. Até as isenções, anistias, remissões, subsídios e benefícios de natureza financeira, tributária e creditícia devem acompanhar o projeto da Lei de Orçamento.[2]

iii. Anualidade: a previsão da receita orçamentária e a fixação da despesa orçamentária devem sempre fazer referência a um período limitado de tempo, denominado exercício financeiro, que na Administração Pública brasileira compreende o período de 1º de janeiro a 31

---

[1] Art. 165, § 5º, da Constituição Federal.
[2] Art. 165, § 6º, da Constituição Federal.

de dezembro. De acordo com o Princípio da Anualidade, devem ser vedados programas ou projetos não incluídos na Lei Orçamentária Anual, excetuando-se os créditos especiais e extraordinários, que poderão ser incorporados ao exercício financeiro subsequente caso tenham sido promulgados nos últimos quatro meses do exercício.[3]

Além dos Princípios Orçamentários previstos na Lei nº 4.320/1964, na elaboração do orçamento dos Regimes Próprios de Previdência Social (RPPS) também devem ser observados os Princípios oriundos da Constituição Federal de 1988:

- Exclusividade: a Lei Orçamentária Anual (LOA) não conterá dispositivo estranho à previsão da receita orçamentária e à fixação da despesa orçamentária, não se incluindo na proibição a autorização para abertura de créditos suplementares e a contratação de operações de crédito, ainda que por antecipação de receita, nos termos da lei.[4]

- Especificação: as despesas orçamentárias devem ser classificadas de forma detalhada, para facilitar sua análise e compreensão. A legislação brasileira demanda que esse detalhamento expresse o planejamento físico e financeiro das ações governamentais.

- Publicidade: o conteúdo orçamentário deve ser divulgado por meio dos veículos oficiais de comunicação, para conhecimento público e para a eficácia de sua validade. No caso específico do Governo Federal, a publicação feita no *Diário Oficial da União*.[5]

- Equilíbrio financeiro: o montante da despesa orçamentária não deve ultrapassar o montante da receita orçamentária previsto para o período.

- Orçamento bruto: todas as parcelas da receita orçamentária e da despesa orçamentária devem aparecer no orçamento em seus valores brutos, sem qualquer tipo de dedução.

Se durante a execução do orçamento as dotações inicialmente aprovadas se revelarem insuficientes para a realização dos programas de trabalho, a Lei Orçamentária Anual (LOA), no que se refere à Unidade Gestora do RPPS, poderá

---

[3] Art. 167, § 2º, da Constituição Federal.
[4] Art. 165, § 8º, da Constituição Federal.
[5] Art. 37, § 1º, inciso XXI, da Constituição Federal.

ser alterada por meio de créditos adicionais, que são autorizações de despesa não computadas ou insuficientemente dotadas na LOA. Dependendo da sua característica, os créditos adicionais são classificados em suplementares, especiais ou extraordinários:

a) *Créditos suplementares*: destinam-se ao reforço de categoria de programação orçamentária já existente, quando os créditos orçamentários são ou se tornam insuficientes. São autorizados por lei e abertos por decreto do Poder Executivo.

b) *Créditos especiais*: destinam-se às despesas para as quais não haja categoria de programação orçamentária específica, visando atender a objetivo não previsto no orçamento. São autorizados por lei e abertos por decreto do Poder Executivo. Se a lei de autorização do crédito for promulgada nos últimos quatro meses do exercício, poderão ser reabertos no exercício seguinte, nos limites de seu saldo.

c) *Créditos extraordinários*: destinam-se a atender a despesas urgentes e imprevisíveis, como em caso de guerra, comoção interna ou calamidade pública. Caracterizam-se pela imprevisibilidade do fato, que requer ação urgente do Poder Público.

A observância aos Princípios Orçamentários constitui condição de legalidade e permite que a Unidade Gestora do RPPS possa planejar adequadamente o pagamento dos benefícios previdenciários e despesas administrativas sob sua responsabilidade.

3.2 Características das receitas públicas

De acordo com o disposto no *Manual Técnico de Orçamento* (MTO), do Governo Federal, as receitas públicas constituem ingressos de recursos financeiros nos cofres do ente público, que se desdobram em ingressos orçamentários e em receitas orçamentárias.

Os *ingressos orçamentários* são recursos financeiros de caráter temporário e não integram a LOA, pois o ente é mero depositário desses recursos. São Passivos exigíveis e suas restituições não se sujeitam à autorização legislativa, como, por exemplo, depósitos em caução, fianças, emissão de moeda e outras entradas compensatórias no Ativo e Passivo financeiros.

As *receitas orçamentárias* representam disponibilidades de recursos financeiros que ingressam durante o exercício e constituem elemento novo para o patrimônio público. É a fonte de recursos utilizada pelo Governo em programas e ações cuja finalidade precípua é atender às necessidades públicas e demandas da sociedade, como, por exemplo, as receitas arrecadadas de impostos, contribuições e taxas.

3.2.1 Classificação da receita orçamentária

A *classificação da receita orçamentária por natureza de receita* representa o menor nível de detalhamento das informações orçamentárias sobre as receitas públicas, cuja classificação é formada por um código numérico de oito dígitos e seis níveis: categoria econômica (1º dígito), origem (2º dígito), espécie (3º dígito), rubrica (4º dígito), alínea (5º e 6º dígitos) e subalínea (7º e 8º dígitos).

No caso da categoria econômica (1º dígito), que tem como objetivo sustentar o conceito com base no ingresso de recursos financeiros, as receitas orçamentárias desdobram-se em receitas correntes e em receitas de capital.

As *receitas correntes* são arrecadadas dentro do exercício, aumentam as disponibilidades financeiras do ente, em geral com efeito positivo sobre o patrimônio líquido, e constituem instrumento para financiar os objetivos definidos nos programas e ações correspondentes às políticas públicas.

De acordo com o disposto na Lei nº 4.320/1964, classificam-se como correntes as receitas provenientes de tributos; de contribuições; da exploração do patrimônio estatal (patrimonial); da exploração de atividades econômicas (agropecuária, industrial e de serviços); de recursos financeiros recebidos de outras pessoas de direito público ou privado, quando destinadas a atender despesas classificáveis em despesas correntes (transferências correntes); e demais receitas que não se enquadram nos itens anteriores (outras receitas correntes).

As *receitas de capital*, por sua vez, aumentam as disponibilidades financeiras do ente, mas não provocam efeito sobre o patrimônio líquido. De acordo com a Lei nº 4.320/1964, são receitas de capital as provenientes da realização de recursos financeiros oriundos da constituição de dívidas; da conversão, em espécie, de bens e direitos; do recebimento de recursos de outras pessoas de direito público ou privado, quando destinados a atender despesas de capital; e de superávit do orçamento corrente.

São classificadas como *receitas intraorçamentárias* as disponibilidades decorrentes de operações entre órgãos e demais entidades da Administração Pública integrantes do orçamento fiscal e do orçamento da seguridade social do mesmo ente federativo (operações intraorçamentárias), uma vez que não representam novas entradas de recursos nos cofres públicos do ente, mas apenas movimentação de receitas orçamentárias entre seus órgãos.

A Secretaria de Orçamento Federal incluiu no desdobramento das receitas intraorçamentárias as receitas correntes intraorçamentárias e as receitas de capital intraorçamentárias, representadas, respectivamente, pelos códigos 7 e 8 em suas categorias econômicas. De acordo com o MTO, essas classificações não constituem novas categorias econômicas de receita, mas apenas especificações das categorias econômicas "Receita Corrente" e "Receita de Capital".

O *Manual de Contabilidade Aplicada ao Setor Público* (MCASP), editado pela STN, esclarece que, para que a lei orçamentária seja aprovada de modo equilibrado, a classificação 9990.00.00 – *Recursos Arrecadados em Exercícios Anteriores* – encontra-se disponível na relação de naturezas de receitas, fazendo com que, sempre que necessário, as receitas previstas possam incorporar recursos arrecadados em exercícios anteriores para fins de equilíbrio orçamentário.

Relativamente à *classificação da receita orçamentária segundo a fonte/destinação de recursos,* tem como objetivo assegurar que receitas vinculadas por lei a finalidade específica sejam exclusivamente aplicadas em programas e ações que visem à consecução de despesas ou políticas públicas associadas a esse objetivo legal.

O MTO esclarece que, como mecanismo integrador entre a receita e a despesa, o código de fonte/destinação de recursos exerce duplo papel no processo orçamentário: na receita, indica o destino de recursos para o financiamento de determinadas despesas; na despesa, identifica a origem dos recursos que estão sendo utilizados. Com isso, o mesmo código utilizado para controle das destinações da receita também é utilizado na despesa, para controle das fontes financiadoras. Em linhas gerais, pode-se dizer que há destinações vinculadas e não vinculadas:

a) *Destinação vinculada*: é o processo de vinculação entre a origem e a aplicação de recursos, em atendimento às finalidades específicas estabelecidas pela norma. Pelo que se extrai da legislação, os recursos previdenciários são sempre vinculados, dado que somente podem ser utilizados para o pagamento de benefícios e despesas administrativas do RPPS.

b) *Destinação não vinculada (ou ordinária)*: é o processo de alocação livre entre a origem e a aplicação de recursos, para atender a quaisquer finalidades, desde que dentro do âmbito das competências de atuação do órgão ou entidade.

De acordo com o MTO, a vinculação de receitas deve ser pautada em mandamentos legais que regulamentam a aplicação de recursos e os direcionam para despesas, entes, órgãos, entidades ou fundos. A classificação de fonte/destinação consiste em um código de três dígitos: grupo de fonte (1º dígito) e especificação da fonte (2º e 3º dígitos).

O MCASP orienta que, caso o ente não tenha mecanismos para identificar, no momento do recebimento, a fonte/destinação correspondente, os valores sejam lançados em uma fonte/destinação transitória, até que se consiga proceder à correta classificação.

3.2.2 Etapas e reconhecimento da receita orçamentária

Segundo o MTO, as etapas da receita seguem a ordem de ocorrência dos fenômenos econômicos, levando em consideração o modelo de orçamento existente no País. São etapas da receita orçamentária:

a) *Previsão*: é a etapa que antecede a fixação do montante de despesas que irá constar nas leis de orçamento, além de ser base para estimar as necessidades de financiamento do governo.

b) *Lançamento*: é o procedimento administrativo que verifica a ocorrência do fato gerador da obrigação correspondente, determina a matéria tributável, calcula o montante do tributo devido, identifica o sujeito passivo e, sendo o caso, propõe a aplicação da penalidade cabível, no caso de descumprimento da obrigação pelo sujeito passivo da obrigação.

c) *Arrecadação*: corresponde à entrega dos recursos pelos contribuintes ou devedores da obrigação, por meio dos agentes arrecadadores ou instituições financeiras autorizadas pelo ente público.

d) *Recolhimento*: consiste na transferência dos valores arrecadados à conta específica do ente público.

Conforme o disposto no art. 35 da Lei nº 4.320/1964, o reconhecimento da receita orçamentária ocorre no momento da arrecadação, e decorre do enfoque orçamentário dessa lei, tendo por objetivo evitar que a execução das despesas orçamentárias ultrapasse a arrecadação efetiva.

Registra-se que, segundo o MCASP, a contabilidade utiliza conta redutora de receita orçamentária para evidenciar o fluxo de recursos da receita orçamentária bruta até a líquida, em função de suas operações econômicas e sociais. E que também há de se considerar que, havendo fatos supervenientes que ensejem a necessidade de restituições de receitas orçamentárias, estes devem ser registrados como dedução da receita orçamentária, possibilitando maior transparência das informações relativas à receita bruta e líquida.

Com relação ao processo de restituição da receita orçamentária, consiste na devolução total ou parcial de receitas orçamentárias que foram recolhidas a maior ou indevidamente, as quais, em observância aos princípios constitucionais da capacidade contributiva e da vedação ao confisco, devem ser devolvidas, não havendo necessidade de autorização orçamentária para sua devolução.

Na União, segundo o MCASP, a restituição é tratada como dedução de receita. Se fosse registrada como despesa orçamentária, a receita corrente líquida ficaria com um montante maior que o real, pois não seria deduzido o efeito dessa arrecadação imprópria.

3.3 Características das despesas públicas

De acordo com o disposto no MCASP, a despesa pública é o conjunto de dispêndios realizados pelos entes públicos para o funcionamento e a manutenção dos serviços públicos prestados à sociedade, que se desdobram em dispêndios extraorçamentários e em despesas e em receitas orçamentárias.

Os *dispêndios extraorçamentários* são aqueles que não constam na lei orçamentária anual, compreendendo determinadas saídas de numerários decorrentes de depósitos, pagamentos de restos a pagar, resgate de operações de crédito por antecipação de receita e recursos transitórios.

As *despesas orçamentárias* decorrem de toda transação que depende de autorização legislativa, na forma de consignação de dotação orçamentária, para ser efetivada, e, dependendo do impacto na situação líquida patrimonial, pode ser classificada em despesa orçamentária efetiva (no momento de sua realização reduz a situação líquida patrimonial da entidade) e despesa orçamentária não efetiva (no momento da sua realização não reduz a situação líquida patrimonial da entidade).

3.3.1 Classificação da despesa orçamentária

O MTO explicita que, na base de dados do sistema de orçamento, o campo que se refere à natureza da despesa contém um código também composto por oito algarismos e seis níveis: categoria econômica (1º dígito), natureza da despesa (2º dígito), modalidade de aplicação (3º e 4º dígitos), elemento de despesa (5º e 6º dígitos) e o desdobramento facultativo do elemento de despesa ou subelemento (7º e 8º dígitos).

Como já dito, no caso da categoria econômica (1º dígito), assim como a receita orçamentária, a despesa orçamentária é classificada em duas categorias econômicas:

a) *Despesas correntes*: também conhecidas como despesas de custeio, são aquelas necessárias para a manutenção das atividades estatais, como, por exemplo, pessoal (incluídas as despesas com a previdência social), vigilância, água, luz e telefone.

b) *Despesas de capital*: as que contribuem, diretamente, para a formação ou aquisição de um bem de capital, como, por exemplo, despesas com obras e aquisição de bens.

A modalidade de aplicação (2º dígito) indica se os recursos serão aplicados mediante transferência financeira, inclusive a decorrente de descentralização orçamentária para outros níveis de Governo, seus órgãos ou entidades, ou diretamente para entidades privadas sem fins lucrativos e outras instituições; ou, então, diretamente pela unidade detentora do crédito orçamentário, ou por outro órgão ou entidade no âmbito do mesmo nível de Governo (operações intraorçamentárias).

As receitas intraorçamentárias, em conformidade com o que ensina o MTO, são as contrapartidas das despesas intraorçamentárias classificadas na *Modalidade de Aplicação 91 – Aplicação Direta Decorrente de Operação entre Órgãos, Fundos e Entidades Integrantes do Orçamento Fiscal e do Orçamento da Seguridade Social –*, que, devidamente identificadas, possibilitam a anulação do efeito da dupla contagem na consolidação das contas governamentais.

3.3.2 Estágios e reconhecimento da despesa orçamentária

O MCASP diz que a execução da despesa orçamentária se dá em três estágios, na forma prevista na Lei nº 4.320/1964:

a) *Empenho*: ato emanado de autoridade competente que cria para o ente a obrigação de pagamento pendente ou não de implemento de condição. Consiste na reserva de dotação orçamentária para um fim específico.

b) *Liquidação*: consiste na verificação do direito adquirido pelo credor, tendo por base os títulos e documentos comprobatórios do respectivo crédito, e tem por objetivo apurar, primordialmente, a origem e o objeto do que se deve pagar, a importância exata a pagar e a quem se deve pagar a importância, para extinguir a obrigação.

c) *Pagamento*: entrega do numerário ao credor por meio de cheque nominativo, ordens de pagamentos ou crédito em conta, e só pode ser efetuado após a regular liquidação da despesa.

Conforme o disposto no art. 35 da Lei nº 4.320/1964, o reconhecimento da despesa orçamentária ocorre no momento do empenho, e também decorre do enfoque orçamentário dessa lei.

3.4 Especificidades na elaboração do orçamento dos RPPS

Em conformidade com o MTO, o processo de elaboração do Projeto de Lei Orçamentária Anual (PLOA) envolve um conjunto articulado de tarefas complexas e um cronograma gerencial e operacional com especificação de etapas, de produtos e da participação dos agentes.

As Unidades Gestoras dos RPPS de todo o Brasil, instituídas com ou sem personalidade jurídica, devem observar, na elaboração de seus orçamentos, as mesmas regras aplicáveis a qualquer outra entidade pública, ressalvando-se pequenas peculiaridades em função de seu objeto social, que é assegurar, ao longo dos anos, o pagamento dos benefícios aos seus segurados e beneficiários.

Discutir-se-á neste Capítulo o tratamento orçamentário das fontes de financiamento do RPPS, bem como o impacto orçamentário dos pagamentos a serem efetuados e de eventuais reservas a serem constituídas pela sua Unidade Gestora.

3.4.1 Fontes de financiamento do RPPS

Como visto anteriormente, constituem fontes de financiamento do Regime Próprio de Previdência Social (RPPS):

a) As contribuições do ente federativo, dos segurados ativos, dos segurados aposentados e dos pensionistas.

b) As receitas auferidas com a carteira de investimentos e os ganhos patrimoniais.

c) Os valores recebidos a título de compensação financeira previdenciária.

d) Os valores recebidos a título de parcelamento de débitos previdenciários.

e) Os valores aportados pelo ente federativo (aportes para cobertura de déficit financeiro do exercício ou para equacionamento de déficit atuarial).

f) As demais dotações previstas no orçamento federal, estadual, distrital e municipal.

g) Outros bens, direitos e ativos com finalidade previdenciária.

Entre as operações orçamentárias dos RPPS estão as receitas orçamentárias correntes e as receitas orçamentárias de capital. São receitas orçamentárias correntes dos RPPS os ingressos de recursos financeiros oriundos das contribuições patronais e dos segurados e pensionistas, para aplicação em pagamentos de benefícios previdenciários e taxa de administração ou despesas administrativas.

Também se relacionam entre as receitas correntes dos RPPS os recebimentos de parcelamento de débitos previdenciários oriundos de contribuições retidas dos segurados e não repassadas à Unidade Gestora no vencimento; as contribuições patronais relativas a servidores ativos cedidos para outros entes públicos com ônus para o cessionário; a remuneração da carteira de investimentos do RPPS; as compensações previdenciárias recebidas do RGPS ou de outros RPPS; os aportes financeiros previstos em lei para cobertura de déficits atuariais do Plano Previdenciário; e outras receitas decorrentes de prestação de serviços pela Unidade Gestora de previdência.

Entre as receitas orçamentárias de capital dos RPPS estão os ingressos derivados da obtenção de recursos mediante a alienação de bens e amortização de empréstimos diversos, salientando que a LRF[6] e a Lei nº 9.717/1998[7] vedam, textualmente, a aplicação dos recursos previdenciários em empréstimos ao ente público e a servidores.

As operações intraorçamentárias dos RPPS são representadas pelos valores aportados pelo ente federativo como contribuições patronais, para cobertura de eventual insuficiência financeira ou repasse para formação de reserva financeira e para a cobertura de déficit atuarial (Plano Previdenciário), entre outros, realizados pela administração pública na condição de responsável pelo equilíbrio financeiro e atuarial do regime próprio.

Na ótica orçamentária, esses valores são classificados como transferências intragovernamentais, pois a transferência dos recursos ocorre no âmbito da mesma esfera de Governo, e nos RPPS recebem a classificação de repasses previdenciários. Dessa forma, na elaboração do orçamento da Unidade Gestora de RPPS as transferências intragovernamentais devem ser classificadas como receitas intraorçamentárias.

No caso das *operações intraorçamentárias dos RPPS*, as transferências ocorrem entre esferas distintas de Governo, não guardando relação, portanto, com as operações intraorçamentárias ocorridas no âmbito do orçamento de cada ente. São constituídas, por exemplo, mediante valores aportados por entes federativos que mantenham em seu quadro servidores que estejam vinculados a outros entes federativos, sendo os benefícios devidos pela Unidade Gestora destes, portanto responsáveis pelo pagamento das contribuições patronais e/ou a cargo do servidor. Na elaboração do orçamento do RPPS, a transferência intergovernamental deverá ser registrada entre as receitas orçamentárias.

Visando possibilitar a consolidação das contas públicas nos diversos níveis de governo, com a adequada elaboração das Demonstrações Contábeis Aplicadas ao Setor Público (DCASP), a STN criou no Plano de Contas Aplicado ao Setor Público (PCASP) um mecanismo para a segregação dos valores das transações que serão incluídas ou excluídas na consolidação, classificando-as em:

  a) *Contas de consolidação*: compreendem os saldos que não serão excluídos nos demonstrativos consolidados do Orçamento Fiscal e da Seguridade Social (OFSS).

---

[6] Art. 43, § 2º, inciso II.
[7] Art. 6º, inciso V.

b) *Contas Intra OFSS*: compreendem os saldos que serão excluídos nos demonstrativos consolidados do OFSS do mesmo ente.

c) *Contas Inter OFSS*: compreendem os saldos que serão excluídos nos demonstrativos consolidados do OFSS de entes públicos distintos, resultantes das transações entre o ente e a União.

d) *Contas Inter OFSS – Estado*: compreendem os saldos que serão excluídos nos demonstrativos consolidados do OFSS de entes públicos distintos, resultantes das transações entre o ente e um estado.

e) *Contas Inter OFSS – Município*: compreendem os saldos que serão excluídos nos demonstrativos consolidados do OFSS de entes públicos distintos, resultantes das transações entre o ente e um município.

Dessa forma, dependendo da origem, as fontes de financiamento dos RPPS devem ser segregadas conforme essa classificação.

3.4.2 Impacto orçamentário dos pagamentos a serem realizados

Como já mencionado, a Unidade Gestora de RPPS é também uma entidade contábil, que, embora seja gestora de Ativos e Passivos de terceiros, pela legislação vigente é constituída de bens, direitos e obrigações, e na elaboração da LOA devem estar previstas as despesas administrativas e as despesas previdenciárias necessárias para o desenvolvimento de suas atividades.

As despesas administrativas de responsabilidade do RPPS, classificáveis como despesas orçamentárias correntes (folha de pagamento, despesas com material, serviços, entre outros) e despesas orçamentárias de capital (obras e instalações, equipamentos, entre outros), deverão ser orçadas considerando o limite de gastos permitido pela legislação previdenciária (taxa de administração).

Caso o percentual da taxa esteja definido expressamente em texto legal, com as eventuais sobras da diferença entre os valores dotados e os valores executados poderão ser constituídas reservas administrativas,[8] que podem ser utilizadas nos exercícios seguintes, nas mesmas finalidades já permitidas pela taxa de administração utilizada no exercício financeiro.

---

[8] Não se trata de uma reserva contábil, pois não é constituída a partir do resultado do exercício, figurando os recursos não utilizados na conta de "Investimentos com a Taxa de Administração do RPPS".

Para que seja possível o uso das reservas administrativas ao longo dos anos, deverá ser observado o equilíbrio orçamentário e financeiro entre as receitas orçamentárias e as despesas orçamentárias do RPPS no exercício financeiro. Dessa forma, é necessário que no total da previsão da receita esteja incluído o superávit financeiro "administrativo" do exercício anterior, para justificar o suporte financeiro a uma parcela dos créditos adicionais (já que os créditos originais observarão o limite de gastos permitidos pela taxa de administração do exercício). Importante mencionar que os valores gastos dessa reserva administrativa não se contabilizam no limite do exercício.

As despesas previdenciárias de responsabilidade do RPPS – como o pagamento de benefícios previdenciários, as despesas de compensação previdenciária junto ao INSS ou a Unidade Gestora do RPPS de outros entes federativos – devem também estar expressamente contempladas no orçamento da Unidade Gestora.

Caso a execução desses valores seja superavitária (receitas maiores que despesas) – condição essencial para a capitalização de recursos que possam honrar os compromissos previdenciários sob a sua responsabilidade ao longo dos anos –, também deverá ser constituída uma reserva orçamentária especial, denominada reserva orçamentária do RPPS.

3.4.3 Reserva orçamentária do RPPS

No RPPS, em função de suas características, é fato comum no momento de sua instituição que a receita estimada para pagamento de benefícios previdenciários seja superior à despesa fixada, situação que tende a se inverter ao longo dos anos, à medida que a Unidade Gestora vai honrando os compromissos sob sua responsabilidade.

A contribuição do servidor, portanto, pode ser entendida como uma poupança da qual ele, servidor, se beneficiará ao se aposentar, na qual os recursos arrecadados serão destinados à formação de ativos para o pagamento de aposentadorias e pensões futuras. Ressalte-se que, se todo o valor arrecadado fosse suficiente para suportar todas as despesas do exercício, não haveria a necessidade de formação desse "fundo".

Dessa forma, a parcela dos ingressos previstos que ultrapassar as despesas fixadas irá compor um superávit orçamentário inicial, denominado Reserva do RPPS, destinado a garantir desembolsos futuros do RPPS do ente respectivo. Esse superávit representará a fração de ingressos que serão recebidos sem a expectativa de realização da despesa no ano corrente, que se constituirá reserva orçamentária do exercício para suportar déficits futuros, em que as receitas previstas serão menores que as despesas em cada exercício.

O tratamento da reserva orçamentária do RPPS segue os mesmos fundamentos da reserva administrativa, ou seja, para que seja possível seu uso ao longo dos anos, deverá ser observado o equilíbrio orçamentário e financeiro entre as receitas e despesas do RPPS no exercício financeiro. O DRAA de cada RPPS tem o papel de evidenciar essa perspectiva. Também não se trata de uma reserva contábil, já que esses valores passam a constituir a carteira de investimentos dos RPPS, que acolhe os recursos previdenciários que não são utilizados no exercício financeiro.

Caso se concretize a reserva orçamentária do RPPS (receitas previdenciárias maiores que despesas previdenciárias), a elaboração do orçamento anual deverá trazer no rol das receitas o resultado do superávit financeiro "previdenciário" do exercício anterior, para justificar o suporte financeiro a uma parcela dos créditos adicionais quando estes se fizerem necessários (despesas previdenciárias maiores que receitas previdenciárias).

Na sexta edição do MCASP, publicada em 2015, houve alteração na classificação da reserva constituída pelo RPPS, que passou a ser identificada pelo código "9.9.99.99", conforme estabelece o parágrafo único do art. 8º da Portaria Interministerial STN/SOF nº 163/2001.

Os RPPS podem apresentar algumas situações que lhes são bastante peculiares, que podem interferir de forma também peculiar ou sutil no modo de elaboração de seus orçamentos.

Conforme já explicitado em capítulos anteriores, o déficit atuarial do RPPS pode ser equacionado pela majoração da alíquota de contribuição dita normal, pelo estabelecimento de alíquota suplementar, por aporte de recursos financeiros ou de ativos de qualquer natureza, desde que revestidos de solvência e liquidez, ou seja, que, mediante engenharias financeiras e gestão patrimonial, possam ser traduzidos em disponibilidades, mesmo que a longo prazo, obviamente, também, cumprindo uma meta atuarial. Qualquer que seja o mecanismo buscado, somente é considerado implementado a partir de inserido em texto legal vigente do ente federativo, com implicação direta, também, na elaboração do orçamento do regime previdenciário.

A Portaria Interministerial STN/SOF nº 163/2001 estipula o Elemento de Despesa – "13 – Obrigações Patronais", que abarca as despesas orçamentárias com as diversas obrigações do ente federativo na condição de empregador, entre outras, a "contribuição patronal" para o RPPS, inclusive a contribuição decorrente de alíquota suplementar para cobertura do déficit atuarial.

Na hipótese de o ente federativo buscar o equacionamento do déficit atuarial por meio de aportes financeiros definidos, assim como as alíquotas, pela avaliação atuarial, ensina a Portaria Interministerial STN/SOF nº 163/2001, na alteração introduzida pela Portaria Conjunta STN/SOF nº 02/2010, que o registro seja feito, pelo ente federativo, considerando o Elemento de Despesa "97 – Aporte para Cobertura do Déficit Atuarial do RPPS", que consiste na despesa orçamentária com aportes periódicos destinados à cobertura do déficit atuarial do regime próprio, conforme plano de amortização estabelecido em lei do respectivo ente federativo, exceto as decorrentes de alíquota de contribuição suplementar.

A sutil diferença entre o primeiro e o segundo Elemento de Despesa consiste na possibilidade de implicação ou não no limite de gasto com despesa com pessoal, visto que, como contribuição, os valores desta nunca poderão ser deduzidos do limite, enquanto como "aporte" há a possibilidade de dedução do limite desse pagamento, no entendimento dispensado pela STN,[9] desde que observados os ditames da Portaria MPS nº 746/2011, respeitados os entendimentos de cada Tribunal de Contas.

Enquanto a reserva de contingência usualmente utilizada nos orçamentos públicos está dentro do conceito da prudência, sendo normalmente utilizada dentro do exercício, o objetivo da reserva do RPPS é garantir o pagamento dos benefícios previdenciários futuros. Já a reserva administrativa tem como objetivo estruturar a Unidade Gestora, que deverá utilizar esses recursos ao longo dos anos sob as mesmas condições colocadas para o uso da taxa de administração do exercício.

Pode acontecer também de o regime próprio constituído apresentar-se deficitário já no momento da elaboração do orçamento, ou seja, a previsão de suas receitas e de seus repasses ser insuficiente para custear as despesas fixadas com o pagamento dos benefícios previdenciários sob sua responsabilidade. Nesse caso, quando o RPPS ainda não dispõe de Ativos financeiros capitalizados para equilibrar seu orçamento, cabe ao ente público garantir a cobertura dessa insuficiência orçamentária (e financeira), conforme discutido anteriormente, hipótese em que requer a imediata adoção de medidas com vistas a promover o equacionamento atuarial do sistema.

---

[9] *MDF.* 6. ed., item 04.01.02.02, p. 510.

Para facilitar o entendimento, apresentaremos na sequência a elaboração do orçamento do ponto de vista da Unidade Gestora do RPPS.

3.4.4 Exemplo prático

3.4.4.1 Situação orçamentária equilibrada

Previsão da Receita		Fixação da Despesa	Em R$ milhares
Contribuição de Servidores Ativos	200	Folha de Pessoal	45
Remuneração de Investimentos do RPPS	35	Despesa Patronal Intraorçamentária	6
Compensação Financeira do RGPS	15	Despesas com Aposentadorias e Pensões	450
Receita Patronal Intraorçamentária	200	Despesa com Material e Serviços	34
Receita de Parcelamento de Débitos	45		
Outros Aportes	40		

UNIDADE GESTORA DO RPPS			
RECEITAS		DESPESAS	
PREVISÃO	VALOR	DOTAÇÃO	VALOR
Contribuições de Servidores Ativos	200	Folha de Pessoal	45
Remuneração de Investimentos do RPPS	35	Despesa Patronal Intraorçamentária	6
Compensação Financeira do RGPS	15	Aposentadorias e Pensões	450
Receita Patronal Intraorçamentária	200	Material e Serviços	34
Receita de Parcelamento de Débitos	45		
Subtotal I	495	Subtotal I	535
Outros Aportes	40		
Subtotal II	535	Subtotal II	535
Déficit Total	0	Superávit Total	0
TOTAL GERAL	535	TOTAL GERAL	535

3.4.4.2 Situação orçamentária superavitária

Em R$ milhares

Previsão da Receita		Fixação da Despesa	
Contribuição de Servidores Ativos	250	Folha de Pessoal	45
Remuneração de Investimentos do RPPS	35	Despesa Patronal Intraorçamentária	6
Compensação Financeira do RGPS	15	Despesas com Aposentadorias e Pensões	450
Receita Patronal Intraorçamentária	230	Despesa com Material e Serviços	34
Receita de Parcelamento de Débitos	50		
Outros Aportes	45		

UNIDADE GESTORA DO RPPS			
RECEITAS		DESPESAS	
PREVISÃO	VALOR	DOTAÇÃO	VALOR
Contribuições de Servidores Ativos	250	Folha de Pessoal	45
Remuneração de Investimentos do RPPS	35	Despesa Patronal Intraorça-mentária	6
Compensação Financeira do RGPS	15	Aposentadorias e Pensões	450
Receita Patronal Intraorçamentária	230	Material e Serviços	34
Receita de Parcelamento de Débitos	50		
Subtotal I	580	Subtotal I	535
Outros Aportes	45		
Subtotal II	625	Subtotal II	535
		Reserva do RPPS	90
Subtotal III	625	Subtotal III	625
Déficit Total	0	Superávit Total	0
TOTAL GERAL	625	TOTAL GERAL	625

No orçamento consolidado do ente público, deverá ser apresentada nota explicativa específica quanto à reserva orçamentária do RPPS, que não poderá ser utilizada para custear outras despesas que não o pagamento de benefícios previdenciários, pois se trata de propriedade dos servidores vinculados ao seu RPPS.

Caso as receitas previdenciárias sejam mesmo superiores às despesas previdenciárias, esse "superávit financeiro previdenciário" será incluído na previsão da receita do próximo exercício, para permitir a abertura dos créditos adicionais quando estes se fizerem necessários (pagamento de benefícios maior que as receitas de contribuições).

3.4.4.3 Situação orçamentária deficitária

Em R$ milhares

Previsão da Receita		Fixação da Despesa	
Contribuição de Servidores Ativos	250	Folha de Pessoal	45
Remuneração de Investimentos do RPPS	35	Despesa Patronal Intraorçamentária	6
Compensação Financeira do RGPS	15	Despesas com Aposentadorias e Pensões	584
Receita Patronal Intraorçamentária	230	Despesa com Material e Serviços	34
Receita de Parcelamento de Débitos	50		
Outros Aportes	45		

UNIDADE GESTORA DO RPPS			
RECEITAS		DESPESAS	
PREVISÃO	VALOR	DOTAÇÃO	VALOR
Contribuições de Servidores Ativos	250	Folha de Pessoal	45
Remuneração de Investimentos do RPPS	35	Despesa Patronal Intraorçamentária	6
Compensação Financeira do RGPS	15	Aposentadorias e Pensões	584
Receita Patronal Intraorçamentária	230	Material e Serviços	34
Receita de Parcelamento de Débitos	50		
Subtotal I	580	Subtotal I	669
Outros Aportes	45		
Subtotal II	625	Subtotal II	669

Continua

UNIDADE GESTORA DO RPPS				
Repasse para Cobertura de Insuficiência Financeira	44			
Subtotal III	669	Subtotal III		669
Déficit Total	0	Superávit Total		0
TOTAL GERAL	669	TOTAL GERAL		669

3.4.5 Utilizando a reserva do RPPS

Com o passar dos anos, num regime já capitalizado, as reservas constituídas pelos RPPS serão utilizadas para garantir o pagamento dos benefícios previdenciários sob sua responsabilidade, sem a necessidade de outros aportes de recursos pelo ente público. Nessa ocasião, a proposta orçamentária do regime será elaborada da seguinte forma:

			Em R$ milhares
Previsão da Receita		Fixação da Despesa	
Contribuição de Servidores Ativos	295	Folha de Pessoal	55
Remuneração de Investimentos do RPPS	35	Despesa Patronal Intraorçamentária	6
Compensação Financeira do RGPS	15	Despesas com Aposentadorias e Pensões	584
Receita Patronal Intraorçamentária	280	Despesa com Material e Serviços	34

UNIDADE GESTORA DO RPPS			
RECEITAS		DESPESAS	
PREVISÃO	VALOR	DOTAÇÃO	VALOR
Contribuições de Servidores Ativos	295	Folha de Pessoal	55
Remuneração de Investimentos do RPPS	35	Despesa Patronal Intraorçamentária	6
Compensação Financeira do RGPS	15	Aposentadorias e Pensões	584
Receita Patronal Intraorçamentária	280	Material e Serviços	34
Reserva do RPPS	44		
Reserva Administrativa (taxa)	10		

Continua

UNIDADE GESTORA DO RPPS			
Subtotal	679	Subtotal	679
Déficit Total	0	Superávit Total	0
TOTAL GERAL	679	TOTAL GERAL	679

3.4.6 Investimentos dos RPPS

Outra particularidade orçamentária dos Regimes Próprios de Previdência Social (RPPS) refere-se à aquisição de títulos públicos e demais fundos que compõem a sua carteira de investimentos. Na Contabilidade dos RPPS, esses novos investimentos receberão apenas tratamento financeiro, e, por isso, não constarão da proposta orçamentária.

Em verdade, trata-se de um registro contábil de troca de Ativos financeiros, nos moldes da Resolução do Conselho Monetário Nacional que regulamenta o assunto, cujo tratamento diferenciado resulta da própria característica que cerca esses valores: uma vez que os recursos auferidos com a carteira de investimentos têm como destinação garantir a manutenção do regime, e podem ser transferidos para as atividades previdenciárias (pagamento de benefícios) a qualquer momento, portanto, independentemente do vencimento dos títulos ou do prazo do investimento.

Sobre o assunto, há que se observar também que a Resolução do Conselho Monetário Nacional estabelece que a carteira de Ativos dos RPPS deve ser aplicada tendo presentes as condições de segurança, rentabilidade, solvência, liquidez e transparência.

Na busca desses atributos, é imprescindível que o gestor responsável pela carteira de Ativos financeiros do RPPS tenha flexibilidade para rever a posição dos investimentos a qualquer momento, sem os entraves burocráticos que cercam toda atividade orçamentária, consoante a Política de Investimentos de elaboração obrigatória prévia, conforme previsto na legislação previdenciária.

3.5 Resumo

1. A constituição orgânica do orçamento deve se vincular aos Princípios Orçamentários, que visam estabelecer regras básicas a fim de conferir racionalidade, eficiência e transparência aos processos de elaboração, execução e controle do orçamento público.

2. A Lei de Orçamento conterá a discriminação da receita orçamentária e da despesa orçamentária de forma que evidencie a política econômico-financeira e o programa de trabalho do Governo, obedecidos os Princípios da Unidade, Universalidade e Anualidade.

3. Caso durante a execução do orçamento as dotações inicialmente aprovadas se revelem insuficientes para a realização dos programas de trabalho, a Lei Orçamentária Anual poderá ser alterada por meio de créditos adicionais, que podem ser classificados em suplementares, especiais ou extraordinários.

4. As receitas públicas constituem ingressos de recursos financeiros nos cofres do Estado, que se desdobram em ingressos orçamentários e em receitas orçamentárias.

5. A despesa pública é o conjunto de dispêndios realizados pelos entes públicos para o funcionamento e a manutenção dos serviços públicos prestados à sociedade, que se desdobram em dispêndios extraorçamentários e em despesas e em receitas orçamentárias.

6. Conforme o disposto no art. 35 da Lei nº 4.320/1964, o reconhecimento da receita orçamentária ocorre no momento da arrecadação, e da despesa orçamentária no momento do empenho, e decorre do enfoque orçamentário dessa lei, tendo por objetivo evitar que a execução das despesas orçamentárias ultrapasse a arrecadação efetiva.

7. Como a Unidade Gestora de RPPS é também uma entidade contábil, constituída de bens, direitos e obrigações, na elaboração da LOA devem estar previstas as despesas administrativas e as despesas previdenciárias necessárias para o desenvolvimento de suas atividades.

8. Com as eventuais sobras da diferença entre os valores dotados e os valores executados poderão ser constituídas reservas administrativas, que podem ser utilizadas nos exercícios seguintes, nas mesmas finalidades já permitidas pela taxa de administração utilizada no exercício financeiro.

9. A parcela dos ingressos previstos que ultrapassar as despesas fixadas irá compor um superávit orçamentário inicial, denominado Reserva do RPPS, destinado a garantir desembolsos futuros do RPPS do ente respectivo.

10. Caso o regime próprio constituído se apresente deficitário e não haja Ativos financeiros capitalizados para equilibrar seu orçamento, cabe ao ente público

garantir a cobertura dessa insuficiência orçamentária (e financeira), hipótese em que requer a imediata adoção de medidas com vistas a promover o equacionamento atuarial do sistema.

3.6 Temas para discussão, pesquisa e desenvolvimento

1. Quais as possíveis fontes de financiamento dos RPPS?

2. Que tipos de despesa a Unidade Gestora do RPPS deve contemplar na elaboração do seu orçamento?

3. Em que aspectos a Reserva Orçamentária do RPPS difere da Reserva de Contingência?

4. Como os gestores dos RPPS devem proceder quando o orçamento se apresentar deficitário?

5. Como os investimentos dos RPPS devem ser considerados na proposta orçamentária?

Plano de Contas Aplicado aos RPPS

4

OBJETIVOS

Proporcionar ao leitor os seguintes conhecimentos:

- Breve histórico
- Planificação contábil segundo as Normas do Conselho Federal de Contabilidade
- Plano de contas aplicado aos RPPS
- As especificidades do PCASP RPPS
- Registro contábil nos RPPS

4.1 Breve histórico

Até recentemente, a planificação contábil de uso obrigatório em todos os Regimes Próprios de Previdência Social instituídos no Brasil estava contemplada no Anexo I da Portaria MPS nº 916/2003 e suas atualizações, tendo como base a estrutura de seis classes de contas utilizada no Sistema Integrado de Administração Financeira (SIAFI) do Governo Federal.

Em 2013, a legislação previdenciária estabeleceu que os procedimentos contábeis aplicados aos RPPS dos servidores públicos da União, dos Estados, do Distrito Federal e dos Municípios devem observar o previsto no *Manual de Contabilidade Aplicada ao Setor Público* (MCASP), aprovado pela Secretaria do Tesouro Nacional.[1]

Segundo o MCASP, com o processo de convergência da contabilidade pública brasileira aos padrões contábeis internacionais e a exigência de consolidação nacional das contas públicas trazida pela Lei de Responsabilidade Fiscal (LRF), identificou-se a necessidade de instituição de um novo modelo de gestão pública, com a adoção de conceitos e procedimentos reconhecidos e utilizados internacionalmente, com foco na contabilidade patrimonial.

Visando atender a essas necessidades, a Secretaria do Tesouro Nacional (STN), depois de ampla discussão com os diversos setores interessados, especialmente o Conselho Federal de Contabilidade (CFC), ditou uma estrutura básica de contas para permitir o registro contábil dos atos e fatos praticados pelas entidades governamentais de maneira padronizada e sistematizada, bem como elaborou uma série de relatórios gerenciais e demonstrações contábeis buscando atender às necessidades de informações dos usuários e dos órgãos de controle em geral, que passou a ser denominada "Plano de Contas Aplicado ao Setor Público (PCASP)".

Entre os objetivos do PCASP está a harmonização da forma do registro contábil no setor público, dotando os usuários das demonstrações contábeis de instrumentos que permitam uma melhor compreensão e interpretação das informações nelas contidas, contribuindo para a adequada tomada de decisão por parte dos gestores, para a racionalização dos custos, para a transparência da gestão fiscal e para o controle social.

A legislação vigente confere à Secretaria do Tesouro Nacional, como órgão central de contabilidade da União, a competência para a edição de normas gerais para consolidação das contas públicas e, consequentemente, do PCASP.[2]

---

[1] Portaria MPS nº 509/2013.
[2] LRF, art. 50, § 2º; Decreto nº 6.976/2009.

Segundo regra geral, o PCASP passou a ser de adoção obrigatória desde o início do exercício de 2014 em todos os órgãos e entidades da administração direta e da administração indireta dos entes da federação, abrangendo seus fundos, autarquias, inclusive os especiais, fundações e empresas estatais dependentes, sendo facultativo para as empresas estatais independentes.

Adicionalmente ao PCASP, a STN disponibiliza uma estrutura de contas padronizada mais detalhada, denominada PCASP Estendido, que é de adoção facultativa para os entes que necessitem de uma referência para o desenvolvimento de suas rotinas e sistemas, como é o caso das Unidades Gestoras de RPPS.

Contudo, a legislação previdenciária estabeleceu que os RPPS devem adotar as contas, a estes aplicáveis, especificadas no PCASP Estendido até o 7º nível de classificação, conforme a versão atualizada do Anexo III da Instrução de Procedimentos Contábeis nº 00 (IPC 00) da Secretaria do Tesouro Nacional.[3]

4.2 Planificação contábil segundo as Normas do Conselho Federal de Contabilidade

O Conselho Federal de Contabilidade (CFC), criado pelo Decreto-Lei nº 9.295, de 27 de maio de 1946, tem a prerrogativa de expedir normas reguladoras para o campo do exercício profissional contábil, inclusive para a Administração Pública. Em 2008, visando promover o desenvolvimento da contabilidade aplicada ao setor público no Brasil, o CFC editou as primeiras Normas Brasileiras de Contabilidade Aplicadas ao Setor Público (NBC T SP).

De acordo com o CFC, a elaboração das NBC T SP parte do princípio de que a contabilidade aplicada ao setor público não deve se limitar a questões orçamentárias e legais como até então praticado, pois o processo de controle do patrimônio público deve partir de estudos dos fenômenos e transações que o afetam e, consequentemente, deve estar referenciado em uma adequada base conceitual capaz de proporcionar a necessária harmonização na interpretação dos atos e fatos administrativos originários da administração pública.

Até o fechamento da presente obra, onze NBC T SP encontram-se em vigor, cujos fundamentos devem estar inseridos nos procedimentos contábeis aplicados, também, aos RPPS, conforme descrição e objetivo apresentados no Quadro 1.

---

[3] Portaria MPS nº 509/2013.

Quadro 1 Regulamentação, descrição e objetivo das NBC T SP

Resolução CFC	Descrição	Objetivo
001128/2008	NBC T 16.1 – Conceituação, Objeto e Campo de Aplicação	Estabelecer a conceituação, o objeto e o campo de aplicação da contabilidade aplicada ao setor público.
001129/2008	NBC T 16.2 – Patrimônio e Sistemas Contábeis	Estabelecer o conceito de patrimônio público, sua classificação sob o enfoque contábil, o conceito e a estrutura do sistema de informação contábil.
001130/2008	NBC T 16.3 – Planejamento e seus Instrumentos sob o Enfoque Contábil	Estabelecer as bases para controle contábil do planejamento desenvolvido pelas entidades do setor público, expresso em planos hierarquicamente interligados.
001131/2008	NBC T 16.4 – Transações no Setor Público	Estabelecer conceitos, natureza e tipicidades das transações no setor público.
001132/2008	NBC T 16.5 – Registro Contábil	Estabelecer critérios para o registro contábil dos atos e dos fatos que afetam ou possam vir a afetar o patrimônio das entidades do setor público.
001133/2008	NBC T 16.6 – Demonstrações Contábeis	Estabelecer as demonstrações contábeis a serem elaboradas e divulgadas pelas entidades do setor público.
001134/2008	NBC T 16.7 – Consolidação das Demonstrações Contábeis	Estabelecer conceitos, abrangência e procedimentos para consolidação das demonstrações contábeis no setor público.
001135/2008	NBC T 16.8 – Controle Interno	Estabelecer referenciais para o controle interno como suporte do sistema de informação contábil, no sentido de minimizar riscos e dar efetividade às informações da contabilidade, visando contribuir para o alcance dos objetivos da entidade do setor público.
001136/2008	NBC T 16.9 – Depreciação, Amortização e Exaustão	Estabelecer critérios e procedimentos para o registro contábil da depreciação, da amortização e da exaustão.

Continua

Resolução CFC	Descrição	Objetivo
001137/2008	NBC T 16.10 – Avaliação e Mensuração de Ativos e Passivos em Entidades do Setor Público	Estabelecer critérios e procedimentos para a avaliação e a mensuração de Ativos e Passivos integrantes do patrimônio de entidades do setor público.
001366/2011	NBC T 16.11 – Aprova o Sistema de Informação de Custos no Setor Público	Estabelecer a conceituação, o objeto, os objetivos e as regras básicas para mensuração e evidenciação dos custos no setor público.

Fonte: CFC.

Com relação à planificação contábil, a NBC T SP 16.5 – Registro Contábil –, estabelece que a entidade do setor público deve manter sistema de informação contábil refletido em um plano de contas que compreenda:

a) A terminologia de todas as contas e sua adequada codificação, bem como a identificação do subsistema a que pertence, a natureza e o grau de desdobramento, possibilitando os registros de valores e a integração dos subsistemas.

b) A função atribuída a cada uma das contas.

c) O funcionamento das contas.

d) A utilização do método das partidas dobradas em todos os registros dos atos e dos fatos que afetam ou possam vir a afetar o patrimônio das entidades do setor público, de acordo com a sua natureza de informação.

e) Tabela de codificação de registros que identifique o tipo de transação, as contas envolvidas, a movimentação a débito e a crédito e os subsistemas utilizados.

Segundo a NBC T SP 16.2 – Patrimônio e Sistemas Contábeis –, o patrimônio público compreende o conjunto de direitos e bens, tangíveis ou intangíveis, onerados ou não, adquiridos, formados, produzidos, recebidos, mantidos ou utilizados pelas entidades do setor público, que seja portador ou represente um fluxo de benefícios, presente ou futuro, inerente à prestação de serviços públicos ou à exploração econômica por entidades do setor público, bem como as suas obrigações.

De acordo com essa norma, o patrimônio público encontra-se estruturado em três grupos:

i. Ativos: representados pelos recursos controlados pela entidade como resultado de eventos passados e do qual se espera que resultem para a entidade benefícios econômicos futuros ou potencial de serviços.

ii. Passivos: são as obrigações presentes da entidade, derivadas de eventos passados, cujos pagamentos se espera que resultem para a entidade saídas de recursos capazes de gerar benefícios econômicos ou potencial de serviços.

iii. Patrimônio Líquido: é o valor residual dos Ativos da entidade depois de deduzidos todos seus Passivos.

A NBC T SP 16.2 dispõe também que a classificação dos elementos patrimoniais considera a segregação das contas de Ativos e Passivos em "Circulante" e "Não Circulante". Para que sejam classificados como Ativo Circulante, os Ativos devem estar disponíveis para realização imediata e terem a expectativa de realização até doze meses da data das demonstrações contábeis, devendo os demais Ativos serem classificados como Ativos Não Circulantes.

Para serem registrados como Passivo Circulante, os Passivos devem corresponder a valores exigíveis até doze meses da data das demonstrações contábeis, ser pagos durante o ciclo operacional normal da entidade e ser mantidos essencialmente para fins de negociação. Os demais Passivos devem ser classificados como Passivos Não Circulantes.

A NBC T SP 16.6, que trata das demonstrações contábeis, dispõe que, além dos grupos de contas de Ativos, Passivos e Patrimônio Líquido, devem ser previstas contas de compensação, visando permitir o registro dos atos administrativos que potencialmente possam vir a afetar o Patrimônio Líquido da entidade governamental, como, por exemplo, a assinatura de um contrato.

A norma também estabelece que as contas de Ativo devem ser dispostas em ordem decrescente de grau de conversibilidade (rapidez com que os valores podem ser convertidos em dinheiro), e as contas de Passivo em ordem decrescente de grau de exigibilidade (as que devem ser pagas mais rapidamente). Com relação ao resultado patrimonial do período, deve ser apurado pelo confronto entre as variações quantitativas aumentativas e diminutivas.

4.3 Plano de contas aplicado aos RPPS

Conforme estabelecido na já citada legislação previdenciária, as Unidades Gestoras de RPPS devem adotar as contas especificadas no PCASP Estendido até o 7º nível de classificação. Segundo o MCASP, os entes da Federação somente poderão detalhar a conta contábil nos níveis posteriores ao nível apresentado na relação de contas do PCASP.

4.3.1 Objetivo

O plano de contas aplicado aos RPPS (PCASP RPPS) tem o propósito de atender, de maneira uniforme e sistematizada, ao registro contábil dos atos potenciais e dos fatos relacionados com os recursos previdenciários sob a responsabilidade das Unidades Gestoras de RPPS, de forma a proporcionar maior flexibilidade ao gerenciamento e à consolidação dos dados, atender à necessidade de informações e promover a transparência da gestão. O PCASP RPPS tem como principais objetivos:

a) Realçar o estado patrimonial e suas variações, de forma que propicie o conhecimento mais adequado da situação econômico-financeira de uma entidade e sua gestão administrativa.

b) Padronizar e harmonizar o nível das informações dos RPPS com a finalidade de auxiliar o processo de tomada de decisão.

c) Apresentar informações orçamentárias, financeiras e patrimoniais, com a extração de relatórios necessários à análise gerencial, inclusive balanços e demais demonstrações contábeis, capazes de atender aos aspectos legais e fiscais, bem como aos interesses dos segurados e da sociedade em geral.

4.3.2 Critérios de ordenamento das contas

Em conformidade com o PCASP Estendido, a estrutura das contas constantes no PCASP RPPS compreende nove códigos e sete níveis de desdobramento, classificados e codificados conforme a Figura 1.

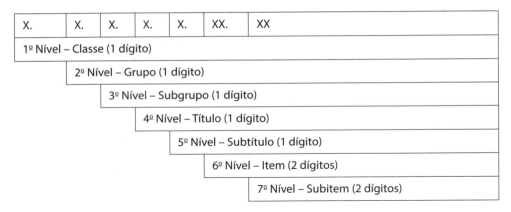

Fonte: MCASP.

Figura 1 Critérios de ordenamento das contas PCASP RPPS

O 1º Nível – Classe – corresponde a uma das oito classes de contas contempladas no PCASP Estendido, sendo duas patrimoniais, duas de resultado, duas de controle orçamentário e duas de controle de atos potenciais, conforme o Quadro 2.

Quadro 2 Estrutura das classes de contas do PCASP RPPS

Contas Patrimoniais	1. Ativo
	2. Passivo
Contas de Resultado	3. Variações Patrimoniais Diminutivas (VPD)
	4. Variações Patrimoniais Aumentativas (VPA)
Contas de Controle Orçamentário	5. Controles da Aprovação do Planejamento e Orçamento
	6. Controles da Execução do Planejamento e Orçamento
Contas de Controle de Atos Potenciais	7. Controles Devedores
	8. Controles Credores

Fonte: MCASP.

Registra-se que os demais níveis de contas do PCASP RPPS procuram detalhar cada uma dessas classes de valores, de maior ou menor extensão, que resulta da decomposição do patrimônio, considerado um fundo de valores com finalidade especificada em lei.

Dessa forma, para cada conta deve ser dada uma designação própria que permita distingui-la das demais da mesma série. Assim, cada conta constante no Plano de Contas dos RPPS observa essa mesma disposição, conforme exemplificado na Figura 2.

Exemplo: 2.2.7.2.1.07.02 – Provisão Atuarial para Oscilação de Riscos

2.	2.	7.	2.	1.	07.	02

1º Nível – Classe: Passivo e Patrimônio Líquido

2º Nível – Grupo: Passivo Não Circulante

3º Nível – Subgrupo: Provisões a Longo Prazo

4º Nível – Título: Provisões Matemáticas Previdenciárias a Longo Prazo

5º Nível – Subtítulo: Provisões Matemáticas Previdenciárias a Longo Prazo – Consolidação

6º Nível – Item: Provisões Atuariais para Ajuste do Plano Previdenciário

7º Nível – Subitem: Provisão Atuarial para Oscilação de Riscos

Fonte: PCASP RPPS.

Figura 2 Exemplo de classificação de conta no PCASP RPPS

O PCASP RPPS mantém a mesma estrutura básica do PCASP Estendido em nível de Classe (1º nível) e Grupo (2º nível), salientando que nem todas as contas ou grupo de contas deste são aplicáveis ou de interesse dos RPPS:

CONTAS PATRIMONIAIS

Ativo
1.1 Ativo Circulante
1.2 Ativo Não Circulante

Passivo e Patrimônio Líquido
2.1 Passivo Circulante
2.2 Passivo Não Circulante
2.3 Patrimônio Líquido

CONTAS DE RESULTADO

3. Variação Patrimonial Diminutiva	4. Variação Patrimonial Aumentativa
3.1 Pessoal e Encargos	4.1 Impostos, Taxas e Contribuições de Melhoria
3.2 Benefícios Previdenciários e Assistenciais	4.2 Contribuições
3.3 Uso de Bens, Serviços e Consumo de Capital Fixo	4.3 Exploração e Venda de Bens, Serviços e Direitos
3.4 Variações Patrimoniais Diminutivas Financeiras	4.4 Variações Patrimoniais Aumentativas Financeiras
3.5 Transferências e Delegações Concedidas	4.5 Transferências e Delegações Recebidas
3.6 Desvalorização e Perdas de Ativos e Incorporação de Passivos	4.6 Valorização e Ganhos com Ativos e Desincorporação de Passivos
3.7 Tributárias	4.9 Outras Variações Patrimoniais Aumentativas
3.8 Custo das Mercadorias Vendidas, dos Produtos Vendidos e dos Serviços Prestados	
3.9 Outras Variações Patrimoniais Diminutivas	

CONTAS DE CONTROLE ORÇAMENTÁRIO

5. Controles da Aprovação do Planejamento e Orçamento	6. Controles da Execução do Planejamento e Orçamento
5.1 Planejamento Aprovado	6.1 Execução do Planejamento
5.2 Orçamento Aprovado	6.2. Execução do Orçamento
5.3 Inscrição de Restos a Pagar	6.3 Execução de Restos a Pagar

CONTAS DE CONTROLE DE ATOS POTENCIAIS

7. Controles Devedores	8. Controles Credores
7.1 Atos Potenciais	8.1 Execução dos Atos Potenciais
7.2 Administração Financeira	8.2 Execução da Administração Financeira
7.3 Dívida Ativa	8.3 Execução da Dívida Ativa
7.4 Riscos Fiscais	8.4 Execução dos Riscos Fiscais
7.5 Consórcios Públicos	8.5 Execução de Consórcios Públicos
7.8 Custos	8.8 Apuração de Custos
7.9 Outros Controles	8.9 Outros Controles

4.3.3 Regras para classificação das contas

4.3.3.1 Ativo

A classe do Ativo inclui as contas correspondentes aos bens e direitos sob a responsabilidade da Unidade Gestora do RPPS, demonstrando a aplicação e investimentos dos recursos. Compreendem os grupos de contas de Ativo Circulante e de Ativo Não Circulante:

- *Ativo Circulante*: compreende as disponibilidades de numerário, bem como outros bens e direitos pendentes ou em circulação, realizáveis até doze meses da data das demonstrações contábeis. Dada a possibilidade de conversão em numerário a qualquer momento, também as aplicações e investimentos dos recursos previdenciários com perspectiva de longo prazo estão classificados no Ativo Circulante, assim convencionado em razão do alto grau de liquidez inerente a esses Ativos.

- *Ativo Não Circulante*: compreende o conjunto de bens e direitos realizáveis após doze meses da data das demonstrações contábeis, excluídas as aplicações e investimentos de recursos previdenciários em títulos e fundos de investimento.

4.3.3.2 Passivo

Na classe do Passivo, encontram-se as contas correspondentes às obrigações, que evidenciam as origens dos recursos aplicados no Ativo. Compreendem os grupos de contas de Passivo Circulante, de Passivo Não Circulante e de Patrimônio Líquido:

- *Passivo Circulante*: compreende as obrigações pendentes ou em circulação, exigíveis até doze meses da data das demonstrações contábeis.
- *Passivo Não Circulante*: compreende as obrigações exigíveis após doze meses da data das demonstrações contábeis.
- *Patrimônio Líquido*: representa o valor residual dos Ativos da entidade governamental depois de deduzidos todos os seus Passivos.

4.3.3.3 Variações Patrimoniais Diminutivas

As Variações Patrimoniais Diminutivas (VPD) compreendem o decréscimo no benefício econômico durante o período contábil sob a forma de saída de recursos, redução de Ativo ou incremento em Passivo, que resulte em decréscimo do Patrimônio Líquido e que não seja proveniente de distribuição aos proprietários da entidade. As VPD são desdobradas nos seguintes grupos de contas:

- *Pessoal e Encargos*: compreende a remuneração do pessoal ativo, correspondente ao somatório das Variações Patrimoniais Diminutivas com subsídios, vencimentos, soldos e vantagens pecuniárias fixas ou variáveis estabelecidas em lei decorrentes do pagamento pelo efetivo exercício do cargo, emprego ou função de confiança no setor público. Nesse grupo também estão incluídas as obrigações trabalhistas de responsabilidade do empregador, incidentes sobre a folha de pagamento dos órgãos e demais entidades do setor público, contribuições a entidades fechadas de previdência e benefícios eventuais a pessoal, destacados os custos de pessoal e encargos inerentes a mercadorias e produtos vendidos e serviços prestados.

- *Benefícios Previdenciários e Assistenciais*: compreende as Variações Patrimoniais Diminutivas relativas às aposentadorias, pensões, reformas, reserva remunerada e outros benefícios previdenciários de caráter contributivo, tanto do Regime Próprio da Previdência Social (RPPS) como do Regime Geral da Previdência Social (RGPS), bem como as ações de assistência social, que são políticas de seguridade social não contributiva, visando ao enfrentamento da pobreza, à garantia dos mínimos sociais, ao provimento de condições para atender a contingências sociais e à universalização dos direitos sociais, não aplicável aos RPPS no enfoque assistencial.

- *Uso de Bens, Serviços e Consumo de Capital Fixo*: compreende o somatório das Variações Patrimoniais Diminutivas com manutenção e operação da máquina pública, exceto despesas com pessoal e encargos, que serão registradas em grupo específico (despesas de pessoal e encargos). Compreende também as diárias, material de consumo, material de distribuição gratuita, passagens e despesas com locomoção, serviços de terceiros, arrendamento mercantil operacional, aluguel, depreciação, amortização, exaustão, entre outras.

- *Variações Patrimoniais Diminutivas Financeiras*: compreende as Variações Patrimoniais Diminutivas com operações financeiras, tais como: juros incorridos, descontos concedidos, comissões, despesas bancárias e correções monetárias.

- *Transferências e Delegações Concedidas*: compreende o somatório das Variações Patrimoniais Diminutivas com transferências intergovernamentais, transferências intragovernamentais, transferências a instituições multigovernamentais, transferências a instituições privadas com ou sem fins lucrativos, transferências a convênios, transferências ao exterior e execuções orçamentárias delegadas.

- *Desvalorização e Perdas de Ativos e Incorporação de Passivos*: compreende a Variação Patrimonial Diminutiva com desvalorização e perdas de Ativos, nos casos de reavaliação, redução a valor recuperável, com provisões para perdas, perdas com alienação e perdas involuntárias. Compreende também a variação patrimonial diminutiva com incorporação de Passivo.

- *Tributárias*: compreende as Variações Patrimoniais Diminutivas relativas a impostos, taxas, contribuições de melhoria, contribuições sociais, contribuições econômicas e contribuições especiais.

- *Custo das Mercadorias Vendidas, dos Produtos Vendidos e dos Serviços Prestados*: compreende as Variações Patrimoniais Diminutivas relativas aos custos das mercadorias vendidas, dos produtos vendidos e dos serviços prestados.

- *Outras Variações Patrimoniais Diminutivas*: compreende o somatório das Variações Patrimoniais Diminutivas não incluídas nos grupos anteriores, como, por exemplo, premiações, incentivos, equalizações de preços e taxas, participações e contribuições, resultado negativo com participações, entre outros.

4.3.3.4 Variações Patrimoniais Aumentativas

As Variações Patrimoniais Aumentativas (VPA) compreendem o aumento no benefício econômico durante o período contábil sob a forma de entrada de recurso ou aumento de Ativo ou diminuição de Passivo, que resulte em aumento do Patrimônio Líquido e que não seja proveniente de aporte dos proprietários. As VPA são desdobradas nos seguintes grupos de contas:

- *Impostos, Taxas e Contribuições de Melhoria*: compreende toda prestação pecuniária compulsória, em moeda ou cujo valor nela se possa exprimir, que não constitua sanção de ato ilícito, instituída em lei e cobrada mediante atividade administrativa plenamente vinculada.

- *Contribuições*: compreende toda prestação pecuniária compulsória, em moeda ou cujo valor nela se possa exprimir, que não constitua sanção de ato ilícito, instituída em lei e cobrada mediante atividade administrativa plenamente vinculada.

- *Exploração e Venda de Bens, Serviços e Direitos*: compreende as Variações Patrimoniais Aumentativas auferidas com a exploração e venda de bens, serviços e direitos, que resultem em aumento do Patrimônio Líquido, independentemente de ingresso, segregando-se a venda bruta das deduções como devoluções, abatimentos e descontos comerciais concedidos.

- *Variações Patrimoniais Aumentativas Financeiras*: compreende o somatório das Variações Patrimoniais Aumentativas com operações financeiras, como, por exemplo, descontos obtidos, juros auferidos, prêmio de resgate de títulos e debêntures.

- *Transferências e Delegações Recebidas*: compreende o somatório das Variações Patrimoniais Aumentativas com transferências intergovernamentais, transferências intragovernamentais, transferências de instituições multigovernamentais, transferências de instituições privadas com ou sem fins lucrativos, transferências de convênios, transferências do exterior e execuções orçamentárias delegadas.

- *Valorização e Ganhos com Ativos e Desincorporação de Passivos*: compreende a variação patrimonial aumentativa com reavaliação e ganhos de Ativos, bem como com a desincorporação de Passivos.

- *Outras Variações Patrimoniais Aumentativas*: compreende o somatório das demais Variações Patrimoniais Aumentativas não incluídas nos grupos anteriores, como, por exemplo, *resultado* positivo da equivalência patrimonial e dividendos.

4.3.3.5 Controles da aprovação do planejamento e orçamento

As contas de controle da aprovação do planejamento e orçamento compreendem as contas com função de registrar os atos e fatos relacionados à aprovação do plano plurianual, do projeto da lei orçamentária anual e do orçamento, e são classificadas em:

- *Planejamento Aprovado*: compreende o somatório dos valores monetários previstos para execução dos programas e ações (projetos, atividades e operações especiais) estabelecidos no plano plurianual e projeto de lei orçamentária anual.

- *Orçamento Aprovado*: compreende o somatório dos valores relativos à previsão da receita, fixação da despesa e suas alterações na lei orçamentária anual durante o exercício financeiro.

- *Inscrição de Restos a Pagar*: compreende o somatório relativo ao valor da inscrição das despesas empenhadas e não pagas.

4.3.3.6 Controles da execução do planejamento e orçamento

As contas de controle da execução do planejamento e orçamento compreendem as contas com função de registrar os atos e fatos relacionados à execução orçamentária, e são classificadas em:

- *Execução do Planejamento*: compreende o somatório dos valores monetários relativos à realização da receita, execução da despesa e suas alterações no orçamento geral durante o exercício financeiro.

- *Execução do Orçamento*: compreende o somatório dos valores monetários relativos à execução dos programas e ações (projetos, atividades e operações especiais) estabelecidos no plano plurianual e projeto de lei orçamentária anual.

- *Execução de Restos a Pagar*: compreende o somatório dos valores relativos à transferência, à liquidação e ao pagamento das despesas empenhadas e não pagas.

4.3.3.7 Controles devedores

As contas de controles devedores compreendem as contas em que são registrados atos potenciais e controles específicos, e são classificadas em:

- *Atos Potenciais*: contas relacionadas às situações não compreendidas no patrimônio, mas que, direta ou indiretamente, possam vir a afetá-lo.

- *Administração Financeira*: contas de registro da programação financeira e de controle das disponibilidades.

- *Dívida Ativa*: registra o controle dos créditos a serem inscritos em dívida ativa, que se encontra em processamento. Compreende as contas que controlam os créditos passíveis de serem encaminhados e inscritos em dívida ativa ou de inscrição e a tramitação dos créditos inscritos.

- *Riscos Fiscais*: compreende as contas que controlam os riscos fiscais que não preencham os requisitos para reconhecimento como Passivo, conforme identificados no anexo de riscos fiscais da lei de diretrizes orçamentárias.

- *Consórcios Públicos*: compreende as contas que controlam os atos referentes aos consórcios públicos (do ente consorciado e/ou do próprio consórcio), incluindo o controle do contrato de rateio, o controle da prestação de contas, bem como as informações que serão consolidadas no ente consorciado para fins de elaboração dos demonstrativos dos consórcios.

- *Custos*: compreende as contas que controlam os custos de bens e serviços produzidos.

- *Outros Controles*: compreende o registro de controles não especificados anteriormente nos grupos dessa classe.

4.3.3.8 Controles credores

As contas de controles credores compreendem as contas em que são registradas a execução de atos potenciais e controles específicos, em contrapartida às contas de controles devedores, e são classificadas em:

- *Execução dos Atos Potenciais*: compreende contas relacionadas à execução de situações não compreendidas no patrimônio, mas que, direta ou indiretamente, possam vir a afetá-lo.

- *Execução da Administração Financeira*: compreende as contas de registro da execução da programação financeira e de controle das disponibilidades.

- *Execução da Dívida Ativa*: registra as contas que controlam a execução dos créditos passíveis de serem encaminhados e inscritos em dívida ativa.

- *Execução dos Riscos Fiscais*: compreende as contas que controlam a execução dos riscos fiscais que não preencham os requisitos para reconhecimento como Passivo, conforme identificados no anexo de riscos fiscais da lei de diretrizes orçamentárias.

- *Execução dos Consórcios Públicos*: compreende as contas que controlam a execução dos consórcios públicos (do ente consorciado e/ou do próprio consórcio), incluindo os controles do contrato de rateio, controle da prestação de contas, bem como as informações que serão consolidadas no ente consorciado para fins de elaboração dos demonstrativos dos consórcios.

- *Apuração de Custos*: compreende as contas que controlam a execução dos custos dos bens e serviços produzidos.

- *Outros Controles*: compreende as contas de controles da execução não especificados anteriormente nos grupos dessa classe.

4.3.4 Natureza da informação contábil

O MCASP apresenta que a metodologia utilizada para a estruturação do PCASP foi a segregação das contas contábeis em grandes grupos de acordo com as características dos atos e fatos nelas registrados, para permitir o registro desses valores de forma organizada e facilitar a análise das informações de acordo com a sua natureza.

Da mesma forma que no PCASP Estendido, as contas do PCASP RPPS estão estruturadas nas seguintes naturezas de informações contábeis:

a) *Natureza de Informação Orçamentária (NIO)*: registra, processa e evidencia os atos e os fatos relacionados ao planejamento e à execução orçamentária.

b) *Natureza de Informação Patrimonial (NIP)*: registra, processa e evidencia os fatos financeiros e não financeiros relacionados com as variações qualitativas e quantitativas do patrimônio público.

c) *Natureza de Informação de Controle (NIC)*: registra, processa e evidencia os atos de gestão cujos efeitos possam produzir modificações no patrimônio da entidade do setor público, bem como aqueles com funções específicas de controle.

A própria estrutura do PCASP RPPS indica para cada conta contábil em nível de escrituração a natureza de informação contábil a que ela pertence, de forma a oferecer maior segurança no momento dos registros contábeis, facilitando a análise gerencial, inclusive dos balanços e das demais demonstrações contábeis.

Portanto, o MCASP define que os registros nas naturezas de informações contábeis e seus relacionamentos com a estrutura de oito classes de contas do PCASP podem ser sintetizados conforme a Figura 3, que trata do relacionamento das contas do PCASP em confronto com as naturezas de informações contábeis.

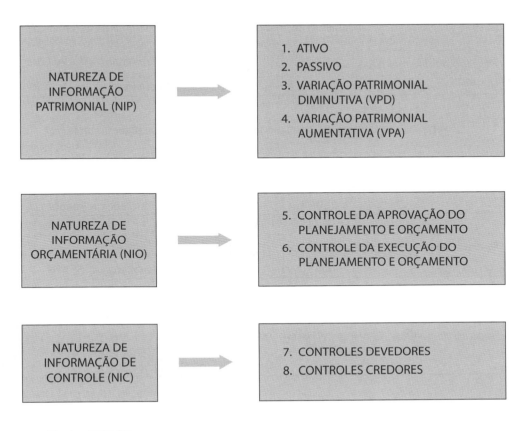

Fonte: MCASP.

Figura 3 Relacionamento das Contas do PCASP em confronto com as Naturezas de Informações Contábeis

Ressalta-se que as naturezas de informações contábeis são compartimentos estanques, isto é, os lançamentos contábeis são "fechados" (débito e crédito) dentro da mesma natureza de informação. Dependendo do ato ou fato administrativo, os lançamentos contábeis podem demandar registros em apenas uma ou em todas as naturezas de informações contábeis, conforme os exemplos 1 e 2.

Exemplo 1: registro do lançamento de crédito a receber de natureza tributária (imposto)

Registro do direito em função do fato gerador	(NIP)	D – Créditos Tributários a Receber
		C – VPA – Impostos

Exemplo 2: registro da arrecadação de impostos, lançados anteriormente

Registro do ingresso do recurso	(NIP)	D – Caixa e Equivalente de Caixa em Moeda Nacional
		C – Créditos Tributários a Receber

Registro do reconhecimento da receita orçamentária	(NIO)	D – Receita a Realizar
		C – Receita Realizada

Registro do controle de disponibilidade	(NIC)	D – Controle da Disponibilidade de Recursos
		C – Disponibilidade por Destinação de Recursos (DDR)

4.3.5 Consolidação das contas do PCASP

Conforme visto anteriormente, o MCASP estabelece que para possibilitar a consolidação das contas públicas nos diversos níveis de governo, com a adequada elaboração das Demonstrações Contábeis Aplicadas ao Setor Público (DCASP) e do Balanço do Setor Público Nacional (BSPN), foi criado no PCASP um mecanismo para a segregação dos valores das transações que serão incluídas ou excluídas na consolidação.

Esse mecanismo consiste na utilização do 5º nível (Subtítulo) das classes 1, 2, 3 e 4 do PCASP (contas de natureza patrimonial) para identificar os saldos recíprocos, conforme o Quadro 3.

Quadro 3 Nível de consolidação das contas do PCASP

Código	Nível	Descrição
x.x.x.x.1.xx.xx	Consolidação	Compreende os saldos que não serão excluídos nos demonstrativos consolidados do Orçamento Fiscal e da Seguridade Social (OFSS).
x.x.x.x.2.xx.xx	Intra OFSS*	Compreende os saldos que serão excluídos nos demonstrativos consolidados do OFSS do mesmo ente.
x.x.x.x.3.xx.xx	Inter OFSS – União	Compreende os saldos que serão excluídos nos demonstrativos consolidados do OFSS de entes públicos distintos, resultantes das transações entre o ente e a União.
x.x.x.x.4.xx.xx	Inter OFSS – Estado	Compreende os saldos que serão excluídos nos demonstrativos consolidados do OFSS de entes públicos distintos, resultantes das transações entre o ente e um estado.
x.x.x.x.5.xx.xx	Inter OFSS – Município	Compreende os saldos que serão excluídos nos demonstrativos consolidados do OFSS de entes públicos distintos, resultantes das transações entre o ente e um município.

(*) OFSS – Orçamento Fiscal e da Seguridade Social.

Fonte: MCASP.

Dessa forma, a Unidade Gestora de RPPS deve utilizar o dígito 1 (consolidação) quando efetuar transação com uma entidade privada ou com uma empresa estatal independente, utilizar recursos extraorçamentários, receber ou doar Ativos ou efetuar qualquer outra alteração patrimonial no âmbito de sua própria Unidade Gestora.

A Unidade Gestora de RPPS deve utilizar o dígito 2 (Intra OFSS) quando, por exemplo, receber a "contribuição patronal" devida pelo seu ente patrocinador, pois trata-se de uma operação entre entidades pertencentes ao mesmo OFSS, devendo o Passivo e a VPD serem excluídos na consolidação do ente e na consolidação nacional.

Os dígitos 3, 4 e 5 (Inter OFSS) serão utilizados pela Unidade Gestora de RPPS quando se tratar de transação envolvendo, por exemplo, a "contribuição patronal" de Unidade Gestora de RPPS para o RGPS (União), quando possuir em seu quadro empregado; e a contribuição devida pelo ente público estadual (estado) ou municipal (município) em caso de servidores cedidos com ônus para o cessionário, que ainda mantenham vínculo com seu ente de origem que seja patrocinador de RPPS.

4.3.6 Regime Contábil

Além de manter um processo de registro apto para sustentar o dispositivo legal do regime da receita orçamentária (receita arrecadada) e da despesa orçamentária (despesa empenhada), de forma que atenda a todas as demandas de informações da execução orçamentária, conforme dispõe o art. 35 da Lei nº 4.320/1964, a Unidade Gestora de RPPS deve evidenciar, tempestivamente, os fatos ligados à administração orçamentária, financeira e patrimonial, gerando informações que permitam o conhecimento da composição patrimonial e dos resultados econômicos e financeiros.

Dessa forma, de acordo com o MCASP, com o objetivo de evidenciar o impacto no patrimônio, a Unidade Gestora de RPPS deve registrar a variação patrimonial aumentativa e a variação patrimonial diminutiva em função do fato gerador, independentemente da execução orçamentária, observando-se os Princípios Contábeis da Competência e da Oportunidade.

4.4 As especificidades do PCASP RPPS

4.4.1 Regras gerais

A compatibilização e a atualização do PCASP RPPS são de responsabilidade do Ministério da Previdência Social, que, de forma integrada com a STN, procede aos ajustes que se fizerem necessários. Eventuais alterações no PCASP Estendido, por meio de portarias publicadas pela STN, ensejarão, por parte do Ministério da Previdência Social, a atualização do PCASP RPPS, além da inclusão de contas que eventualmente tenham sido criadas para atender ao disposto na legislação previdenciária.

Dessa forma, entende-se que a atualização do PCASP RPPS segue as mesmas regras de atualização do PCASP Estendido, ou seja, o PCASP RPPS será atualizado anualmente para uso obrigatório no exercício seguinte.

4.4.2 Contas específicas

Tendo em vista as peculiaridades que cercam as atividades da previdência pública, a STN criou, por demanda do Ministério da Previdência Social, um conjunto de contas para atender especificamente às necessidades de registros contábeis dos atos e fatos administrativos relacionados aos RPPS. Tais contas foram previamente incluídas no PCASP Estendido, de modo que o PCASP RPPS encontra-se totalmente integrado ao PCASP Estendido.

Entre as contas específicas, utilizadas no âmbito das Unidades Gestoras de RPPS, podem ser destacadas:

a) *Provisões Matemáticas Previdenciárias*: a constituição de provisões matemáticas previdenciárias tem como objetivo tratar contabilmente as informações atuariais dos RPPS, e representa um dos principais pontos de destaque da contabilidade previdenciária pública. A inovação da inclusão de tal conta se deu também em função de sua natureza, uma vez que traz para as contas públicas uma provisão passiva. A constituição de provisões, além de atender ao Princípio Contábil da Prudência, consolida a recomendada boa prática contábil, promovendo maior transparência quanto aos compromissos previdenciários assumidos pelo ente público perante os seus servidores e beneficiários.

b) *Contribuições Previdenciárias, Compensação e Aportes*: representam fontes de recursos dos RPPS para o pagamento de benefícios previdenciários, destacando as contribuições dos servidores ativos, as contribuições dos aposentados e pensionistas, a contribuição de responsabilidade do ente instituidor, os recursos recebidos a título de compensação financeira previdenciária do RGPS e outros entes e aportes em geral, quer sejam de bens, quer sejam de recursos financeiro-orçamentários.

c) *Benefícios Previdenciários*: compreende o pagamento de benefícios de responsabilidade do RPPS, com a sua massa de segurados, do plano financeiro ou do plano previdenciário, no caso de segregação da massa.

d) *Carteira de Investimentos*: a carteira de investimentos dos RPPS recebe tratamento contábil diferenciado de qualquer outra entidade pública, em razão da possibilidade de se converter em disponibilidade, a qualquer tempo, o recurso para o pagamento de benefícios previdenciários. Os "ganhos" e "perdas", ou variações positivas e negativas da carteira de investimentos dos RPPS, também devem ser reconhecidas tempestivamente, ou seja, no momento do fato gerador.

e) *Reavaliações, Depreciações e Amortizações*: desde o ano de 2003 a legislação previdenciária exige dos gestores de RPPS o controle analítico de cada um dos bens de caráter permanente, com a indicação dos elementos necessários para a perfeita caracterização de cada um deles e dos agentes responsáveis por sua guarda e administração.

f) *Taxa de Administração*: a legislação previdenciária prevê a possibilidade de a Unidade Gestora do RPPS utilizar parte dos recursos previdenciários para o custeio das despesas de custeio (pessoal, material, serviços etc.) e de capital (aquisição de bens) necessárias à sua organização e funcionamento, inclusive para a conservação do seu patrimônio, no valor estabelecido na legislação de cada ente, obedecidos os parâmetros da legislação de caráter normativo geral.

Inicialmente, a Portaria MPS nº 916/2003, e suas atualizações, trouxe para as Unidades Gestoras de previdência do servidor público ferramentas que permitiram a padronização e a harmonização das contas e dos procedimentos contábeis aplicados aos RPPS. As regras contábeis contempladas na portaria introduziram práticas contábeis específicas na gestão dos regimes próprios, fundamentadas nos Princípios de Contabilidade e nas Normas Brasileiras de Contabilidade Aplicadas ao Setor Público.

Com a adoção do PCASP Estendido, como dito, essas regras permanecem com a adoção da nova estrutura de planificação contábil com oito classes de contas, ressaltando que os procedimentos contábeis exigidos pela legislação previdenciária são inerentes ao desempenho das funções do contabilista, que deve trazer em sua formação tais conhecimentos, e requerem adequações no caso de eventuais alterações das normas contábeis públicas disciplinadoras do assunto.

Assim, o objetivo deste capítulo é esclarecer os procedimentos contábeis exigidos da Unidade Gestora pela legislação previdenciária e demonstrar a aplicação desses procedimentos em conformidade com as regras vigentes para a Contabilidade Pública Nacional, salientando que o descumprimento das determinações pelos dirigentes e profissionais de contabilidade pode implicar responsabilizações de ordem administrativa e/ou judicial.

4.5 Registro contábil nos RPPS

A Norma Brasileira de Contabilidade Aplicada ao Setor Público NBC T SP 16.5 – Registro Contábil –, aprovada pela Resolução CFC nº 1.132/2008 e suas atualizações, dispõe que a entidade do setor público deve manter procedimentos uniformes de registros contábeis, por meio de processo manual, mecanizado ou eletrônico, em rigorosa ordem cronológica, como suporte às informações.

O registro deve ser efetuado em idioma e moeda corrente nacionais, em livros ou meios eletrônicos que permitam a identificação e o seu arquivamento de forma segura, constituindo o Livro Diário e o Livro Razão fontes de informações contábeis permanentes, em que são registradas as transações que afetam ou possam vir a afetar a situação patrimonial da entidade. São elementos essenciais do registro contábil:

a) A data da ocorrência da transação.

b) A conta debitada.

c) A conta creditada.

d) O histórico da transação de forma descritiva ou por meio do uso de código de histórico padronizado, quando se tratar de escrituração eletrônica, baseado em tabela auxiliar inclusa em plano de contas.

e) O valor da transação.

f) O número de controle para identificar os registros eletrônicos que integram um mesmo lançamento contábil.

Ainda segundo a NBC SP T 16.5 – Registro Contábil –, o registro dos bens, direitos e obrigações deve possibilitar a indicação dos elementos necessários à sua perfeita caracterização e identificação, devendo os atos da administração com potencial de modificar o patrimônio da entidade ser registrados nas contas de compensação, atualmente contempladas na Natureza de Informação de Controle (NIC). Dependendo da transação, o registro pela Unidade Gestora pode ser feito mediante a utilização de até quatro fórmulas de lançamentos:

1ª fórmula	Aparecem no lançamento uma conta no débito e uma conta no crédito.	D – Conta a débito
		C – Conta a crédito
2ª fórmula	Aparecem no lançamento uma só conta no débito e mais de uma conta no crédito.	D – Conta a débito
		C – Conta a crédito
		C – Outros créditos
3ª fórmula	Aparecem no lançamento mais de uma conta no débito e só uma conta no crédito.	D – Conta a débito
		D – Outros débitos
		C – Conta a crédito
4ª fórmula	Aparecem no lançamento mais de uma conta no débito e mais de uma conta no crédito.	D – Conta a débito
		D – Outros débitos
		C – Conta a crédito
		C – Outros créditos

Pela boa prática contábil, os eventos devem ser registrados guardando as suas características originais, independentemente de esse registro gerar lançamentos de 1ª, 2ª, 3ª e 4ª fórmulas. Todavia, para facilitar o trabalho dos usuários dos sistemas informatizados que se limitam a trazer lançamentos de 1ª fórmula, os lançamentos da presente obra serão ajustados para atender a essa metodologia, salientando que os lançamentos realizados em 1ª fórmula não poderão ser vistos de forma isolada, para que não se distorça a interpretação do evento contábil que está sendo escriturado.

4.6 Resumo

1. Os procedimentos contábeis aplicados aos RPPS dos servidores públicos da União, dos Estados, do Distrito Federal e dos Municípios devem observar o previsto no *Manual de Contabilidade Aplicada ao Setor Público* instituído pela Secretaria do Tesouro Nacional.

2. Entre os objetivos do PCASP está a harmonização da forma de registro contábil, visando auxiliar os usuários das demonstrações contábeis na interpretação de informações nelas contidas, contribuindo para a adequada tomada de decisão, para a racionalização de custos no setor público, para a transparência da gestão fiscal e para o controle social.

3. A STN disponibiliza uma estrutura de contas padronizada mais detalhada, denominada PCASP Estendido, que é de adoção facultativa para os entes que precisam de uma referência para o desenvolvimento de suas rotinas e sistemas; porém, para os RPPS, o detalhamento das contas do PCASP Estendido é de caráter obrigatório.

4. A NBC T SP parte do princípio de que a contabilidade aplicada ao setor público não deve se limitar a questões orçamentárias e legais, e deve estar referenciada em uma adequada base conceitual capaz de proporcionar a necessária harmonização na interpretação dos atos e fatos administrativos originários da administração pública.

5. O patrimônio público compreende o conjunto de direitos e bens, tangíveis ou intangíveis, onerados ou não, adquiridos, formados, produzidos, recebidos, mantidos ou utilizados pelas entidades do setor público, que seja portador ou represente um fluxo de benefícios, presente ou futuro, inerente à prestação de serviços públicos ou à exploração econômica por entidades do setor público e suas obrigações.

6. As contas de Ativo devem ser dispostas em ordem decrescente de grau de conversibilidade (rapidez com que os valores podem ser convertidos em dinheiro); as contas de Passivo, em ordem decrescente de grau de exigibilidade (as que devem ser pagas mais rapidamente).

7. As Unidades Gestoras de RPPS devem adotar as contas especificadas no PCASP Estendido até o 7º nível de classificação, podendo somente detalhar a conta contábil nos níveis posteriores ao nível apresentado na relação de contas do PCASP.

8. O PCASP RPPS tem o propósito de atender, de maneira uniforme e sistematizada, ao registro contábil dos atos potenciais e dos fatos relacionados com os recursos das Unidades Gestoras de RPPS, de forma a proporcionar maior flexibilidade ao gerenciamento e à consolidação dos dados, atender à necessidade de informações e promover a transparência da gestão.

9. As contas do PCASP RPPS estão estruturadas em naturezas de informações contábeis: Natureza de Informação Patrimonial (NIP), Natureza de Informação Orçamentária (NIO) e Natureza de Informação de Controle (NIC).

10. Com o objetivo de evidenciar o impacto no patrimônio, a Unidade Gestora de RPPS deve registrar a variação patrimonial aumentativa e a variação

patrimonial diminutiva em função do fato gerador, independentemente da execução orçamentária, observando-se os Princípios Contábeis da Competência e da Oportunidade.

4.7 Temas para discussão, pesquisa e desenvolvimento

1. Quantas e quais são as normas brasileiras de contabilidade aplicadas ao setor público (NBC T SP)?

2. Quais os principais objetivos do PCASP RPPS?

3. Quais os critérios de ordenamento das contas previstas no PCASP RPPS?

4. Qual a relação entre as contas do PCASP e as naturezas de informações contábeis?

5. Quais as especificidades do PCASP RPPS?

Provisão Matemática Previdenciária

5

OBJETIVOS

Proporcionar ao leitor os seguintes conhecimentos:
- Considerações gerais
- Avaliação e parecer atuarial
- Segregação da massa de segurados
- Contas envolvidas
- Tratamento contábil

5.1 Considerações gerais

No rol das provisões passivas a serem constituídas pela Unidade Gestora do RPPS, destacam-se as de natureza atuarial, projetadas em função da apuração dos compromissos previdenciários sob sua responsabilidade, intitulada Provisão Matemática Previdenciária.

A Provisão Matemática Previdenciária representa o total dos recursos necessários ao pagamento dos compromissos dos planos de benefícios, calculados atuarialmente, em determinada data, a valor presente.[1]

Não é raro encontrar em literatura especializada a expressão "Reserva Matemática", igualmente se referindo aos compromissos do plano de benefícios; contudo, ambas as expressões têm o mesmo significado. Vale dizer que a primeira era a denominação utilizada mais remotamente, já a segunda trata-se de uma adaptação da terminologia para inclusão na planificação contábil, e passou a ser frequente na linguagem mais atual. Pode-se constatar que a expressão "Reserva Matemática" já figurou em planificações contábeis utilizadas pelas entidades de previdência complementar, porém, atualmente, também foram adaptadas.

O registro contábil da Provisão Matemática Previdenciária tem respaldo nos Princípios de Contabilidade, com destaque para o Princípio da Oportunidade, que exige a apreensão, o registro e o relato de todas as variações sofridas no patrimônio de uma entidade, no momento em que elas ocorrerem.

No caso do RPPS, desde o momento em que o ente federativo, mediante lei, assume o compromisso com o pagamento dos benefícios previdenciários, no mínimo, de aposentadoria e pensão por morte aos seus servidores titulares de cargos efetivos, a entidade previdenciária passa a ser responsável pela gestão do regime, incluindo o pagamento dos benefícios; portanto, faz-se necessário que esse compromisso seja demonstrado na contabilidade de modo a promover a transparência das contas públicas, bem como servir de instrumento de planejamento orçamentário-financeiro do ente federativo.

Esse compromisso também pode ser na forma de compensação previdenciária, no caso de o servidor migrar para o RGPS ou para outro ente federativo também detentor de RPPS. Ou seja, a Provisão Matemática Previdenciária sempre será constituída enquanto houver compromissos previdenciários com algum be-

---

[1] Estimativa do valor corrente de um fluxo de caixa futuro, no curso normal das operações da entidade.

neficiário do regime. Em razão de sua natureza, compromissos de longo prazo, as Provisões Matemáticas Previdenciárias são classificadas contabilmente no grupo de conta Passivo Não Circulante.

5.2 Avaliação e parecer atuarial

Para que seja evidenciada a perspectiva de equilíbrio financeiro e atuarial de um regime próprio de previdência, este deverá ter o seu plano de benefícios avaliado atuarialmente no início da implantação do RPPS, e reavaliado, no mínimo, anualmente, segundo a legislação. Isso visa à organização e revisão do seu plano de custeio.

A avaliação atuarial de um RPPS consiste em estudo técnico desenvolvido com base nas características biométricas, demográficas e econômicas da população analisada, na legislação de caráter normativo geral e na legislação de cada ente federativo, cujo objetivo principal é estabelecer, de forma suficiente e adequada, os recursos necessários para a garantia dos pagamentos dos benefícios previstos pelo plano.

Além de subsidiar o preenchimento do Demonstrativo de Resultados da Avaliação Atuarial (DRAA), exigido anualmente pelo Ministério da Previdência Social, e servir de fundamental instrumento de gestão de pessoas e de recursos, a avaliação atuarial deverá ser encaminhada como anexo do Projeto de Lei das Diretrizes Orçamentárias ao Poder Legislativo.[2]

A elaboração da avaliação atuarial também é uma exigência da Lei de Responsabilidade Fiscal, que dispõe em seu art. 24 que nenhum benefício ou serviço relativo à seguridade social poderá ser criado, majorado ou estendido sem a indicação da fonte de custeio total.

Em seu art. 4º, a LRF estabelece que deve compor o Anexo de Metas Fiscais o Demonstrativo VI – Avaliação da Situação Financeira e Atuarial do RPPS (art. 4º, § 2º, inciso IV, alínea "a") –, cuja finalidade é explicitar a real situação atuarial do regime próprio de previdência numa perspectiva de longo prazo. Esse Demonstrativo deverá se fazer acompanhado de análise descritiva dos parâmetros utilizados na avaliação atuarial e de valores que possuam maior relevância para o atendimento

---

[2] O prazo varia em cada ente público. Na União, por exemplo, o prazo final para encaminhamento da LDO é até 15 de abril. Os Estados fixam seus prazos com base na Constituição Estadual; os Municípios, na Lei Orgânica, normalmente ainda no primeiro semestre.

da situação financeira e atuarial do RPPS, e deverá apresentar-se compatível com a respectiva Nota Técnica Atuarial.

Outros três demonstrativos que contemplam informações relacionadas aos Regimes Próprios de Previdência Social devem compor o Relatório Resumido da Execução Orçamentária (RREO) (art. 53 da LRF):

- Anexo V – *Demonstrativo das Receitas e Despesas Previdenciárias do Regime Próprio dos Servidores Públicos*: tem a finalidade de assegurar a transparência das receitas e das despesas previdenciárias do regime próprio dos servidores públicos, que o ente da Federação mantiver ou vier a instituir.

- Anexo VI – *Demonstrativo do Resultado Nominal*: o objetivo desse demonstrativo é medir a evolução da dívida fiscal líquida dos entes públicos. Apesar de não afetar o limite de endividamento do ente público, em função de os valores relativos aos RPPS serem apresentados à parte, todos os entes da Federação que pagam aposentadorias, reformas ou pensões deverão elaborar o Demonstrativo do Resultado Nominal.

- Anexo XIII – *Demonstrativo da Projeção Atuarial do Regime Próprio de Previdência Social dos Servidores Públicos*: apresenta a projeção atuarial dos servidores públicos vinculados ao regime próprio de previdência social. Nas projeções do DRAA, exigidas pelo MPS, esse prazo é de 75 anos, tendo sido inclusive motivo de notificação da União pelo TCU,[3] em razão de os seus demonstrativos estarem sendo publicados com projeção para apenas 35 anos.

A avaliação atuarial inicial e suas respectivas atualizações são as bases de cálculo da provisão matemática previdenciária, que é gerada pela expectativa da concessão de benefícios previdenciários ou pelo fato de o benefício haver sido concedido. Recomenda-se que a avaliação atuarial seja elaborada tendo como data-base uma data compatível com o prazo da Lei das Diretrizes Orçamentárias do ente público, já que as informações atuariais deverão acompanhar o anexo de metas.

Todavia, quando esse prazo ultrapassar a data de encaminhamento do DRAA exigido pelo Ministério da Previdenciária Social,[4] recomenda-se que o levantamento para a avaliação atuarial seja efetuado considerando esse outro prazo, de

---

[3] Acórdão TCU nº 2.059/2011.
[4] Atualmente, esse prazo é até 31 de março de cada ano.

sorte que as informações prestadas tanto para a LDO como para o MPS levem em consideração a mesma base de cálculo. Para fins de emissão do Certificado de Regularidade Previdenciária (CRP), é exigida a avaliação atuarial a partir do preenchimento do DRAA no sítio do MPS, acompanhado dos demais documentos.

A legislação emanada do Ministério da Previdência Social, este como órgão regulador e fiscalizador dos RPPS, determina que as avaliações e reavaliações atuariais devem ser realizadas tendo como parâmetros a Nota Técnica Atuarial e consubstanciadas por meio do Relatório da avaliação atuarial.

A Nota Técnica Atuarial é um documento exclusivo de cada RPPS que deve descrever de forma clara e precisa as características gerais dos planos de benefícios, a formulação para o cálculo do custeio e das reservas matemáticas previdenciárias, as suas bases técnicas e premissas a serem utilizadas nos cálculos, e deve conter, no mínimo, as seguintes informações:[5]

i. Descrição das coberturas existentes e das condições gerais de concessão dos benefícios do plano previdenciário avaliado.

ii. Estatísticas por sexo, idade, tempo de serviço e contribuição, remuneração de atividade e proventos de inatividade, da massa de servidores ativos e inativos e, se disponível, estatísticas por sexo e idade dos dependentes beneficiários com direito à pensão por morte vitalícia e temporária.

iii. Regime de financiamento dos diversos benefícios oferecidos.

iv. Hipóteses atuariais e formulações básicas utilizadas segregadas por tipo de benefício.

v. Descrição e valor das provisões matemáticas suficientes para garantir o pagamento dos benefícios estipulados no plano previdenciário, bem como das provisões para ajustes no plano, quando houver.

vi. Fluxo anual projetado de receitas e despesas do fundo para um período de 75 anos ou até a sua extinção.

vii. As causas do superávit/déficit técnico atuarial. Tratando-se de déficit técnico, indicar possíveis soluções para o equacionamento, e de superávit, explicitar sua destinação, quando utilizado.

---

[5] Portaria MPS nº 403/2008.

viii. Qualidade do cadastro fornecido pela entidade, que tenha servido de base para a realização da avaliação atuarial.

ix. Ocasionais mudanças de hipóteses e/ou métodos atuariais, justificando tal procedimento.

x. Parecer do responsável pela avaliação, contendo um comparativo dos últimos três anos entre a taxa de juros atuarial e a rentabilidade efetiva dos investimentos, explicitando eventual déficit e a estratégia que será utilizada para equacioná-lo.

xi. Parecer conclusivo do responsável pela avaliação sobre a situação atuarial do ente previdenciário.

A legislação previdenciária estabelece também que as avaliações anuais, além das análises comparativas entre os resultados das três últimas avaliações atuariais anuais e da avaliação corrente, deverão conter a indicação da margem de erro das suposições formuladas em relação ao observado. Dessa forma, a avaliação atuarial do exercício de 2016, por exemplo, deve apresentar uma análise comparativa entre os resultados das avaliações atuariais dos exercícios de 2013, 2014 e 2015, e assim sucessivamente. Nos RPPS com menos de três avaliações realizadas, a comparação se dará entre a última avaliação e a atual.

É imprescindível que o contabilista responsável pela contabilidade da Unidade Gestora do RPPS verifique se a avaliação atuarial utilizada como documento contábil para o registro da Provisão Matemática Previdenciária foi elaborada contemplando essas informações, bem como se atende às normas específicas e às formalidades intrínsecas e extrínsecas determinadas pelo Ministério da Previdência Social, e ainda se ela se encontra amparada pela legislação vigente do ente federativo. Um resultado da avaliação atuarial incompatível com a legislação em vigor não pode ser considerado documento hábil para os registros contábeis.

As formalidades extrínsecas, além da formatação do DRAA, estão relacionadas basicamente à correta identificação do ente federativo e da Unidade Gestora do RPPS e de seus responsáveis legais, bem como às correspondentes assinaturas, inclusive do responsável técnico pela avaliação, que deve ser Atuário devidamente inscrito no Instituto Brasileiro de Atuária (IBA), segundo exigência do MPS. Historicamente, o MPS vem disponibilizando em seu sítio na internet os modelos e as instruções de preenchimento do Demonstrativo do Resultado da Avaliação Atuarial (DRAA), que, como dito, é o documento de apresentação obrigatória anual ao órgão, e que, de forma resumida, representa o resultado da avaliação atuarial.

Enquanto a Nota Técnica Atuarial é base para realização da avaliação atuarial, o relatório atuarial, por sua vez, além de ser o documento hábil a ser utilizado pelo profissional da contabilidade para o registro da Provisão Matemática Previdenciária, deverá conter todas as informações relativas à avaliação atuarial de que se trata, incluindo o parecer atuarial, de forma a demonstrar, consubstanciar e materializar a Avaliação, trazendo aos dirigentes e gestores todos os elementos necessários à tomada de decisão quanto à busca ou manutenção do equilíbrio financeiro e atuarial do regime.

Ressalte-se que não é função precípua do contabilista questionar os valores apresentados pelo relatório atuarial; todavia, no caso de constatação de alterações significativas na composição dos relatórios de um ano para outro, bem como de qualquer incompatibilidade com a legislação vigente, é imprescindível que sejam demandados ao responsável pela avaliação e à autoridade competente os esclarecimentos que se fizerem necessários para compor as notas explicativas que acompanharão as demonstrações contábeis dos RPPS ao final do exercício.

Para fins de emissão do Certificado de Regularidade Previdenciária (CRP), a obrigatoriedade do registro contábil da avaliação atuarial se deu a partir do exercício financeiro de 2007, com aplicação facultativa entre os exercícios de 2004 e 2006, devendo, no entanto, as avaliações atuariais anteriormente elaboradas ficarem à disposição dos órgãos de fiscalização.

5.3 Segregação da massa de segurados

Conforme já explicitado no Capítulo 2, a segregação da massa é uma técnica que consiste na separação dos segurados em grupos distintos, e pode viabilizar, em algumas situações, o equacionamento do déficit atuarial já observado. Os segurados são separados entre os denominados Plano Financeiro e Plano Previdenciário.

O critério mais comumente adotado tem sido a segregação pela data de ingresso do segurado; contudo, a legislação atual concebe também a possibilidade de separação dos grupos em razão da idade do segurado ou da sua condição de servidor em atividade, aposentado ou pensionista, admitindo também a conjugação desses parâmetros. Ou seja, é fundamental que sejam realizadas as diversas simulações antes de se tomar a decisão, visto que em qualquer uma delas há que se observar os Princípios da Eficiência e da Economicidade, além da capacidade financeira e orçamentária do ente federativo, inclusive os impactos nos limites estabelecidos pela Lei de Responsabilidade Fiscal.

O Plano Financeiro é o sistema no qual os recursos são aportados para o regime, via de regra, na forma de contribuições feitas pelo ente federativo, pelos servidores ativos e aposentados e pelos pensionistas vinculados, não tendo o objetivo de acumulação de recursos, sendo as insuficiências aportadas pelo ente federativo no momento do pagamento dos benefícios, embora seja admitida a constituição de fundo financeiro.

Já o Plano Previdenciário, que representa a exegese do art. 40 da Constituição Federal quanto à exigência de observar o equilíbrio financeiro e atuarial do RPPS, é o sistema estruturado com a finalidade de acumulação de recursos durante a fase de atividade do segurado para o pagamento futuro dos compromissos definidos no plano de benefícios, ou seja, para o pagamento a partir do momento em que o segurado ou o seu dependente, em caso de morte deste, exerce o direito ao benefício previdenciário previsto.

Em ambos os casos, tanto as obrigações quanto as necessidades de recursos são calculadas atuarialmente, admitindo para o Plano Previdenciário os conceitos dos regimes de financiamento por capitalização, repartição de capitais de cobertura ou repartição simples, de acordo com os benefícios oferecidos. Já o Plano Financeiro sempre adotará o regime de financiamento por repartição simples.[6]

Conforme orientação do MPS e da boa técnica atuarial, os relatórios das avaliações atuariais deverão detalhar os valores das "Reservas Matemáticas dos Benefícios Concedidos (RMBC)" e das "Reservas Matemáticas dos Benefícios a Conceder (RMBaC)", tanto para o "Plano Financeiro" como para o "Plano Previdenciário", portanto, igualmente, assim é segmentada a conta "Provisão Matemática Previdenciária", ou seja, em "Provisões de Benefícios Concedidos" e em "Provisões de Benefícios a Conceder".

Registra-se que a utilização da conta "Plano Financeiro" só acontecerá na hipótese de segregação da massa de segurados, enquanto a conta "Plano Previdenciário", em razão de sua natureza, por representar a regra geral de constituição de um RPPS, será utilizada independentemente de haver a segregação da massa.

---

[6] Portaria MPS nº 403/2008.

Como se trata de valores projetados e em função da dinâmica da gestão e da massa de segurados e beneficiários, é comum que ao longo dos anos haja a necessidade de ajustes nas provisões constituídas, seja em função do resultado atuarial superavitário (quando os valores capitalizados e a projeção dos ingressos futuros superarem a necessidade da provisão constituída), seja em função da necessidade de contribuição suplementar ou aportes financeiros ou de bens e direitos para equalização do déficit atuarial. Para essas situações, foram criadas contas denominadas "Provisões Atuariais para Ajustes do Plano".

5.4 Contas envolvidas

No PCASP RPPS, que deve observar a estrutura do PCASP Estendido, estão relacionadas as seguintes contas necessárias para o registro da Provisão Matemática Previdenciária:

	CONTAS PATRIMONIAIS
2.0.0.0.0.00.00	PASSIVO E PATRIMÔNIO LÍQUIDO
2.2.0.0.0.00.00	PASSIVO NÃO CIRCULANTE
2.2.7.0.0.00.00	PROVISÕES A LONGO PRAZO
2.2.7.2.0.00.00	PROVISÕES MATEMÁTICAS PREVIDENCIÁRIAS A LONGO PRAZO
2.2.7.2.1.00.00	Provisões Matemáticas Previdenciárias a Longo Prazo – Consolidação
2.2.7.2.1.01.00	Plano Financeiro – Provisões de Benefícios Concedidos
2.2.7.2.1.01.01	Aposentadorias/Pensões/Outros Benefícios Concedidos do Plano Financeiro do RPPS
2.2.7.2.1.01.02	(–) Contribuições do Ente para o Plano Financeiro do RPPS
2.2.7.2.1.01.03	(–) Contribuições do Aposentado para o Plano Financeiro do RPPS
2.2.7.2.1.01.04	(–) Contribuição do Pensionista para o Plano Financeiro do RPPS
2.2.7.2.1.01.05	(–) Compensação Previdenciária do Plano Financeiro do RPPS
2.2.7.2.1.01.07	(–) Cobertura de Insuficiência Financeira
2.2.7.2.1.02.00	Plano Financeiro – Provisões de Benefícios a Conceder

Continua

CONTAS PATRIMONIAIS	
2.2.7.2.1.02.01	Aposentadorias/Pensões/Outros Benefícios a Conceder do Plano Financeiro do RPPS
2.2.7.2.1.02.02	(–) Contribuições do Ente para o Plano Financeiro do RPPS
2.2.7.2.1.02.03	(–) Contribuições do Ativo para o Plano Financeiro do RPPS
2.2.7.2.1.02.04	(–) Compensação Previdenciária do Plano Financeiro do RPPS
2.2.7.2.1.02.06	(–) Cobertura de Insuficiência Financeira
2.2.7.2.1.03.00	Plano Previdenciário – Provisões de Benefícios Concedidos
2.2.7.2.1.03.01	Aposentadorias/Pensões/Outros Benefícios Concedidos do Plano Previdenciário do RPPS
2.2.7.2.1.03.02	(–) Contribuições do Ente para o Plano Previdenciário do RPPS
2.2.7.2.1.03.03	(–) Contribuições do Aposentado para o Plano Previdenciário do RPPS
2.2.7.2.1.03.04	(–) Contribuições do Pensionista para o Plano Previdenciário do RPPS
2.2.7.2.1.03.05	(–) Compensação Previdenciária do Plano Previdenciário do RPPS
2.2.7.2.1.03.07	(–) Aportes Financeiros para Cobertura do Déficit Atuarial – Plano de Amortização
2.2.7.2.1.04.00	Plano Previdenciário – Provisões de Benefícios a Conceder
2.2.7.2.1.04.01	Aposentadorias/Pensões/Outros Benefícios a Conceder do Plano Previdenciário do RPPS
2.2.7.2.1.04.02	(–) Contribuições do Ente para o Plano Previdenciário do RPPS
2.2.7.2.1.04.03	(–) Contribuições do Ativo para o Plano Previdenciário do RPFS
2.2.7.2.1.04.04	(–) Compensação Previdenciária do Plano Previdenciário do RPPS
2.2.7.2.1.04.06	(–) Aportes para Cobertura do Déficit Atuarial – Plano de Amortização
2.2.7.2.1.05.00	Plano Previdenciário – Plano de Amortização
2.2.7.2.1.05.98	(–) Outros Créditos do Plano de Amortização
2.2.7.2.1.06.00	Provisões Atuariais para Ajustes do Plano Financeiro
2.2.7.2.1.06.01	Provisão Atuarial para Oscilação de Riscos
2.2.7.2.1.07.00	Provisões Atuariais para Ajustes do Plano Previdenciário
2.2.7.2.1.07.01	Ajuste de Resultado Atuarial Superavitário
2.2.7.2.1.07.02	Provisão Atuarial para Oscilação de Riscos
2.2.7.2.1.07.03	Provisão Atuarial para Benefícios a Regularizar

Continua

	CONTAS PATRIMONIAIS
2.2.7.2.1.07.04	Provisão Atuarial para Contingências de Benefícios
2.2.7.2.1.07.98	Outras Provisões Atuariais para Ajustes do Plano
	CONTAS DE RESULTADO
3.0.0.0.0.00.00	VARIAÇÃO PATRIMONIAL DIMINUTIVA
3.9.0.0.0.00.00	Outras Variações Patrimoniais Diminutivas
3.9.7.0.0.00.00	VPD de Constituições de Provisões
3.9.7.2.0.00.00	VPD de Provisões Matemáticas Previdenciárias a Longo Prazo
3.9.7.2.1.00.00	VPD de Provisões Matemáticas Previdenciárias a Longo Prazo – Consolidação
4.0.0.0.0.00.00	VARIAÇÃO PATRIMONIAL AUMENTATIVA
4.9.0.0.0.00.00	Outras Variações Patrimoniais Aumentativas
4.9.7.0.0.00.00	VPA de Reversão de Provisões e Ajustes para Perdas
4.9.7.1.0.00.00	VPA de Reversão de Provisões
4.9.7.1.1.00.00	VPA de Reversão de Provisões – Consolidação
4.9.7.1.1.02.00	Reversão de Provisões Matemáticas Previdenciárias a Longo Prazo

A interação do profissional da contabilidade com o responsável pela elaboração da avaliação atuarial é imprescindível para que haja compatibilização das informações atuariais na forma da estrutura do PCASP RPPS, de modo que as informações da avaliação atuarial sejam detalhadamente discriminadas e viabilizem o correto registro contábil desta. A Figura 1 mostra os principais conceitos das contas contábeis envolvidas no registro do Passivo Atuarial, denominado Provisões Matemáticas Previdenciárias.

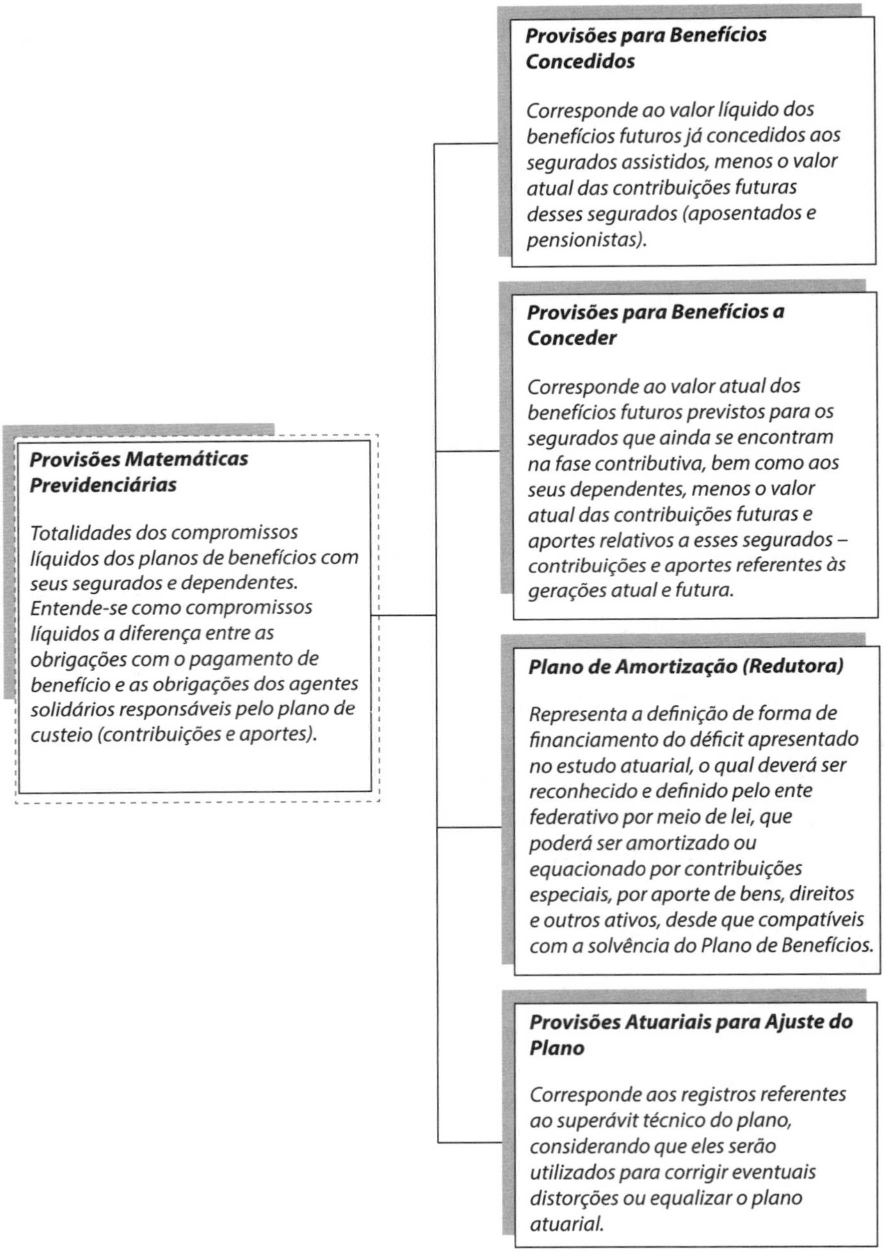

Provisões Matemáticas Previdenciárias

Totalidades dos compromissos líquidos dos planos de benefícios com seus segurados e dependentes. Entende-se como compromissos líquidos a diferença entre as obrigações com o pagamento de benefício e as obrigações dos agentes solidários responsáveis pelo plano de custeio (contribuições e aportes).

Provisões para Benefícios Concedidos

Corresponde ao valor líquido dos benefícios futuros já concedidos aos segurados assistidos, menos o valor atual das contribuições futuras desses segurados (aposentados e pensionistas).

Provisões para Benefícios a Conceder

Corresponde ao valor atual dos benefícios futuros previstos para os segurados que ainda se encontram na fase contributiva, bem como aos seus dependentes, menos o valor atual das contribuições futuras e aportes relativos a esses segurados – contribuições e aportes referentes às gerações atual e futura.

Plano de Amortização (Redutora)

Representa a definição de forma de financiamento do déficit apresentado no estudo atuarial, o qual deverá ser reconhecido e definido pelo ente federativo por meio de lei, que poderá ser amortizado ou equacionado por contribuições especiais, por aporte de bens, direitos e outros ativos, desde que compatíveis com a solvência do Plano de Benefícios.

Provisões Atuariais para Ajuste do Plano

Corresponde aos registros referentes ao superávit técnico do plano, considerando que eles serão utilizados para corrigir eventuais distorções ou equalizar o plano atuarial.

Figura 1 Provisões Matemáticas Previdenciárias.

A conta *Aposentadorias/Pensões/Outros Benefícios do Plano* corresponde ao somatório dos benefícios do plano, ou seja, aos compromissos do RPPS junto aos segurados sob sua responsabilidade, tanto para os benefícios a conceder como para os benefícios já concedidos, ajustados a valor presente.

A conta *Contribuições do Ente Federativo (Redutora)* corresponde ao somatório da projeção das contribuições do ente federativo (contribuições ditas normal e suplementar, sempre a valor presente), considerando a escala de tempo do plano de benefícios.

A conta *Contribuição de Pessoal Ativo (Redutora)* corresponde ao somatório da projeção das contribuições dos servidores ativos, a valor presente, e está prevista apenas para os benefícios a conceder (os segurados ainda estão em atividade). No grupo de benefícios concedidos, está contemplada a conta de Contribuição do Aposentado, que recepciona a contribuição dos aposentados que recebem benefícios do RPPS em valores acima do teto do RGPS.

A conta *Contribuição do Pensionista (Redutora)* corresponde ao somatório da projeção das contribuições dos pensionistas, a valor presente, que recebem benefícios acima do teto do RGPS, e também está prevista apenas para o grupo de contas de benefícios concedidos.

A conta *Compensação Previdenciária* corresponde aos valores projetados a receber decorrentes da contagem recíproca do tempo de contribuição quando o segurado tiver origem em outro regime, tanto para o Plano Financeiro como para o Plano Previdenciário, nos benefícios concedidos e a conceder.

A conta *Cobertura da Insuficiência Financeira (Redutora)* está prevista apenas no Plano Financeiro, tanto para os benefícios concedidos como para os benefícios a conceder, portanto somente é utilizada no caso de haver segregação da massa, cujos valores devem ser aportados pelo ente instituidor do RPPS no momento do pagamento dos benefícios.

É importante salientar que até o exercício de 2015 a conta *2.2.7.2.1.01.06 – Parcelamento de Débitos Previdenciários (redutora)* – figurava em contas de Passivo como redutora da conta *Provisão Matemática Previdenciária*. A partir do exercício de 2016, a referida conta passou a compor o Ativo Circulante ou Não Circulante como *1.1.2.1.1.71.00 – Créditos Previdenciários Parcelados* – ou *1.2.1.1.1.01.71 – Créditos Previdenciários Parcelados* –, conforme o prazo de vencimento das parcelas.

A conta relativa ao *Plano de Amortização* compreende, de acordo com o resultado da avaliação atuarial, o valor presente líquido dos direitos incorporados ao patrimônio do RPPS com base em legislação específica, bem como o registro tempestivo do plano de amortização implementado em lei do ente federativo, considerando que o ajuste contábil das reservas matemáticas somente ocorrerá na apresentação de uma nova reavaliação atuarial.

Quanto às *Provisões Atuariais para Ajustes do Plano*, compreendem as necessidades de ajustes tanto do Plano Financeiro como do Plano Previdenciário em razão do resultado da avaliação atuarial.

5.5 Tratamento contábil

A constituição e a atualização da Provisão Matemática Previdenciária deverão ser feitas considerando o valor líquido do plano, que é apurado contrapondo as projeções dos benefícios a serem pagos e as contribuições previdenciárias e aportes a serem recebidos pelo RPPS, relativamente a toda a massa de segurados e beneficiários sob sua responsabilidade.

A diferença entre a projeção dos pagamentos futuros (compromissos previdenciários) e o chamado Ativo do Plano – somatório de todos os bens e direitos vinculados ao plano – e a projeção de contribuições será o montante de recursos que deverá ser provisionado para atender ao pagamento dos benefícios no curto, médio e longo prazos.

O registro da Provisão Matemática Previdenciária será efetuado apenas na Contabilidade da Unidade Gestora do RPPS, salientando que a "dívida" é, na verdade, dos contribuintes do regime, segurados e do ente público como um todo, e não apenas do Poder Executivo. Ademais, no encerramento do exercício, quando da publicação do Balanço Geral, o processo de consolidação das informações constantes nas demonstrações contábeis se encarregará de evidenciar a real situação previdenciária no ente público.

Não fosse assim, esses valores figurariam em duplicidade. Todavia, nada impede que os Poderes do ente governamental detentor de Unidade Gestora de RPPS mantenham o controle da "dívida previdenciária" com relação ao seu regime próprio, utilizando, por exemplo, o grupo de contas "Controles Devedores", classificado entre as contas da Natureza de Informação de Controle (NIC).

5.5.1 Registro Contábil da Provisão Matemática Previdenciária Inicial

Para efetuar o registro contábil da Provisão Matemática Previdenciária INICIAL, o contabilista selecionará as informações constantes da avaliação atuarial do RPPS, conforme o exemplo que se segue, em que o ente federativo fez opção pela segregação da massa de segurados (Plano Financeiro e Plano Previdenciário).

Conforme visto anteriormente, é importante salientar que a segregação da massa de segurados será considerada somente depois da vigência da medida, mediante lei publicada com essa finalidade.

\multicolumn{3}{c}{Instituto de Previdência Modelo}
\multicolumn{3}{c}{Ano 1}
Código	Título	Valores em R$
	ATIVOS GARANTIDORES – ATIVO DO PLANO	1.200.000,00
2.2.7.2.0.00.00	Provisões Matemáticas Previdenciárias a Longo Prazo	4.600.000,00
2.2.7.2.1.00.00	Provisões Matemáticas Previdenciárias a Longo Prazo – Consolidação	4.600.000,00
2.2.7.2.1.01.00	Plano Financeiro – Provisões de Benefícios Concedidos	450.000,00
2.2.7.2.1.01.01	Aposentadorias/Pensões/Outros Benefícios Concedidos do Plano Financeiro do RPPS	2.850.000,00
2.2.7.2.1.01.02	(–) Contribuições do Ente para o Plano Financeiro do RPPS	(1.200.000,00)
2.2.7.2.1.01.03	(–) Contribuições do Aposentado para o Plano Financeiro do RPPS	(270.000,00)
2.2.7.2.1.01.04	(–) Contribuição do Pensionista para o Plano Financeiro do RPPS	(280.000,00)
2.2.7.2.1.01.05	(–) Compensação Previdenciária do Plano Financeiro do RPPS	(320.000,00)
2.2.7.2.1.01.07	(–) Cobertura de Insuficiência Financeira	(330.000,00)
2.2.7.2.1.02.00	Plano Financeiro – Provisões de Benefícios a Conceder	560.000,00
2.2.7.2.1.02.01	Aposentadorias/Pensões/Outros Benefícios a Conceder do Plano Financeiro do RPPS	3.720.000,00
2.2.7.2.1.02.02	(–) Contribuições do Ente para o Plano Financeiro do RPPS	(1.460.000,00)

Continua

	Instituto de Previdência Modelo	
	Ano 1	
2.2.7.2.1.02.03	(–) Contribuições do Ativo para o Plano Financeiro do RPPS	(1.350.000,00)
2.2.7.2.1.02.04	(–) Compensação Previdenciária do Plano Financeiro do RPPS	(200.000,00)
2.2.7.2.1.02.06	(–) Cobertura de Insuficiência Financeira	(150.000,00)
2.2.7.2.1.03.00	Plano Previdenciário – Provisões de Benefícios Concedidos	2.530.000,00
2.2.7.2.1.03.01	Aposentadorias/Pensões/Outros Benefícios Concedidos do Plano Previdenciário do RPPS	6.030.000,00
2.2.7.2.1.03.02	(–) Contribuições do Ente para o Plano Previdenciário do RPPS	(1.820.000,00)
2.2.7.2.1.03.03	(–) Contribuições do Aposentado para o Plano Previdenciário do RPPS	(340.000,00)
2.2.7.2.1.03.04	(–) Contribuições do Pensionista para o Plano Previdenciário do RPPS	(380.000,00)
2.2.7.2.1.03.05	(–) Compensação Previdenciária do Plano Previdenciário do RPPS	(960.000,00)
2.2.7.2.1.04.00	Plano Previdenciário – Provisões de Benefícios a Conceder	1.180.000,00
2.2.7.2.1.04.01	Aposentadorias/Pensões/Outros Benefícios a Conceder do Plano Previdenciário do RPPS	5.040.000,00
2.2.7.2.1.04.02	(–) Contribuições do Ente para o Plano Previdenciário do RPPS	(1.840.000,00)
2.2.7.2.1.04.03	(–) Contribuições do Ativo para o Plano Previdenciário do RPPS	(1.560.000,00)
2.2.7.2.1.04.04	(–) Compensação Previdenciária do Plano Previdenciário do RPPS	(460.000,00)
2.2.7.2.1.05.00	Plano Previdenciário – Plano de Amortização (redutora)	(120.000,00)
2.2.7.2.1.05.98	(–) Outros Créditos do Plano de Amortização	(120.000,00)
2.2.7.2.1.06.00	Provisões Atuariais para Ajustes do Plano Financeiro	0,00
2.2.7.2.1.06.01	Provisão Atuarial para Oscilação de Riscos	0,00
2.2.7.2.1.07.00	Provisões Atuariais para Ajustes do Plano Previdenciário	0,00
2.2.7.2.1.07.01	Ajuste de Resultado Atuarial Superavitário	0,00
2.2.7.2.1.07.02	Provisão Atuarial para Oscilação de Riscos	0,00

Continua

Capítulo 5 | Provisão Matemática Previdenciária 117

Instituto de Previdência Modelo			
Ano 1			
2.2.7.2.1.07.03	Provisão Atuarial para Benefícios a Regularizar		0,00
2.2.7.2.1.07.04	Provisão Atuarial para Contingências de Benefícios		0,00
2.2.7.2.1.07.98	Outras Provisões Atuariais para Ajustes do Plano		0,00
DÉFICIT ATUARIAL			(3.400.000,00)

Nota: No exemplo, o resultado da avaliação atuarial mostra um déficit atuarial de R$ 3.400.000,00, considerando o confronto entre o montante da Provisão Matemática Previdenciária de R$ 4.600.000,00 e os Ativos Garantidores na ordem de R$ 1.200.000,00.

Lançamentos contábeis no momento da constituição da Provisão Matemática Previdenciária INICIAL do Instituto de Previdência Modelo:

Lançamento da Provisão Matemática Previdenciária inicial, em 4ª fórmula, em contas de natureza de informação patrimonial:

D –	3.9.7.2.1.00.00	VPD de Provisões Matemáticas Previdenciárias a Longo Prazo – Consolidação	4.600.000,00
D –	2.2.7.2.1.01.02	Contribuições do Ente para o Plano Financeiro do RPPS	1.200.000,00
D –	2.2.7.2.1.01.03	Contribuições do Aposentado para o Plano Financeiro do RPPS	270.000,00
D –	2.2.7.2.1.01.04	Contribuição do Pensionista para o Plano Financeiro do RPPS	280.000,00
D –	2.2.7.2.1.01.05	Compensação Previdenciária do Plano Financeiro do RPPS	320.000,00
D –	2.2.7.2.1.01.07	Cobertura de Insuficiência Financeira	330.000,00
D –	2.2.7.2.1.02.02	Contribuições do Ente para o Plano Financeiro do RPPS	1.460.000,00
D –	2.2.7.2.1.02.03	Contribuições do Ativo para o Plano Financeiro do RPPS	1.350.000,00
D –	2.2.7.2.1.02.04	Compensação Previdenciária do Plano Financeiro do RPPS	200.000,00
D –	2.2.7.2.1.02.06	Cobertura de Insuficiência Financeira	150.000,00

Continua

D –	2.2.7.2.1.03.02	Contribuições do Ente para o Plano Previdenciário do RPPS	1.820.000,00
D –	2.2.7.2.1.03.03	Contribuições do Aposentado para o Plano Previdenciário do RPPS	340.000,00
D –	2.2.7.2.1.03.04	Contribuições do Pensionista para o Plano Previdenciário do RPPS	380.000,00
D –	2.2.7.2.1.03.05	Compensação Previdenciária do Plano Previdenciário do RPPS	960.000,00
D –	2.2.7.2.1.04.02	Contribuições do Ente para o Plano Previdenciário do RPPS	1.840.000,00
D –	2.2.7.2.1.04.03	Contribuições do Ativo para o Plano Previdenciário do RPPS	1.560.000,00
D –	2.2.7.2.1.04.04	Compensação Previdenciária do Plano Previdenciário do RPPS	460.000,00
D –	2.2.7.2.1.05.98	Outros Créditos do Plano de Amortização	120.000,00
C –	2.2.7.2.1.04.01	Aposentadorias/Pensões/Outros Benefícios a Conceder do Plano Previdenciário do RPPS	5.040.000,00
C –	2.2.7.2.1.03.01	Aposentadorias/Pensões/Outros Benefícios Concedidos do Plano Previdenciário do RPPS	6.030.000,00
C –	2.2.7.2.1.02.01	Aposentadorias/Pensões/Outros Benefícios a Conceder do Plano Financeiro do RPPS	3.720.000,00
C –	2.2.7.2.1.01.01	Aposentadorias/Pensões/Outros Benefícios Concedidos do Plano Financeiro do RPPS	2.850.000,00

Na hipótese de a entidade manter sistema informatizado que comporte apenas lançamento de 1ª fórmula, proceder-se-á aos seguintes registros no livro Diário:

PLANO FINANCEIRO

D –	2.2.7.2.1.01.02	Contribuições do Ente para o Plano Financeiro do RPPS	1.200.000,00
C –	2.2.7.2.1.01.01	Aposentadorias/Pensões/Outros Benefícios Concedidos do Plano Financeiro do RPPS	1.200.000,00

D –	2.2.7.2.1.01.03	Contribuições do Aposentado para o Plano Financeiro do RPPS	270.000,00
C –	2.2.7.2.1.01.01	Aposentadorias/Pensões/Outros Benefícios Concedidos do Plano Financeiro do RPPS	270.000,00

Capítulo 5 | Provisão Matemática Previdenciária **119**

D –	2.2.7.2.1.01.04	Contribuição do Pensionista para o Plano Financeiro do RPPS	280.000,00
C –	2.2.7.2.1.01.01	Aposentadorias/Pensões/Outros Benefícios Concedidos do Plano Financeiro do RPPS	280.000,00

D –	2.2.7.2.1.01.05	Compensação Previdenciária do Plano Financeiro do RPPS	320.000,00
C –	2.2.7.2.1.01.01	Aposentadorias/Pensões/Outros Benefícios Concedidos do Plano Financeiro do RPPS	320.000,00

D –	2.2.7.2.1.01.07	Cobertura de Insuficiência Financeira	330.000,00
C –	2.2.7.2.1.01.01	Aposentadorias/Pensões/Outros Benefícios Concedidos do Plano Financeiro do RPPS	330.000,00

D –	3.9.7.2.1.00.00	VPD de Provisões Matemáticas Previdenciárias de Longo Prazo – Consolidação	450.000,00
C –	2.2.7.2.1.01.01	Aposentadorias/Pensões/Outros Benefícios Concedidos do Plano Financeiro do RPPS	450.000,00

D –	2.2.7.2.1.02.02	Contribuições do Ente para o Plano Financeiro do RPPS	1.460.000,00
C –	2.2.7.2.1.02.01	Aposentadorias/Pensões/Outros Benefícios a Conceder do Plano Financeiro do RPPS	1.460.000,00

D –	2.2.7.2.1.02.03	Contribuições do Ativo para o Plano Financeiro do RPPS	1.350.000,00
C –	2.2.7.2.1.02.01	Aposentadorias/Pensões/Outros Benefícios a Conceder do Plano Financeiro do RPPS	1.350.000,00

D –	2.2.7.2.1.02.04	Compensação Previdenciária do Plano Financeiro do RPPS	200.000,00
C –	2.2.7.2.1.02.01	Aposentadorias/Pensões/Outros Benefícios a Conceder do Plano Financeiro do RPPS	200.000,00

D –	2.2.7.2.1.02.06	Cobertura de Insuficiência Financeira	150.000,00
C –	2.2.7.2.1.02.01	Aposentadorias/Pensões/Outros Benefícios a Conceder do Plano Financeiro do RPPS	150.000,00

| D – | 3.9.7.2.1.00.00 | VPD de Provisões Matemáticas Previdenciárias a Longo Prazo – Consolidação | 560.000,00 |
| C – | 2.2.7.2.1.02.01 | Aposentadorias/Pensões/Outros Benefícios a Conceder do Plano Financeiro do RPPS | 560.000,00 |

PLANO PREVIDENCIÁRIO

| D – | 2.2.7.2.1.03.02 | Contribuições do Ente para o Plano Previdenciário do RPPS | 1.820.000,00 |
| C – | 2.2.7.2.1.03.01 | Aposentadorias/Pensões/Outros Benefícios Concedidos do Plano Previdenciário do RPPS | 1.820.000,00 |

| D – | 2.2.7.2.1.03.03 | Contribuições do Aposentado para o Plano Previdenciário do RPPS | 340.000,00 |
| C – | 2.2.7.2.1.03.01 | Aposentadorias/Pensões/Outros Benefícios Concedidos do Plano Previdenciário do RPPS | 340.000,00 |

| D – | 2.2.7.2.1.03.04 | Contribuições do Pensionista para o Plano Previdenciário do RPPS | 380.000,00 |
| C – | 2.2.7.2.1.03.01 | Aposentadorias/Pensões/Outros Benefícios Concedidos do Plano Previdenciário do RPPS | 380.000,00 |

| D – | 2.2.7.2.1.03.05 | Compensação Previdenciária do Plano Previdenciário do RPPS | 960.000,00 |
| C – | 2.2.7.2.1.03.01 | Aposentadorias/Pensões/Outros Benefícios Concedidos do Plano Previdenciário do RPPS | 960.000,00 |

| D – | 3.9.7.2.1.00.00 | VPD de Provisões Matemáticas Previdenciárias de Longo Prazo – Consolidação | 2.530.000,00 |
| C – | 2.2.7.2.1.03.01 | Aposentadorias/Pensões/Outros Benefícios Concedidos do Plano Previdenciário do RPPS | 2.530.000,00 |

| D – | 2.2.7.2.1.04.02 | Contribuições do Ente para o Plano Previdenciário do RPPS | 1.840.000,00 |
| C – | 2.2.7.2.1.04.01 | Aposentadorias/Pensões/Outros Benefícios a Conceder do Plano Previdenciário do RPPS | 1.840.000,00 |

D –	2.2.7.2.1.04.03	Contribuições do Ativo para o Plano Previdenciário do RPPS	1.560.000,00
C –	2.2.7.2.1.04.01	Aposentadorias/Pensões/Outros Benefícios a Conceder do Plano Previdenciário do RPPS	1.560.000,00

D –	2.2.7.2.1.04.04	Compensação Previdenciária do Plano Previdenciário do RPPS	460.000,00
C –	2.2.7.2.1.04.01	Aposentadorias/Pensões/Outros Benefícios a Conceder do Plano Previdenciário do RPPS	460.000,00

D –	3.9.7.2.1.00.00	VPD de Provisões Matemáticas Previdenciárias a Longo Prazo – Consolidação	1.180.000,00
C –	2.2.7.2.1.04.01	Aposentadorias/Pensões/Outros Benefícios a Conceder do Plano Previdenciário do RPPS	1.180.000,00

A conta relativa ao plano de amortização tem como contrapartida a conta de Reversão da Provisão Matemática Previdenciária constituída, possibilitando, assim, chegar ao valor efetivamente necessário para ser provisionado:

D –	2.2.7.2.1.05.98	Outros Créditos do Plano de Amortização	120.000,00
C –	4.9.7.1.1.02.00	Reversão de Provisões Matemáticas Previdenciárias a Longo Prazo	120.000,00

Após o registro INICIAL da avaliação atuarial, a conta *Provisão Matemática Previdenciária* do Instituto de Previdência Modelo apresentará os seguintes valores no Balanço Patrimonial do RPPS no ano 1:

PASSIVO E PATRIMÔNIO LÍQUIDO	
PASSIVO NÃO CIRCULANTE	
PROVISÕES A LONGO PRAZO	
PROVISÕES MATEMÁTICAS PREVIDENCIÁRIAS A LONGO PRAZO	4.600.000,00
PLANO FINANCEIRO	1.010.000,00
PROVISÕES PARA BENEFÍCIOS CONCEDIDOS	450.000,00
PROVISÕES PARA BENEFÍCIOS A CONCEDER	560.000,00
PLANO PREVIDENCIÁRIO	3.710.000,00
PROVISÕES PARA BENEFÍCIOS CONCEDIDOS	2.530.000,00
PROVISÕES PARA BENEFÍCIOS A CONCEDER	1.180.000,00

Continua

PLANO DE AMORTIZAÇÃO	(120.000,00)
PROVISÕES ATUARIAIS PARA AJUSTE DO PLANO	0,00

Como demonstrado no Balanço Patrimonial do Instituto de Previdência Modelo, foi constituída a Provisão Matemática Previdenciária líquida no valor total de R$ 4.600.000,00, em conformidade com a avaliação atuarial elaborada para o ano 1 e com a legislação vigente. Caso o ente federativo não tenha optado pela segregação da massa de segurados, os valores devem ser registrados em sua integralidade no Plano Previdenciário, por ser essa a essência do art. 40 da Constituição Federal quanto à exigência de se observar o Equilíbrio Financeiro e Atuarial pelo RPPS.

5.5.2 Atualização da Provisão Matemática Previdenciária

O registro da atualização da Provisão Matemática Previdenciária será feito por meio do ajuste dos valores já provisionados. Se a necessidade de provisão for maior do que o valor anteriormente registrado, deve ser providenciado o complemento pela diferença. Por outro lado, sendo a necessidade de provisão menor do que o valor anteriormente registrado, deverá ser feita a reversão da diferença. Com base nos dados apurados pela nova avaliação atuarial, o registro contábil será então atualizado para evidenciar a nova situação atuarial do RPPS.

Parar efetuar o registro contábil da ATUALIZAÇÃO da Provisão Matemática Previdenciária, serão considerados os seguintes dados da reavaliação atuarial do Instituto de Previdência Modelo referente ao ano 2. Para facilitar a análise, as contas cujos valores sofreram alguma alteração estão destacadas em *itálico*.

Instituto de Previdência Modelo		
Ano 2		
Código	Título	Valores em R$
	ATIVOS GARANTIDORES	1.200.000,00
2.2.7.2.0.00.00	Provisões Matemáticas Previdenciárias a Longo Prazo	4.200.000,00
2.2.7.2.1.00.00	Provisões Matemáticas Previdenciárias a Longo Prazo – Consolidação	4.200.000,00
2.2.7.2.1.01.00	Plano Financeiro – Provisões de Benefícios Concedidos	370.000,00

Continua

	Instituto de Previdência Modelo	
	Ano 2	
2.2.7.2.1.01.01	Aposentadorias/Pensões/Outros Benefícios Concedidos do Plano Financeiro do RPPS	2.850.000,00
2.2.7.2.1.01.02	(–) Contribuições do Ente para o Plano Financeiro do RPPS	(1.280.000,00)
2.2.7.2.1.01.03	(–) Contribuições do Aposentado para o Plano Financeiro do RPPS	(270.000,00)
2.2.7.2.1.01.04	(–) Contribuição do Pensionista para o Plano Financeiro do RPPS	(280.000,00)
2.2.7.2.1.01.05	(–) Compensação Previdenciária do Plano Financeiro do RPPS	(320.000,00)
2.2.7.2.1.01.07	(–) Cobertura de Insuficiência Financeira	(330.000,00)
2.2.7.2.1.02.00	Plano Financeiro – Provisões de Benefícios a Conceder	520.000,00
2.2.7.2.1.02.01	Aposentadorias/Pensões/Outros Benefícios a Conceder do Plano Financeiro do RPPS	3.720.000,00
2.2.7.2.1.02.02	(–) Contribuições do Ente para o Plano Financeiro do RPPS	(1.460.000,00)
2.2.7.2.1.02.03	(–) Contribuições do Ativo para o Plano Financeiro do RPPS	(1.390.000,00)
2.2.7.2.1.02.04	(–) Compensação Previdenciária do Plano Financeiro do RPPS	(200.000,00)
2.2.7.2.1.02.06	(–) Cobertura de Insuficiência Financeira	(150.000,00)
2.2.7.2.1.03.00	Plano Previdenciário – Provisões de Benefícios Concedidos	2.380.000,00
2.2.7.2.1.03.01	Aposentadorias/Pensões/Outros Benefícios Concedidos do Plano Previdenciário do RPPS	6.030.000,00
2.2.7.2.1.03.02	(–) Contribuições do Ente para o Plano Previdenciário do RPPS	(1.880.000,00)
2.2.7.2.1.03.03	(–) Contribuições do Aposentado para o Plano Previdenciário do RPPS	(340.000,00)
2.2.7.2.1.03.04	(–) Contribuições do Pensionista para o Plano Previdenciário do RPPS	(380.000,00)
2.2.7.2.1.03.06	(–) Compensação Previdenciária do Plano Previdenciário do RPPS	(1.050.000,00)
2.2.7.2.1.04.00	Plano Previdenciário – Provisões de Benefícios a Conceder	1.050.000,00

Continua

Instituto de Previdência Modelo	
Ano 2	
2.2.7.2.1.04.01	Aposentadorias/Pensões/Outros Benefícios a Conceder do Plano Previdenciário do RPPS	5.040.000,00
2.2.7.2.1.04.02	(–) Contribuições do Ente para o Plano Previdenciário do RPPS	(1.915.000,00)
2.2.7.2.1.04.03	(–) Contribuições do Ativo para o Plano Previdenciário do RPPS	(1.615.000,00)
2.2.7.2.1.04.05	(–) Compensação Previdenciária do Plano Previdenciário do RPPS	(460.000,00)
2.2.7.2.1.05.00	Plano Previdenciário – Plano de Amortização (redutora)	(120.000,00)
2.2.7.2.1.05.98	(–) Outros Créditos do Plano de Amortização	(120.000,00)
2.2.7.2.1.06.00	Provisões Atuariais para Ajustes do Plano Financeiro	0,00
2.2.7.2.1.06.01	Provisão Atuarial para Oscilação de Riscos	0,00
2.2.7.2.1.07.00	Provisões Atuariais para Ajustes do Plano Previdenciário	0,00
2.2.7.2.1.07.01	Ajuste de Resultado Atuarial Superavitário	0,00
2.2.7.2.1.07.02	Provisão Atuarial para Oscilação de Riscos	0,00
2.2.7.2.1.07.03	Provisão Atuarial para Benefícios a Regularizar	0,00
2.2.7.2.1.07.04	Provisão Atuarial para Contingências de Benefícios	0,00
2.2.7.2.1.07.98	Outras Provisões Atuariais para Ajustes do Plano	0,00
DÉFICIT ATUARIAL		(3.000.000,00)

Nota: No exemplo, o resultado da avaliação atuarial mostra um déficit atuarial de R$ 3.000.000,00, considerando o confronto entre o montante da Provisão Matemática Previdenciária de R$ 4.200.000,00 e os Ativos Garantidores na ordem de R$ 1.200.000,00.

Os lançamentos contábeis apresentados na sequência trazem os ajustes relativos às diferenças apuradas entre os valores da avaliação atuarial inicial (ano 1) e a nova avaliação atuarial (ano 2).

Lançamentos contábeis no momento da ATUALIZAÇÃO da Provisão Matemática Previdenciária:

Capítulo 5 | Provisão Matemática Previdenciária 125

Lançamento da atualização da Provisão Matemática Previdenciária em 4ª fórmula, em contas de natureza de informação patrimonial:

D –	2.2.7.2.1.01.02	Contribuições do Ente para o Plano Financeiro do RPPS	80.000,00
D –	2.2.7.2.1.02.03	Contribuições do Ativo para o Plano Financeiro do RPPS	40.000,00
D –	2.2.7.2.1.03.02	Contribuições do Ente para o Plano Previdenciário do RPPS	60.000,00
D –	2.2.7.2.1.03.05	Compensação Previdenciária do Plano Previdenciário do RPPS	90.000,00
D –	2.2.7.2.1.04.02	Contribuições do Ente para o Plano Previdenciário do RPPS	75.000,00
D –	2.2.7.2.1.04.03	Contribuições do Ativo para o Plano Previdenciário do RPPS	55.000,00
C –	4.9.7.2.1.00.00	Reversão de Provisões Matemáticas Previdenciárias de Longo Prazo – Consolidação	400.000,00

O lançamento em 1ª fórmula será registrado no livro Diário da seguinte forma:

PLANO FINANCEIRO

D –	2.2.7.2.1.01.02	Contribuições do Ente para o Plano Financeiro do RPPS	80.000,00
C –	4.9.7.1.1.02.00	Reversão de Provisões Matemáticas Previdenciárias a Longo Prazo	80.000,00

D –	2.2.7.2.1.02.03	Contribuições do Ativo para o Plano Financeiro do RPPS	40.000,00
C –	4.9.7.1.1.02.00	Reversão de Provisões Matemáticas Previdenciárias a Longo Prazo	40.000,00

PLANO PREVIDENCIÁRIO

D –	2.2.7.2.1.03.02	Contribuições do Ente para o Plano Previdenciário do RPPS	60.000,00
C –	4.9.7.1.1.02.00	Reversão de Provisões Matemáticas Previdenciárias a Longo Prazo	60.000,00

D –	2.2.7.2.1.03.05	Compensação Previdenciária do Plano Previdenciário do RPPS	90.000,00
C –	4.9.7.1.1.02.00	Reversão de Provisões Matemáticas Previdenciárias a Longo Prazo	90.000,00

D –	2.2.7.2.1.04.02	Contribuições do Ente para o Plano Previdenciário do RPPS	75.000,00
C –	4.9.7.1.1.02.00	Reversão de Provisões Matemáticas Previdenciárias a Longo Prazo	75.000,00

D –	2.2.7.2.1.04.03	Contribuições do Ativo para o Plano Previdenciário do RPPS	55.000,00
C –	4.9.7.1.1.02.00	Reversão de Provisões Matemáticas Previdenciárias a Longo Prazo	55.000,00

Como se pode observar, contrapondo-se aos valores da avaliação atuarial inicial e de sua reavaliação, verifica-se que houve uma diminuição de R$ 400.000,00 no valor total da Provisão Matemática Previdenciária inicialmente constituída, que passou de R$ 4.600.000,00 para R$ 4.200.000,00.

Após a ATUALIZAÇÃO do registro contábil da avaliação atuarial, a conta *Provisão Matemática Previdenciária* do Instituto de Previdência Modelo apresentará os seguintes valores no Balanço Patrimonial do RPPS ao final do ano 2:

PASSIVO E PATRIMÔNIO LÍQUIDO	
PASSIVO NÃO CIRCULANTE	
PROVISÕES A LONGO PRAZO	
PROVISÕES MATEMÁTICAS PREVIDENCIÁRIAS A LONGO PRAZO	4.200.000,00
PLANO FINANCEIRO	890.000,00
PROVISÕES PARA BENEFÍCIOS CONCEDIDOS	370.000,00
PROVISÕES PARA BENEFÍCIOS A CONCEDER	520.000,00
PLANO PREVIDENCIÁRIO	3.430.000,00
PROVISÕES PARA BENEFÍCIOS CONCEDIDOS	2.380.000,00
PROVISÕES PARA BENEFÍCIOS A CONCEDER	1.050.000,00
PLANO DE AMORTIZAÇÃO	(120.000,00)
PROVISÕES ATUARIAIS PARA AJUSTE DO PLANO	0,00

Com relação ao ano 2, o Balanço Patrimonial do Instituto de Previdência Modelo apresentou a necessidade da constituição de Provisão Matemática Previdenciária líquida no valor total de R$ 4.200.000,00, em conformidade com os valores apurados pela nova avaliação atuarial. Da mesma forma que no ano 1, caso o ente federativo continue sem a opção pela segregação da massa de segurados, todos esses valores devem ser registrados no Plano Previdenciário.

Importante salientar que todos os valores registrados nas contas redutoras da Provisão Matemática Previdenciária representam os futuros ingressos de recursos calculados atuarialmente e sempre respaldados por previsão legal, por exemplo, alíquotas suplementares, aportes por recursos financeiros futuros e outros. Sempre que o equacionamento ocorrer pelo aporte de recursos financeiros no momento atual ou por outros Ativos, os valores serão registrados no Ativo correspondente.

5.5.3 Apuração do déficit atuarial

Dependendo da composição de seus Ativos e Passivos, a situação patrimonial líquida dos RPPS pode ser superavitária, nula ou deficitária:

SITUAÇÃO 1 SITUAÇÃO PATRIMONIAL SUPERAVITÁRIA		SITUAÇÃO 2 SITUAÇÃO PATRIMONIAL EQUILIBRADA		SITUAÇÃO 3 SITUAÇÃO PATRIMONIAL DEFICITÁRIA	
ATIVO LÍQUIDO	PROVISÃO MATEMÁTICA	ATIVO LÍQUIDO	PROVISÃO MATEMÁTICA	ATIVO LÍQUIDO	PROVISÃO MATEMÁTICA
	SUPERÁVIT			DÉFICIT	

Na situação 1 – *situação patrimonial líquida superavitária* –, a soma dos valores dos ativos do RPPS é mais do que suficiente para cobrir os valores de suas obrigações, inclusive as de longo prazo, como a Provisão Matemática Previdenciária.

Na situação 2 – *situação patrimonial líquida equilibrada* –, a soma dos Ativos do RPPS é suficiente apenas para cobrir suas obrigações, mas não há "sobras"; representa a situação de equilíbrio, portanto a ideal.

A situação 3 – *situação patrimonial líquida deficitária* – é a que mais tem exigido dos gestores e dirigentes dos RPPS e dos entes federativos a adoção de medidas saneadoras. Segundo o disposto no *Livro Branco da Previdência Social*, e o que se pode constatar nos diversos regimes próprios de previdência de todo o país, apesar de todos os avanços alcançados com a Reforma da Previdência, os regimes próprios ainda convivem com questões que dificultam o equilíbrio desejado, pois a soma dos Ativos tem se apresentado ainda insuficiente para cobrir suas obrigações, continuando dependentes de aportes financeiros do ente público para cobrir o déficit quando do pagamento dos benefícios.

É importante compreender a distinção entre o termo *Passivo Atuarial* (que é o somatório dos compromissos líquidos do plano) e o termo *Déficit Atuarial* (que é a diferença entre esses compromissos líquidos e os Ativos financeiros ou fontes de recursos garantidores do sistema de previdência capitalizados). Para esclarecer a questão, considere o quadro-resumo da avaliação atuarial do Instituto de Previdência Modelo do ano 2:

| \multicolumn{3}{c}{Instituto de Previdência Modelo} |
| \multicolumn{3}{c}{Ano 2} |
Código	Título	Valores em R$
	ATIVOS GARANTIDORES	1.200.000,00
2.2.7.2.0.00.00	Provisões Matemáticas Previdenciárias a Longo Prazo	4.200.000,00
2.2.7.2.1.00.00	Provisões Matemáticas Previdenciárias a Longo Prazo – Consolidação	4.200.000,00
2.2.7.2.1.01.00	Plano Financeiro – Provisões de Benefícios Concedidos	370.000,00
2.2.7.2.1.01.01	Aposentadorias/Pensões/Outros Benefícios Concedidos do Plano Financeiro do RPPS	2.850.000,00
2.2.7.2.1.01.02	(–) Contribuições do Ente para o Plano Financeiro do RPPS	(1.280.000,00)
2.2.7.2.1.01.03	(–) Contribuições do Aposentado para o Plano Financeiro do RPPS	(270.000,00)
2.2.7.2.1.01.04	(–) Contribuição do Pensionista para o Plano Financeiro do RPPS	(280.000,00)
2.2.7.2.1.01.05	(–) Compensação Previdenciária do Plano Financeiro do RPPS	(320.000,00)
2.2.7.2.1.01.07	(–) Cobertura de Insuficiência Financeira	(330.000,00)
2.2.7.2.1.02.00	Plano Financeiro – Provisões de Benefícios a Conceder	520.000,00
2.2.7.2.1.02.01	Aposentadorias/Pensões/Outros Benefícios a Conceder do Plano Financeiro do RPPS	3.720.000,00

Continua

Capítulo 5 | Provisão Matemática Previdenciária **129**

Instituto de Previdência Modelo
Ano 2

2.2.7.2.1.02.02	(−) Contribuições do Ente para o Plano Financeiro do RPPS	(1.460.000,00)
2.2.7.2.1.02.03	(−) Contribuições do Ativo para o Plano Financeiro do RPPS	(1.390.000,00)
2.2.7.2.1.02.04	(−) Compensação Previdenciária do Plano Financeiro do RPPS	(200.000,00)
2.2.7.2.1.02.06	(−) Cobertura de Insuficiência Financeira	(150.000,00)
2.2.7.2.1.03.00	Plano Previdenciário − Provisões de Benefícios Concedidos	2.380.000,00
2.2.7.2.1.03.01	Aposentadorias/Pensões/Outros Benefícios Concedidos do Plano Previdenciário do RPPS	6.030.000,00
2.2.7.2.1.03.02	(−) Contribuições do Ente para o Plano Previdenciário do RPPS	(1.880.000,00)
2.2.7.2.1.03.03	(−) Contribuições do Aposentado para o Plano Previdenciário do RPPS	(340.000,00)
2.2.7.2.1.03.04	(−) Contribuições do Pensionista para o Plano Previdenciário do RPPS	(380.000,00)
2.2.7.2.1.03.05	(−) Compensação Previdenciária do Plano Previdenciário do RPPS	(1.050.000,00)
2.2.7.2.1.04.00	Plano Previdenciário − Provisões de Benefícios a Conceder	1.050.000,00
2.2.7.2.1.04.01	Aposentadorias/Pensões/Outros Benefícios a Conceder do Plano Previdenciário do RPPS	5.040.000,00
2.2.7.2.1.04.02	(−) Contribuições do Ente para o Plano Previdenciário do RPPS	(1.915.000,00)
2.2.7.2.1.04.03	(−) Contribuições do Ativo para o Plano Previdenciário do RPPS	(1.615.000,00)
2.2.7.2.1.04.04	(−) Compensação Previdenciária do Plano Previdenciário do RPPS	(460.000,00)
2.2.7.2.1.05.00	Plano Previdenciário − Plano de Amortização (redutora)	(120.000,00)
2.2.7.2.1.05.98	(−) Outros Créditos do Plano de Amortização	(120.000,00)
2.2.7.2.1.06.00	Provisões Atuariais para Ajustes do Plano Financeiro	0,00
2.2.7.2.1.06.01	Provisão Atuarial para Oscilação de Riscos	0,00
2.2.7.2.1.07.00	Provisões Atuariais para Ajustes do Plano Previdenciário	0,00

Continua

| Instituto de Previdência Modelo |||
Ano 2		
2.2.7.2.1.07.01	Ajuste de Resultado Atuarial Superavitário	0,00
2.2.7.2.1.07.02	Provisão Atuarial para Oscilação de Riscos	0,00
2.2.7.2.1.07.03	Provisão Atuarial para Benefícios a Regularizar	0,00
2.2.7.2.1.07.04	Provisão Atuarial para Contingências de Benefícios	0,00
2.2.7.2.1.07.98	Outras Provisões Atuariais para Ajustes do Plano	0,00
DÉFICIT ATUARIAL		(3.000.000,00)

No ano 2, a Provisão Matemática Previdenciária (Passivo Atuarial) do Instituto de Previdência Modelo é de R$ 4.200.000,00, mas, como mantém uma carteira de Ativos capitalizados no valor de R$ 1.200.000,00 (Ativos Garantidores), seu déficit atuarial é de R$ 3.000.000,00, ou seja, são os compromissos previdenciários que se apresentam sem fontes de financiamento evidenciadas.

5.5.4 Amortização do déficit atuarial

Segundo o disposto na legislação previdenciária, no caso de a avaliação indicar déficit atuarial, faz-se necessário que seja apresentado no parecer atuarial um plano de amortização para o seu equacionamento, cujo prazo máximo não poderá ser superior a 35 anos para que sejam acumulados os recursos necessários para a cobertura desse déficit atuarial.

O plano de amortização poderá ser revisto nas reavaliações atuariais anuais, respeitando, sempre, o período remanescente para o equacionamento, contado a partir do marco inicial legal estabelecido pela implementação do plano de amortização inicial. Assim, no primeiro ano o déficit será distribuído para amortização em 35 anos; no segundo ano, o déficit será distribuído para amortização em 34 anos, e assim por diante.

Como já explicitado, a legislação previdenciária estabelece que o plano de amortização indicado no parecer atuarial somente será considerado implementado a partir do seu estabelecimento em lei do ente federativo, podendo consistir no estabelecimento de alíquota de contribuição suplementar, aportes financeiros periódicos cujos valores sejam preestabelecidos, ou, ainda, na forma de aportes de bens ou direitos.

É importante ressaltar que a definição de alíquota suplementar ou aportes deverá ser fundamentada na capacidade orçamentária e financeira do ente federativo para cumprimento do plano de amortização, observando ainda os limites determinados pela Lei de Responsabilidade Fiscal.

Ressalta-se que a Unidade Gestora do RPPS só será afetada patrimonialmente pela amortização do déficit atuarial no momento da atualização do registro contábil da Provisão Matemática Previdenciária, que poderá ocorrer a qualquer tempo, a partir das medidas efetivamente implementadas. Financeiramente, contudo, à medida que esses valores efetivamente ingressarem nos cofres do RPPS, deverão ser contabilizados e, no caso de recursos financeiros, investidos de acordo com a política anual de investimentos da Unidade Gestora.

Também é importante salientar que os bens e direitos recebidos como aportes para equacionamento de déficits atuariais, igualmente aos recursos financeiros, deverão cumprir meta atuarial previamente estabelecida para esses Ativos, o que equivale a dizer que, ao receber esses recursos que detêm a finalidade previdenciária, a Unidade Gestora assume por consequência o compromisso de implementar mecanismos que viabilizem o atingimento de meta atuarial, bem como de monetização deles, observando ainda que tais Ativos deverão ser dotados de liquidez, tendo em vista a necessidade de observar a solvência do plano de benefícios, devendo integrar o Ativo do Plano pelo valor respectivo de mercado.

Ou seja, para promover a sua liquidez, na medida da exigência das obrigações previdenciárias, a Unidade Gestora pode se socorrer de inúmeras soluções oferecidas pela indústria do mercado financeiro e de capitais, obviamente nos segmentos e limites estabelecidos pelo Conselho Monetário Nacional e entendimentos do órgão regulador e fiscalizador, no caso, o Ministério da Previdência Social.

Pelo ingresso dos valores nos cofres do RPPS para equacionamento de déficit atuarial	(NIP)	D – 1.1.1.1.1.06.01 – Banco Conta Movimento RPPS C – 4.2.1.1.1.03.00 – Contribuição Previdenciária para Amortização do Déficit Atuarial
Pelo reconhecimento da receita orçamentária	(NIO)	D – 6.2.1.1.0.00.00 – Receita a Realizar C – 6.2.1.2.0.00.00 – Receita Realizada

Pelo controle da disponibilidade de recursos	(NIC)	D – 7.2.1.1.0.00.00 – Controle da Disponibilidade de Recursos
		C – 8.2.1.1.1.00.00 – Disponibilidade por Destinação de Recursos

5.5.5 Superávit atuarial

Embora não desejável, tendo em vista que também representa um desequilíbrio, é possível que em algumas avaliações atuariais a previsão de ingressos de recursos previdenciários, contribuições previdenciárias, aportes e outros ultrapasse a previsão de compromissos com o pagamento de benefícios concedidos e a conceder; contudo, uma vez implementada em lei a medida apontada pelo parecer atuarial, implica o devido registro na contabilidade e consequentemente a evidenciação da situação patrimonial superavitária.

Outra situação possível, embora rara, seria a legislação previdenciária estipular a contribuição mínima atualmente admitida pela legislação previdenciária de 22% (11% do segurado e beneficiários e 11% do ente). Dependendo da massa segurada, esse percentual pode se mostrar superior à necessidade de capitalização de recursos, o que não aconteceria se fosse considerada a alíquota recomendada na avaliação atuarial, que guarda a relação de equilíbrio financeiro e atuarial. Para esclarecer a questão, considere o quadro-resumo da avaliação atuarial de determinado RPPS:

(COM PROVISÃO CONSTITUÍDA EM VALOR SUPERIOR À NECESSIDADE)		
Código	Título	Valores em R$
2.2.7.2.1.00.00	Provisões Matemáticas Previdenciárias a Longo prazo	(100.000,00)
2.2.7.2.1.01.00	Plano Financeiro – Provisões de Benefícios Concedidos	0,00
2.2.7.2.1.01.01	Aposentadorias/Pensões/Outros Benefícios Concedidos do Plano Financeiro do RPPS	2.450.000,00
2.2.7.2.1.01.02	(–) Contribuições do Ente para o Plano Financeiro do RPPS	(1.150.000,00)
2.2.7.2.1.01.03	(–) Contribuições do Aposentado para o Plano Financeiro do RPPS	(220.000,00)
2.2.7.2.1.01.04	(–) Contribuição do Pensionista para o Plano Financeiro do RPPS	(180.000,00)

Continua

(COM PROVISÃO CONSTITUÍDA EM VALOR SUPERIOR À NECESSIDADE)		
2.2.7.2.1.01.05	(–) Compensação Previdenciária do Plano Financeiro do RPPS	(850.000,00)
2.2.7.2.1.01.07	(–) Cobertura de Insuficiência Financeira	(50.000,00)
2.2.7.2.1.02.00	Plano Financeiro – Provisões de Benefícios a Conceder	0,00
2.2.7.2.1.02.01	Aposentadorias/Pensões/Outros Benefícios a Conceder do Plano Financeiro do RPPS	950.000,00
2.2.7.2.1.02.02	(–) Contribuições do Ente para o Plano Financeiro do RPPS	(450.000,00)
2.2.7.2.1.02.03	(–) Contribuições do Ativo para o Plano Financeiro do RPPS	(400.000,00)
2.2.7.2.1.02.04	(–) Compensação Previdenciária do Plano Financeiro do RPPS	(50.000,00)
2.2.7.2.1.02.06	(–) Cobertura de Insuficiência Financeira	(50.000,00)
2.2.7.2.1.03.00	Plano Previdenciário – Provisões de Benefícios Concedidos	0,00
2.2.7.2.1.03.01	Aposentadorias/Pensões/Outros Benefícios Concedidos do Plano Previdenciário do RPPS	0,00
2.2.7.2.1.03.02	(–) Contribuições do Ente para o Plano Previdenciário do RPPS	1.700.000,00
2.2.7.2.1.03.03	(–) Contribuições do Aposentado para o Plano Previdenciário do RPPS	(1.050.000,00)
2.2.7.2.1.03.04	(–) Contribuições do Pensionista para o Plano Previdenciário do RPPS	(350.000,00)
2.2.7.2.1.03.05	(–) Compensação Previdenciária do Plano Previdenciário do RPPS	(300.000,00)
2.2.7.2.1.04.00	Plano Previdenciário – Provisões de Benefícios a Conceder	(100.000,00)
2.2.7.2.1.04.01	Aposentadorias/Pensões/Outros Benefícios a Conceder do Plano Previdenciário do RPPS	4.900.000,00
2.2.7.2.1.04.02	(–) Contribuições do Ente para o Plano Previdenciário do RPPS	(2.550.000,00)
2.2.7.2.1.04.03	(–) Contribuições do Ativo para o Plano Previdenciário do RPPS	(1.900.000,00)
2.2.7.2.1.04.04	(–) Compensação Previdenciária do Plano Previdenciário do RPPS	(550.000,00)
2.2.7.2.1.05.00	Plano Previdenciário – Plano de Amortização (redutora)	0,00

Continua

(COM PROVISÃO CONSTITUÍDA EM VALOR SUPERIOR À NECESSIDADE)		
2.2.7.2.1.05.98	(–) Outros Créditos do Plano de Amortização	0,00
2.2.7.2.1.06.00	Provisões Atuariais para Ajustes do Plano Financeiro	0,00
2.2.7.2.1.06.01	Provisão Atuarial para Oscilação de Riscos	0,00
2.2.7.2.1.07.00	Provisões Atuariais para Ajustes do Plano Previdenciário	0,00
2.2.7.2.1.07.01	Ajuste de Resultado Atuarial Superavitário	0,00
2.2.7.2.1.07.02	Provisão Atuarial para Oscilação de Riscos	0,00
2.2.7.2.1.07.03	Provisão Atuarial para Benefícios a Regularizar	0,00
2.2.7.2.1.07.04	Provisão Atuarial para Contingências de Benefícios	0,00
2.2.7.2.1.07.98	Outras Provisões Atuariais para Ajustes do Plano	0,00

Do ponto de vista contábil, a Provisão Matemática Previdenciária constituída não poderá apresentar saldo invertido (provisão negativa), como no exemplo acima. Nesse caso, para que o registro contábil não incorra em tal inconsistência, o ideal seria a revisão da avaliação atuarial no sentido de se ajustarem as eventuais diferenças positivas (ingressos de recursos superiores às obrigações do plano de benefícios).

Caso não ocorra a revisão, os registros deverão ser feitos no rol das provisões atuariais para ajustes do plano, pelo menos até que a alíquota de contribuição efetiva e/ou os aportes correspondam ao necessário:

(COM PROVISÃO AJUSTADA À NECESSIDADE)		
Código	Título	Valores em R$
2.2.7.2.1.00.00	Provisões Matemáticas Previdenciárias a Longo prazo	0,00
2.2.7.2.1.01.00	Plano Financeiro – Provisões de Benefícios Concedidos	0,00
2.2.7.2.1.01.01	Aposentadorias/Pensões/Outros Benefícios Concedidos do Plano Financeiro do RPPS	2.450.000,00
2.2.7.2.1.01.02	(–) Contribuições do Ente para o Plano Financeiro do RPPS	(1.150.000,00)
2.2.7.2.1.01.03	(–) Contribuições do Aposentado para o Plano Financeiro do RPPS	(220.000,00)
2.2.7.2.1.01.04	(–) Contribuição do Pensionista para o Plano Financeiro do RPPS	(180.000,00)

Continua

Capítulo 5 | Provisão Matemática Previdenciária **135**

	(COM PROVISÃO AJUSTADA À NECESSIDADE)	
2.2.7.2.1.01.05	(–) Compensação Previdenciária do Plano Financeiro do RPPS	(850.000,00)
2.2.7.2.1.01.07	(–) Cobertura de Insuficiência Financeira	(50.000,00)
2.2.7.2.1.02.00	Plano Financeiro – Provisões de Benefícios a Conceder	0,00
2.2.7.2.1.02.01	Aposentadorias/Pensões/Outros Benefícios a Conceder do Plano Financeiro do RPPS	950.000,00
2.2.7.2.1.02.02	(–) Contribuições do Ente para o Plano Financeiro do RPPS	(450.000,00)
2.2.7.2.1.02.03	(–) Contribuições do Ativo para o Plano Financeiro do RPPS	(400.000,00)
2.2.7.2.1.02.04	(–) Compensação Previdenciária do Plano Financeiro do RPPS	(50.000,00)
2.2.7.2.1.02.06	(–) Cobertura de Insuficiência Financeira	(50.000,00)
2.2.7.2.1.03.00	Plano Previdenciário – Provisões de Benefícios Concedidos	0,00
2.2.7.2.1.03.01	Aposentadorias/Pensões/Outros Benefícios Concedidos do Plano Previdenciário do RPPS	0,00
2.2.7.2.1.03.02	(–) Contribuições do Ente para o Plano Previdenciário do RPPS	1.700.000,00
2.2.7.2.1.03.03	(–) Contribuições do Aposentado para o Plano Previdenciário do RPPS	(1.050.000,00)
2.2.7.2.1.03.04	(–) Contribuições do Pensionista para o Plano Previdenciário do RPPS	(350.000,00)
2.2.7.2.1.03.05	(–) Compensação Previdenciária do Plano Previdenciário do RPPS	(300.000,00)
2.2.7.2.1.04.00	Plano Previdenciário – Provisões de Benefícios a Conceder	(100.000,00)
2.2.7.2.1.04.01	Aposentadorias/Pensões/Outros Benefícios a Conceder do Plano Previdenciário do RPPS	4.900.000,00
2.2.7.2.1.04.02	(–) Contribuições do Ente para o Plano Previdenciário do RPPS	(2.550.000,00)
2.2.7.2.1.04.03	(–) Contribuições do Ativo para o Plano Previdenciário do RPPS	(1.900.000,00)
2.2.7.2.1.04.04	(–) Compensação Previdenciária do Plano Previdenciário do RPPS	(550.000,00)

Continua

(COM PROVISÃO AJUSTADA À NECESSIDADE)		
2.2.7.2.1.05.00	Plano Previdenciário – Plano de Amortização (redutora)	0,00
2.2.7.2.1.05.98	(–) Outros Créditos do Plano de Amortização	0,00
2.2.7.2.1.06.00	Provisões Atuariais para Ajustes do Plano Financeiro	0,00
2.2.7.2.1.06.01	Provisão Atuarial para Oscilação de Riscos	0,00
2.2.7.2.1.07.00	Provisões Atuariais para Ajustes do Plano Previdenciário	100.000,00
2.2.7.2.1.07.01	Ajuste de Resultado Atuarial Superavitário	100.000,00
2.2.7.2.1.07.02	Provisão Atuarial para Oscilação de Riscos	0,00
2.2.7.2.1.07.03	Provisão Atuarial para Benefícios a Regularizar	0,00
2.2.7.2.1.07.04	Provisão Atuarial para Contingências de Benefícios	0,00
2.2.7.2.1.07.98	Outras Provisões Atuariais para Ajustes do Plano	0,00

Saliente-se que, uma vez implementado o plano de custeio do RPPS, este somente poderá ser revisto no caso de a avaliação atuarial indicar superávit por, no mínimo, cinco exercícios consecutivos, além da exigência da consistência absoluta dos dados utilizados na avaliação e de outros critérios, e submissão prévia ao Ministério da Previdência Social.[7]

5.6 Resumo

1. A Provisão Matemática Previdenciária é representada pela diferença entre a totalidade das obrigações previdenciárias do Plano de Benefícios administrado pelo RPPS e as obrigações dos agentes responsáveis pelo custeio, no caso, o ente federativo e os segurados.

2. A Provisão Matemática Previdenciária sempre será constituída enquanto forem mantidas ou houver adesões aos RPPS. Em razão de sua natureza, as provisões matemáticas previdenciárias serão classificadas contabilmente no grupo de conta do Passivo Não Circulante.

3. A avaliação atuarial é o estudo técnico desenvolvido com base nas características biométricas, demográficas e econômicas da população analisada, além da legislação aplicada, cujo objetivo principal é medir, de forma suficiente e adequada, os recursos necessários à garantia dos pagamentos dos benefícios previstos pelo plano de benefícios.

---

[7] Art. 25 da Portaria MPS nº 403/2008.

4. Para fins de emissão do Certificado de Regularidade Previdenciária (CRP), a obrigatoriedade do registro contábil da avaliação atuarial se deu a partir do exercício financeiro de 2007, com aplicação facultativa entre os exercícios de 2004 e 2006, devendo, no entanto, as Avaliações Atuariais anteriormente elaboradas ficar à disposição dos órgãos de fiscalização.

5. A segregação da massa, medida facultativa a cada ente federativo, é uma técnica que consiste na separação dos segurados em grupos distintos, de modo a permitir o equacionamento do déficit atuarial já observado: Plano Financeiro e Plano Previdenciário.

6. A implementação da segregação da massa como possível solução para equacionamento de déficit atuarial sempre requer aprofundados estudos acerca da capacidade econômico-financeira do ente federativo, inclusive no médio e longo prazos, bem como as suas implicações nos limites estabelecidos pela LRF, especialmente o limite de gastos com pessoal e de endividamento.

7. O Plano Financeiro é o sistema no qual as contribuições a serem pagas pelo ente federativo, pelos servidores ativos, aposentados e pelos pensionistas vinculados são fixadas sem objetivo de acumulação de recursos, sendo as insuficiências aportadas pelo ente federativo, admitida a constituição de fundo financeiro.

8. O Plano Previdenciário, por sua vez, é o sistema estruturado com a finalidade de acumulação de recursos para pagamento dos compromissos definidos no plano de benefícios, sendo o seu plano de custeio calculado atuarialmente segundo os conceitos dos regimes de financiamento (Capitalização, Repartição de Capitais de Cobertura e Repartição Simples).

9. A constituição e a atualização da Provisão Matemática Previdenciária deverão ser feitas considerando o valor líquido do plano, que é apurado contrapondo as projeções dos benefícios a serem pagos e as contribuições previdenciárias e aportes a serem recebidos pelo RPPS, relativamente a toda a massa de segurados e beneficiários sob sua responsabilidade.

10. Segundo o disposto na legislação previdenciária, no caso de a avaliação indicar déficit atuarial, deverá ser apresentado plano de amortização para o seu equacionamento, a ser implementado por lei de iniciativa do ente federativo, que deverá estabelecer o prazo máximo de 35 anos para que sejam acumulados os recursos necessários para cobertura desse déficit atuarial.

5.7 Temas para discussão, pesquisa e desenvolvimento

1. Considere os dados abaixo e faça o registro da avaliação atuarial dos anos 1 e 2.

Código	Título	Ano 1	Ano 2
	ATIVOS GARANTIDORES – ATIVO DO PLANO	1.850.000,00	2.050.000,00
2.2.7.2.0.00.00	Provisões Matemáticas Previdenciárias a Longo Prazo	3.520.000,00	3.440.000,00
2.2.7.2.1.00.00	Provisões Matemáticas Previdenciárias a Longo Prazo – Consolidação	3.520.000,00	3.440.000,00
2.2.7.2.1.01.00	Plano Financeiro – Provisões de Benefícios Concedidos	220.000,00	50.000,00
2.2.7.2.1.01.01	Aposentadorias/Pensões/Outros Benefícios Concedidos do Plano Financeiro do RPPS	2.830.000,00	2.930.000,00
2.2.7.2.1.01.02	(–) Contribuições do Ente para o Plano Financeiro do RPPS	(1.540.000,00)	(1.540.000,00)
2.2.7.2.1.01.03	(–) Contribuições do Aposentado para o Plano Financeiro do RPPS	(230.000,00)	(230.000,00)
2.2.7.2.1.01.04	(–) Contribuição do Pensionista para o Plano Financeiro do RPPS	(120.000,00)	(120.000,00)
2.2.7.2.1.01.05	(–) Compensação Previdenciária do Plano Financeiro do RPPS	(810.000,00)	(810.000,00)
2.2.7.2.1.01.07	(–) Cobertura de Insuficiência Financeira	(130.000,00)	(180.000,00)
2.2.7.2.1.02.00	Plano Financeiro – Provisões de Benefícios a Conceder	380.000,00	460.000,00
2.2.7.2.1.02.01	Aposentadorias/Pensões/Outros Benefícios a Conceder do Plano Financeiro do RPPS	2.620.000,00	2.700.000,00
2.2.7.2.1.02.02	(–) Contribuições do Ente para o Plano Financeiro do RPPS	(915.000,00)	(915.000,00)
2.2.7.2.1.02.03	(–) Contribuições do Ativo para o Plano Financeiro do RPPS	(820.000,00)	(820.000,00)
2.2.7.2.1.02.04	(–) Compensação Previdenciária do Plano Financeiro do RPPS	(245.000,00)	(245.000,00)

Continua

Código	Título	Ano 1	Ano 2
2.2.7.2.1.02.06	(−) Cobertura de Insuficiência Financeira	(260.000,00)	(260.000,00)
2.2.7.2.1.03.00	Plano Previdenciário − Provisões de Benefícios Concedidos	1.670.000,00	1.730.000,00
2.2.7.2.1.03.01	Aposentadorias/Pensões/Outros Benefícios Concedidos do Plano Previdenciário do RPPS	4.370.000,00	4.520.000,00
2.2.7.2.1.03.02	(−) Contribuições do Ente para o Plano Previdenciário do RPPS	(1.290.000,00)	(1.350.000,00)
2.2.7.2.1.03.03	(−) Contribuições do Aposentado para o Plano Previdenciário do RPPS	(1.110.000,00)	(1.140.000,00)
2.2.7.2.1.03.04	(−) Contribuições do Pensionista para o Plano Previdenciário do RPPS	(130.000,00)	(130.000,00)
2.2.7.2.1.03.05	(−) Compensação Previdenciária do Plano Previdenciário do RPPS	(170.000,00)	(170.000,00)
2.2.7.2.1.04.00	Plano Previdenciário − Provisões de Benefícios a Conceder	1.250.000,00	1.250.000,00
2.2.7.2.1.04.01	Aposentadorias/Pensões/Outros Benefícios a Conceder do Plano Previdenciário do RPPS	4.150.000,00	4.150.000,00
2.2.7.2.1.04.02	(−) Contribuições do Ente para o Plano Previdenciário do RPPS	(1.440.000,00)	(1.440.000,00)
2.2.7.2.1.04.03	(−) Contribuições do Ativo para o Plano Previdenciário do RPPS	(1.410.000,00)	(1.410.000,00)
2.2.7.2.1.04.04	(−) Compensação Previdenciária do Plano Previdenciário do RPPS	(50.000,00)	(50.000,00)
2.2.7.2.1.05.00	Plano Previdenciário − Plano de Amortização (redutora)	0,00	(50.000,00)
2.2.7.2.1.05.98	(−) Outros Créditos do Plano de Amortização	0,00	(50.000,00)
2.2.7.2.1.06.00	Provisões Atuariais para Ajustes do Plano Financeiro	0,00	0,00
2.2.7.2.1.06.01	Provisão Atuarial para Oscilação de Riscos	0,00	0,00
2.2.7.2.1.07.00	Provisões Atuariais para Ajustes do Plano Previdenciário	0,00	0,00

Continua

Código	Título	Ano 1	Ano 2
2.2.7.2.1.07.01	Ajuste de Resultado Atuarial Superavitário	0,00	0,00
2.2.7.2.1.07.02	Provisão Atuarial para Oscilação de Riscos	0,00	0,00
2.2.7.2.1.07.03	Provisão Atuarial para Benefícios a Regularizar	0,00	0,00
2.2.7.2.1.07.04	Provisão Atuarial para Contingências de Benefícios	0,00	0,00
2.2.7.2.1.07.98	Outras Provisões Atuariais para Ajustes do Plano	0,00	0,00
DÉFICIT ATUARIAL		(1.670.000,00)	(1.390.000,00)

2. Idealize formas de equacionamento de déficit atuarial diferentes da tradicional alíquota suplementar. Faça os lançamentos contábeis correspondentes.

Tratamento Contábil da Carteira de Investimentos dos RPPS

6

OBJETIVOS

Proporcionar ao leitor os seguintes conhecimentos:
- A gestão de ativos em previdência
- A Política de Investimentos dos recursos previdenciários
- Peculiaridades da carteira de investimentos dos RPPS
- Aplicações e investimentos realizados pelos RPPS
- Atualização da carteira de investimentos dos RPPS
- Resgate da carteira de aplicações e investimentos
- *Asset Liability Management* (ALM) ou Gestão de Ativos e Passivos
- Os RPPS como investidores qualificados e profissionais e a *"suitability"*

6.1 A gestão de Ativos em previdência

A gestão dos Ativos com a finalidade previdenciária se traduz em elemento de fundamental importância para alcançar o resultado necessário à sustentabilidade dos RPPS; contudo, ainda se trata de tema não explorado na profundidade necessária no âmbito da gestão da previdência do setor público brasileiro.

O fato é que as principais decisões sobre o tema ainda se encontram sob forte e até determinante influência dos segmentos do mercado financeiro e de capitais em detrimento dos gestores dos regimes previdenciários, favorecendo a carência da definição de políticas de investimentos compatíveis com o perfil do ofertador dos recursos ao mercado – no caso, os RPPS –, que devem buscar, entre outros fatores, respeitados os limites e parâmetros da legislação vigente, mecanismos de proteção e preservação do fundo previdenciário, alinhados às mais adequadas possibilidades de segurança e rentabilização, além da necessidade de promover o máximo de transparência na gestão desses recursos.

Dependendo da composição da carteira de aplicações e investimentos dos recursos sob a gestão do RPPS, esta, em tese, pode evidenciar um perfil agressivo, moderado ou conservador. Mesmo considerando que as normas aplicáves são sempre contundentes a permitir o acesso somente a segmentos classificados como de baixo risco de crédito, a gestão da carteira requer a preocupação permanente quanto a esse e aos demais riscos a que estão submetidos os recursos, alinhados com as melhores possibilidades de rentabilização, para definir a alocação nos diversos tipos de fundos de investimentos e papéis existentes no mercado que estejam permitidos aos recursos previdenciários.

A Política de Investimentos definida pelas estruturas de gestão da carteira é o instrumento básico de orientação à atividade do responsável pela operacionalização das aplicações e investimentos, devendo trazer a transparência exigida para a gestão dos Ativos sob a responsabilidade do RPPS, permitindo seu monitoramento pelos interessados em geral, pelos segurados e beneficiários e pelos órgãos responsáveis pela sua supervisão.

Ao tratar da aplicação e investimentos dos recursos previdenciários, a legislação aplicada[1] admite as seguintes formas de gestão:

---

[1] Resolução CMN nº 3.922/2010.

i. *Gestão própria*: quando as aplicações são realizadas diretamente pelo órgão ou entidade gestora de cada regime previdenciário, ou seja, nos casos em que todas as alocações são feitas diretamente pelo responsável formalmente designado para tais atribuições, sempre à luz da Política de Investimentos, devidamente definida ou aprovada pelas instâncias específicas de cada regime previdenciário. É de bom alvitre salientar que, diretamente, o responsável designado para a gestão dos recursos responde funcional e pessoalmente perante os órgãos de controle interno e externo, bem como civil e criminalmente por todas as ocorrências derivadas das aplicações e investimentos dos recursos previdenciários.

ii. *Gestão por entidade credenciada e autorizada*: quando as aplicações são realizadas por intermédio de instituição financeira ou de outra instituição autorizada e devidamente credenciada nos termos da legislação em vigor para o exercício profissional de administração de carteiras. Nesse caso, para a gestão dos recursos, a Unidade Gestora de RPPS transfere, mediante contrato, a uma ou mais instituições credenciadas pelos órgãos competentes para a administração de carteiras de terceiros, a gestão dos recursos previdenciários sob sua responsabilidade. É importante ressaltar que mesmo nessa forma de gestão as aplicações e os investimentos continuam submetidos à Política de Investimentos do regime previdenciário, elaborada segundo o ritual exigido, bem como não dispensa a designação formal do responsável pela gestão dos recursos, continuando este, diretamente, com as responsabilidades perante o RPPS, os órgãos de controle e outros. As normas emanadas do órgão regulamentador e fiscalizador,[2] no caso o MPS, estabelecem os critérios técnicos para o credenciamento de entidades credenciadas e autorizadas para essa finalidade, conforme será adiante enfatizado; portanto, a terceirização da gestão não isenta o gestor das responsabilidades funcionais, administrativas e jurídicas.

iii. *Gestão mista*: nesta forma de gestão, as aplicações são realizadas parte por gestão própria e parte por gestão por entidade autorizada e credenciada, observando as mesmas exigências nas entidades credenciadas e autorizadas, apresentadas no item (ii).

---

[2] Portaria MPS nº 519/2011.

O responsável pela gestão dos recursos previdenciários[3] deverá ser pessoa física vinculada ao ente federativo ou à Unidade Gestora do respectivo RPPS como servidor titular de cargo efetivo ou de livre nomeação e exoneração, devendo apresentar-se formalmente designado para a função por ato da autoridade competente, não sendo possível que uma mesma pessoa seja responsável pelas aplicações e investimentos dos recursos previdenciários em mais de um RPPS, não se admitindo, portanto, a designação de pessoa jurídica.

Exige ainda a legislação que o responsável direto pela gestão dos recursos deve ser portador de certificado emitido por entidade autônoma de reconhecida capacidade técnica e difusão no mercado de capitais, segundo conteúdo mínimo definido por norma do MPS, bem como a maioria dos membros do Comitê de Investimentos.

Como se percebe, a legislação previdenciária se apresenta de forma contundente quanto aos atos relativos à gestão dos recursos previdenciários, o que impõe aos dirigentes e gestores uma série de procedimentos formais. Essas exigências, por outro lado, oportunizam uma gestão calcada em princípios de governança e segurança, exigindo ainda a observância de criteriosos rituais e obrigações, tais como:

a) Elaboração da política anual de investimentos e aplicações dos recursos previdenciários, que deve ser aprovada por instância superior à responsável pela sua confecção e enviada ao órgão normatizador e fiscalizador por meio de demonstrativo específico.

b) Estruturação e manutenção de Comitê de Investimentos, definido segundo norma do ente federativo, que tem a obrigação de participar do processo decisório quanto à formulação e execução da Política de Investimentos.

c) Elaboração de relatórios detalhados, pelo menos a cada trimestre, sobre a rentabilidade, os riscos das diversas modalidades de operações realizadas nas aplicações dos recursos, bem como a aderência à política anual de investimentos, sempre tomando o cuidado de submetê-los às instâncias superiores de deliberação e controle.

d) Verificação de que qualquer entidade que mantiver relação de prestação de serviços ou consultoria ao RPPS nas operações de aplicação dos recur-

---

[3] § 4º, art. 3º, Portaria MPS nº 519/2011.

sos sob sua gestão tenha histórico de desempenho positivo na sua área de atuação, exigência diretamente relacionada com a questão da ética.

e) Definição em documento específico das regras para o pagamento de taxa de desempenho na aplicação dos recursos previdenciários em cotas de fundos de investimento ou por meio de carteiras administradas.

f) Promoção da transparência das aplicações dos recursos mediante a disponibilização aos seus segurados, pensionistas, aos órgãos de fiscalização e controle e ao público em geral das informações contidas na política anual de investimentos. A norma exige que seja feita no prazo de trinta dias contados da data de sua aprovação e das eventuais revisões.

Quando se tratar da gestão por entidade autorizada e credenciada, além dos já citados, os seguintes rituais também devem ser observados:

i. Realização de processo seletivo tendo como critérios mínimos a solidez patrimonial da entidade, a sua compatibilidade com o volume de recursos e a experiência positiva no exercício da atividade de administração de recursos de terceiros, ou seja, que não tenha envolvimento direto ou indireto em qualquer ação que possa ser ou transparecer desabonadora de conduta ética, moral e de honestidade, requerendo, ainda, que o processo seja submetido à instância superior de deliberação, como forma de segregar e compartilhar as responsabilidades. Considerando que na essência se trata de um contrato para prestação de serviços especializados, faz-se necessário observar a legislação específica que rege os mecanismos de contratação pelos órgãos e entidades públicas.

ii. Exigência, em contrato, de que a contratada forneça periodicamente relatórios detalhados contendo informações sobre a rentabilidade e os riscos das aplicações.

iii. Realização, pela entidade contratada, de avaliação do desempenho das aplicações no mínimo semestralmente e, no caso da constatação de desempenho insatisfatório, adotar, de imediato, as medidas saneadoras requeridas.

No caso de gestão própria, há de se assegurar que as instituições selecionadas para receber as aplicações tenham sido objeto de prévio cadastramento. Esse cadastramento adquire uma relevante importância nesse processo, tendo em vista ser a oportunidade que os gestores têm para conhecer previamente as instituições, sua estrutura, seus agentes em geral, seu histórico de atuação, sua regularidade fiscal perante os órgãos de registro, fiscalização e controle, por exemplo, a CVM, o Bacen e outros, incluindo os seus membros.

Tanto os gestores do RPPS quanto a contratada têm a obrigação de zelar pela promoção de elevados padrões éticos na condução das operações relativas às aplicações dos recursos previdenciários, buscando sempre primar pela eficiência dos procedimentos técnicos, operacionais e de controle das aplicações.

Embora pareça subjetiva a exigência de *"zelar pela promoção de elevados padrões éticos"*, traduz-se num ponto da mais alta relevância na gestão dos recursos previdenciários, sobretudo porque requer que os gestores adotem procedimentos que possam ser traduzidos na "certeza" prévia de que se está tomando a melhor decisão de aplicação dos recursos em segmentos seguros e por meio de entidades, dirigentes e gestores de entidades confiáveis pelo seu grau de idoneidade, atributos constatados fundamentalmente pela análise do histórico de atuação de cada um.

6.2 A Política de Investimentos dos recursos previdenciários

Conforme dito anteriormente, a legislação previdenciária[4] determina que as Unidades Gestoras de RPPS da União, dos Estados, do Distrito Federal e dos Municípios elaborem a Política Anual de Investimentos e aplicações dos recursos previdenciários sob sua gestão como forma de deixar transparentes os objetivos dessas aplicações e investimentos, bem como a compatibilidade com a necessidade de liquidez dos Ativos, de modo a garantir a solvência do Plano de Benefícios.

Nesse sentido, a Política Anual de Investimentos do RPPS deve contemplar o modelo de gestão a ser adotado, as regras para a contratação de pessoas físicas e jurídicas para o exercício de atividades relacionadas à matéria, a estratégia e os limites de coobrigação e alocação dos recursos entre os diversos segmentos e títulos admitidos, buscando a maior compatibilidade possível com o perfil das obrigações no imediato, curto, médio e longo prazos, de modo a garantir a solvência do regime, preservando o seu equilíbrio financeiro e atuarial.

---

[4] Resolução CMN nº 3.922/2010 e Portaria MPS nº 519/2011.

O MPS, na qualidade de órgão regulador e fiscalizador da gestão dos RPPS, estipulou a obrigatoriedade de os entes federativos instituidores desse regime de previdência, como forma de demonstrar a confecção da Política de Investimentos, enviarem o Demonstrativo da Política de Investimentos (DPIN),[5] sendo a exigência um critério para emissão do Certificado de Regularidade Previdenciária (CRP).

O DPIN deve ser remetido por intermédio do CADPREV – Sistema de Informações dos Regimes Públicos de Previdência Social – Web – até 31 de dezembro de cada exercício em relação ao exercício seguinte. Além dos dados identificadores do ente federativo, da Unidade Gestora do RPPS, dos diversos responsáveis e outros, o DPIN requer que sejam prestadas as seguintes informações:

a) A meta de rentabilidade esperada (taxa de retorno) definida na Política de Investimentos, que deve ser o referencial para a definição da meta atuarial a ser considerada na Avaliação Atuarial.

b) Os limites de alocação dos recursos entre os segmentos e carteiras que devem estar de acordo com a estratégia adotada e descrita no relatório da Política de Investimentos, aprovada pelo órgão ou instância superior competente informada no documento, inclusive para os ativos em enquadramento.

c) O cenário macroeconômico e a análise setorial para os investimentos e as aplicações, procurando destacar o entendimento dos gestores do RPPS, à luz dos diversos dados disponibilizados pelos segmentos e analistas do mercado, evidenciando cenários e buscando adequar a realidade do regime previdenciário aos cenários percebidos, de modo a ficarem sustentadas as razões das decisões tomadas. Trata-se de um item de extrema relevância, inclusive quanto à proteção dos gestores, pois, se bem fundamentados os cenários, em caso de insucesso das aplicações, significam importantes instrumentos de proteção individual do gestor.

d) Os objetivos da gestão, destacando o modelo adotado (se própria, por entidade credenciada e autorizada ou mista), os riscos e tolerâncias para cada segmento de aplicação, os custos administrativos decorrentes, entre outros. Um detalhado e fundamentado estudo de riscos das aplicações constitui o principal instrumento para o registro de eventuais ajustes de potencial de perda.

---

[5] Portaria MPS nº 204/2008.

e) A estratégia de formação de preços nos investimentos e desinvestimentos, deixando claros os critérios e as metodologias adotadas nas análises que venham a orientar as decisões de aquisição ou venda de Ativos. No caso de gestão por entidade credenciada e autorizada, a informação deverá contemplar a forma de acompanhamento dos gestores contratados e a evolução das aplicações.

f) Os critérios de eventuais contratações para administração de carteiras e consultorias, destacando os parâmetros utilizados para a escolha e contratação da entidade e/ou pessoas físicas autorizadas e credenciadas para o exercício profisssional na área, enfatizando, primordialmente, aqueles exigidos pela legislação específica aplicada.

g) A disposição sobre os testes comparativos e de avaliação para acompanhamento dos resultados dos gestores, a diversificação da gestão externa e os diversos Ativos, explicitando a forma de avaliação de desempenho desses gestores externos, a periodicidade da avaliação etc.

h) A entidade certificadora do responsável pela gestão dos recursos a cargo da Unidade Gestora de RPPS e a validade da certificação.

6.3 Peculiaridades da carteira de investimentos dos RPPS

Os recursos da carteira de investimentos sob a responsabilidade da Unidade Gestora de RPPS têm como destinação garantir o pagamento do conjunto das obrigações assumidas pelo regime de previdência segundo o plano de benefícios definido em lei, sendo, sempre que necessário, resgatados e disponibilizados para as atividades previdenciárias (pagamento de benefícios) ou pagamento das despesas administrativas.

Essa característica confere a esses recursos o papel de Ativo Financeiro,[6] inclusive para os investimentos em títulos públicos, habitualmente tratados na administração pública como inversões financeiras. A legislação classifica os segmentos em que a Unidade Gestora de RPPS pode aplicar os recursos financeiros previdenciários sob sua gestão em renda fixa e em renda variável.

---

[6] Também conhecidos como "ativos de papel", primordialmente negociados em mercados financeiros, como ações, contratos futuros, contratos a termo, entre outros.

Uma terceira possibilidade é a integralização de cotas de fundos de investimentos imobiliários, exclusivamente, com imóveis vinculados a finalidade previdenciária, por lei do ente federativo.

A propósito, segundo a legislação, são recursos previdenciários, inclusive para o Conselho Monetário Nacional, as disponibilidades oriundas das receitas correntes e de capital, os demais ingressos financeiros auferidos pelo RPPS, as aplicações financeiras, os títulos e valores mobiliários, os Ativos vinculados por lei ao RPPS e demais bens, direitos e Ativos com finalidade previdenciária; enfim, são todos os recursos que representem fontes para o pagamento das obrigações previdenciárias de responsabilidade do RPPS.

- *Ativos de renda fixa*: caracterizam-se por possuírem regras previamente definidas de remuneração. São aplicações em segmentos que pagam remunerações determinadas no momento da aplicação (prefixado) ou no momento do resgate (pós-fixado), encontrando-se disciplinados nesse conceito por Resolução do CMN, bem como as modalidades e os limites de aplicação. Um exemplo clássico desse tipo de Ativo são os títulos de emissão do Tesouro Nacional.

- *Ativos de renda variável*: nesse tipo de investimento, os Ativos têm variação indefinida e geralmente determinada pela diferença entre o preço de venda e o preço de compra do título, sendo também disciplinados por Resolução do CMN as modalidades e os limites de aplicação. São exemplos os fundos de investimentos em participações, fundos de investimentos imobiliários, fundos de investimentos multimercado etc.

- *Imóveis*: segundo o CMN, as alocações no segmento de imóveis serão efetuadas exclusivamente com os terrenos ou outros imóveis vinculados por lei à finalidade previdenciária sob a gestão do RPPS, mediante a integralização de cotas de fundos de investimentos imobiliários. Importante não confundir esses fundos com aqueles previstos no segmento de renda variável, inclusive quanto ao limite de aplicação. Enquanto para os classificados no segmento de renda variável há exigência de limite, para os classificados no segmento de imóveis não há limites.

Em conformidade com diretrizes previstas em normas específicas do CMN, os investimentos dos RPPS devem observar princípios que promovam segurança, solvência, liquidez, rentabilidade e transparência, não afastando outros princípios intimamente relacionados, por exemplo, o de proteção e prudência financeira, salientando que é vedada a concessão de empréstimos de qualquer natureza aos segurados e beneficiários do regime, bem como a qualquer ente público.[7]

Estipula ainda o CMN que os recursos previdenciários representados por disponibilidades financeiras devem ser depositados em contas próprias, em instituições financeiras bancárias devidamente autorizadas a funcionar no País pelo Banco Central do Brasil, e devem ser controlados e contabilizados de forma segregada dos demais recursos do ente federativo.

No mesmo sentido reza a Lei de Responsabilidade Fiscal[8] quando determina que:

> *as disponibilidades de caixa dos regimes de previdência social, geral e próprio dos servidores públicos, ainda que vinculadas a fundos específicos a que se referem os arts. 249 e 250 da Constituição, ficarão depositadas em conta separada das demais disponibilidades de cada ente e aplicadas nas condições de mercado, com observância dos limites e condições de proteção e prudência financeira.*

Em decorrência de situações alheias às ações dos gestores do RPPS, podem as aplicações e os investimentos dos recursos previdenciários se apresentarem em desacordo com as normas vigentes, por exemplo, por alteração das próprias normas, em razão do chamado desenquadramento passivo, isto é, o desenquadramento dos limites ocorridos por motivo alheio à ação do investidor e sobre o qual ele não tenha gerência direta. A legislação, nesses casos, veda a realização de novas aplicações do mesmo tipo.[9]

Nessas ocorrências, há situações em que a legislação ampara a permanência da aplicação até o vencimento ou por um período determinado sem que se constitua em irregularidade. Os denominados "Ativos em Enquadramento" devem ser registrados na contabilidade em conta específica e destacada no Plano de Contas para os RPPS, objetivando a promoção de maior transparência.

---

[7] Art. 43, inciso II, da LFR (LC nº 101/2000).
[8] Art. 43, § 1º, da LRF.
[9] Arts. 21 e 22 da Resolução CMN nº 3.922/2010 e alterações introduzidas pela Resolução CMN nº 4.392/2014.

Ressalte-se que os RPPS podem receber outros Ativos como forma de promoção do equilíbrio financeiro e atuarial do regime, como, por exemplo, recebíveis de *royalties*, ações e outros títulos. Os registros contábeis desses Ativos devem ser feitos à conta de "Aplicações em Ativos Não Sujeitos ao Enquadramento". Nesse aspecto, é relevante observar as possibilidades de monetização de Ativos mediante a antecipação de fluxos de recebíveis previstos no art. 5º da Resolução nº 43/2001 do Senado Federal, considerando as alterações posteriores.

Uma questão a ser considerada é que a especificidade da carteira de investimentos dos RPPS é particularmente importante diante dos novos procedimentos contábeis definidos no *Manual de Contabilidade* editado pela STN, principalmente com relação à classificação orçamentária por *fonte/destinações de recursos*, que tem como objetivo identificar as fontes de financiamento dos gastos públicos.

À luz da legislação de caráter normativo geral,[10] em nosso entendimento, os recursos previdenciários têm fonte única, pois possuem destinação exclusiva definida em lei do ente federativo que tenha instituído o RPPS como previdência dos seus servidores, que é o pagamento de benefícios previdenciários e despesas administrativas.

A STN, na qualidade de órgão normatizador e orientador sobre a contabilidade pública nacional, vem firmando o entendimento de que os "ganhos" ou variações/rendimentos positivos da carteira dos RPPS devem ser reconhecidos como receita orçamentária quando da Marcação a Mercado (MaM).

Na ocorrência de "perdas" ou variações/rendimentos negativos, por outro lado, a STN e alguns Tribunais de Contas têm dispensado o entendimento de que devem ser consideradas dedução da receita orçamentária do exercício até o limite da receita realizada.

Contudo, o fato é que as variações positivas ou negativas representam a essência da "Marcação a Mercado (MaM)", exigida pelo art. 16, inciso III, da Portaria MPS nº 402/2010, que consiste em estabelecer o preço atual de uma operação, e não o ingresso efetivo de recursos, que só se dará no momento do resgate da aplicação.

No PCASP RPPS, que observa a estrutura do PCASP Estendido, estão relacionadas as seguintes contas para o necessário registro da carteira de investimentos dos recursos sob a gestão RPPS, bem como a Marcação a Mercado dos Ativos com finalidade previdenciária. Na coluna "Função" do PCASP Estendido encontram-se pormenorizadas as descrições dos eventos a serem registrados em cada conta.

---

[10] Lei nº 9.717/1998, art. 1º, inciso III. LRF, art. 8º, parágrafo único. Lei nº 4.320/1964, art. 71.

CONTAS PATRIMONIAIS	
1.0.0.0.0.00.00	ATIVO
1.1.0.0.0.00.00	ATIVO CIRCULANTE
1.1.1.0.0.00.00	CAIXA E EQUIVALENTES DE CAIXA
1.1.1.1.0.00.00	CAIXA E EQUIVALENTES DE CAIXA EM MOEDA NACIONAL
1.1.1.1.1.00.00	Caixa e Equivalentes de Caixa em Moeda Nacional – Consolidação
1.1.1.1.1.06.00	Conta Única – RPPS
1.1.1.1.1.06.01	Bancos Conta Movimento – RPPS
1.1.1.1.1.06.02	Bancos Conta Movimento – Plano Financeiro
1.1.1.1.1.06.03	Bancos Conta Movimento – Plano Previdenciário
1.1.1.1.1.06.04	Bancos Conta Movimento – Taxa de Administração
1.1.4.0.0.00.00	INVESTIMENTOS E APLICAÇÕES TEMPORÁRIAS A CURTO PRAZO
1.1.4.1.0.00.00	TÍTULOS E VALORES MOBILIÁRIOS
1.1.4.1.1.00.00	Títulos e Valores Mobiliários – Consolidação
1.1.4.1.1.09.00	Aplicações em Segmento de Renda Fixa – RPPS
1.1.4.1.1.09.01	Títulos de Responsabilidade do Tesouro
1.1.4.1.1.09.02	Títulos de Responsabilidade do Banco Central
1.1.4.1.1.09.03	Depósitos de Poupança
1.1.4.1.1.09.04	Fundos de Investimentos em Renda Fixa ou Referenciados
1.1.4.1.1.09.05	Fundos de Investimentos em Renda Fixa – Crédito Privado
1.1.4.1.1.09.06	Fundos de Investimentos em Renda Fixa ou Referenciados – IMA/IDKA
1.1.4.1.1.09.07	Fundos de Investimentos em Direitos Creditórios
1.1.4.1.1.09.08	Fundos de Investimentos em Títulos do Tesouro
1.1.4.1.1.09.09	Operações Compromissadas
1.1.4.1.1.09.10	Letras Imobiliárias Garantidas
1.1.4.1.1.10.00	Aplicações em Segmento de Renda Variável – RPPS
1.1.4.1.1.10.01	Fundos de Ações Referenciados
1.1.4.1.1.10.02	Fundos de Investimentos em Ações
1.1.4.1.1.10.03	Fundo Multimercado
1.1.4.1.1.10.04	Fundos de Índices Referenciados em Ações
1.1.4.1.1.10.05	Fundos de Investimentos em Participações
1.1.4.1.1.10.06	Fundos de Investimentos Imobiliários

Continua

\multicolumn{2}{c	}{CONTAS PATRIMONIAIS}
1.1.4.1.1.11.00	Aplicações em Segmento Imobiliário – RPPS
1.1.4.1.1.11.01	Fundos de Investimentos Imobiliários
1.1.4.1.1.12.00	Aplicações em Enquadramento – RPPS
1.1.4.1.1.12.01	Títulos e Valores em Enquadramento
1.1.4.1.1.13.00	Títulos e Valores Não Sujeitos ao Enquadramento – RPPS
1.1.4.1.1.13.01	Títulos e Valores Não Sujeitos ao Enquadramento
1.1.4.1.1.14.00	Aplicações com a Taxa de Administração do RPPS
1.1.4.1.1.14.01	Aplicações com a Taxa de Administração do RPPS
1.1.4.1.1.15.00	Fundos de Aplicações em Contas – Renda Variável
1.1.4.1.1.99.00	Outros Títulos e Valores Mobiliários
1.1.4.9.0.00.00	(–) AJUSTES DE PERDAS DE INVESTIMENTOS E APLICAÇÕES TEMPORÁRIAS
1.1.4.9.1.00.00	(–) Ajustes de Perdas de Investimentos e Aplicações Temporárias – Consolidação
1.1.4.9.1.01.00	(–) Ajustes de Perdas Estimadas com Títulos e Valores Mobiliários
1.2.0.0.0.00.00	ATIVO NÃO CIRCULANTE
1.2.2.0.0.00.00	INVESTIMENTOS
1.2.2.3.0.00.00	INVESTIMENTOS DO RPPS DE LONGO PRAZO
1.2.2.3.1.00.00	INVESTIMENTOS DO RPPS DE LONGO PRAZO – CONSOLIDAÇÃO
1.2.2.3.1.01.00	Títulos e Valores Mobiliários – RPPS
1.2.2.3.1.01.01	Aplicações em Ativos em Enquadramento – Títulos e Valores
1.2.2.3.1.01.02	Aplicações em Ativos Não Sujeitos à Resolução do CMN – Títulos e Valores
1.2.2.3.1.02.00	Aplicações em Segmento de Imóveis – RPPS
1.2.2.3.1.02.01	Imóveis – RPPS
1.2.2.9.0.00.00	(–) REDUÇÃO AO VALOR RECUPERÁVEL DE INVESTIMENTOS
1.2.2.9.1.00.00	(–) REDUÇÃO AO VALOR RECUPERÁVEL DE INVESTIMENTOS – CONSOLIDAÇÃO
1.2.2.9.1.03.00	(–) Redução ao Valor Recuperável de Investimentos do RPPS
\multicolumn{2}{c	}{CONTAS DE RESULTADO}
3.0.0.0.0.00.00	VARIAÇÃO PATRIMONIAL DIMINUTIVA
3.4.0.0.0.00.00	VARIAÇÕES PATRIMONIAIS DIMINUTIVAS FINANCEIRAS

Continua

CONTAS DE RESULTADO	
3.4.9.0.0.00.00	OUTRAS VARIAÇÕES PATRIMONIAIS DIMINUTIVAS – FINANCEIRAS
3.4.9.9.0.00.00	OUTRAS VARIAÇÕES PATRIMONIAIS DIMINUTIVAS – FINANCEIRAS
3.4.9.9.1.00.00	Outras Variações Patrimoniais Diminutivas Financeiras – Consolidação
3.6.0.0.0.00.00	DESVALORIZAÇÃO E PERDA DE ATIVOS E INCORPORAÇÃO DE PASSIVOS
3.6.1.0.0.00.00	REAVALIAÇÃO, REDUÇÃO A VALOR RECUPERÁVEL E AJUSTE PARA PERDAS
3.6.1.4.0.00.00	REDUÇÃO A VALOR RECUPERÁVEL DE INVESTIMENTOS
3.6.1.4.1.00.00	Redução a Valor Recuperável de Investimentos – Consolidação
3.6.1.4.1.03.00	(–) Redução a Valor Recuperável de Investimentos do RPPS
3.6.2.0.0.00.00	Perdas com Alienação
3.6.2.1.0.00.00	PERDAS COM ALIENAÇÃO DE INVESTIMENTOS
3.6.2.1.1.00.00	Perdas com Alienação de Investimentos – Consolidação
3.6.2.1.1.03.00	Perdas Estimadas com Alienação de Investimentos do RPPS
4.0.0.0.0.00.00	VARIAÇÃO PATRIMONIAL AUMENTATIVA
4.4.0.0.0.00.00	VARIAÇÕES PATRIMONIAIS AUMENTATIVAS FINANCEIRAS
4.4.5.0.0.00.00	REMUNERAÇÃO DE DEPÓSITOS BANCÁRIOS E APLICAÇÕES FINANCEIRAS
4.4.5.2.0.00.00	REMUNERAÇÃO DE APLICAÇÕES FINANCEIRAS
4.5.0.0.0.00.00	TRANSFERÊNCIAS E DELEGAÇÕES RECEBIDAS
4.5.1.0.0.00.00	TRANSFERÊNCIAS INTRAGOVERNAMENTAIS
4.5.1.2.0.00.00	TRANSFERÊNCIAS RECEBIDAS INDEPENDENTES DE EXECUÇÃO ORÇAMENTÁRIA
4.5.1.2.2.00.00	Transferências Recebidas Independentes de Execução Orçamentária – Intra OFSS
4.5.1.2.2.02.00	Transferências Não Financeiras Recebidas Independentes de Execução Orçamentária
4.5.1.2.2.02.01	Transferências Recebidas de Bens Imóveis
4.6.0.0.0.00.00	VALORIZAÇÃO E GANHOS COM ATIVOS E DESINCORPORAÇÃO DE PASSIVOS
4.6.2.0.0.00.00	GANHOS COM ALIENAÇÃO

Continua

CONTAS DE RESULTADO	
4.6.2.1.0.00.00	GANHOS COM ALIENAÇÃO DE INVESTIMENTOS
4.6.2.1.1.00.00	Ganhos com Alienação de Investimentos – Consolidação
4.6.2.1.1.03.00	Ganhos com Alienação de Investimentos do RPPS
4.6.5.0.0.00.00	REVERSÃO DE REDUÇÃO A VALOR RECUPERÁVEL
4.6.5.4.0.00.00	REVERSÃO DE REDUÇÃO A VALOR RECUPERÁVEL DE INVESTIMENTOS
4.6.5.4.1.00.00	Reversão de Redução a Valor Recuperável de Investimentos – Consolidação
4.6.5.4.1.03.00	REVERSÃO DE REDUÇÃO A VALOR RECUPERÁVEL DE INVESTIMENTOS DO RPPS
4.9.0.0.0.0.00.00	OUTRAS VARIAÇÕES PATRIMONIAIS AUMENTATIVAS
4.9.7.0.0.00.00	REVERSÃO DE PROVISÕES E AJUSTES DE PERDAS
4.9.7.2.0.00.00	REVERSÃO DE AJUSTES DE PERDAS
4.9.7.2.1.00.00	Reversão de Ajustes de Perdas – Consolidação
4.9.7.2.1.03.00	Reversão de Ajustes de Investimentos e Aplicações

6.4 Aplicações e investimentos realizados pelos RPPS

A compra de um título público pelo RPPS não requer autorização legislativa nem deve ser tratada como despesa pública, pois representa tão somente operação de aplicação de recursos com a finalidade de obter rentabilidade ou ganho mediante a remuneração do capital. O mesmo raciocínio é aplicado às aquisições de cotas de fundos de investimentos, efetuando-se apenas um débito na correspondente conta de Ativo representativa do segmento no qual o recurso está sendo aplicado e um crédito na conta de disponibilidade da Unidade Gestora, pela saída dos recursos financeiros.

Registro dos investimentos realizados pelo RPPS, em contas de natureza de informação patrimonial	D – 1.1.4.1.1.xx.xx – Títulos e Valores Mobiliários em Consolidação
	C – 1.1.1.1.1.06.01 – Bancos Conta Movimento – RPPS

Para esclarecer o tratamento contábil no momento da aplicação ou do investimento em Ativos financeiros pelos RPPS, considere os dados do exemplo a seguir.

Exemplo 1: investimentos e aplicações temporárias a curto prazo

Em R$

Investimentos em títulos públicos de emissão do Tesouro Nacional	80.000,00
Investimentos em fundos de investimentos imobiliários	30.000,00
Entrada de imóvel em dação em pagamento	120.000,00

Registro da aquisição de títulos públicos, em contas de natureza de informação patrimonial	D – 1.1.4.1.1.09.01 – Títulos de responsabilidade do tesouro	80.000,00
	C – 1.1.1.1.1.06.01 – Bancos Conta Movimento – RPPS	80.000,00

Registro da aquisição de cotas de fundos de investimentos imobiliários, em contas de natureza de informação patrimonial	D – 1.1.4.1.1.11.01 – Fundos de Investimentos Imobiliários	30.000,00
	C – 1.1.1.1.1.06.01 – Bancos Conta Movimento – RPPS	30.000,00

No caso de aportes de imóveis ou outros Ativos não financeiros com finalidade previdenciária para a promoção do equilíbrio financeiro e atuarial do RPPS, o registro se dará na forma de acréscimo patrimonial, também de natureza extraorçamentária, conforme exemplo 2.

Exemplo 2: imóvel recebido em dação em pagamento para amortização do déficit atuarial

Em R$

Entrada de imóvel em dação em pagamento de déficit atuarial	120.000,00

Registro de incorporação do imóvel recebido em dação em pagamento de déficit atuarial, em contas de natureza de informação patrimonial	D – 1.2.2.3.1.02.01 – Imóveis RPPS	120.000,00
	C – 4.5.1.2.2.02.01 – Transferências Recebidas de Bens Imóveis	120.000,00

6.5 Atualização da carteira de investimentos dos RPPS

A carteira de investimentos mantida pelos RPPS deverá refletir o respectivo valor de mercado, ou seja, o preço à vista praticado na data de referência. O Conselho Federal de Contabilidade recomenda que as avaliações feitas pelo valor de mercado devem ter como base a transação mais recente, a cotação em bolsa e outras evidências disponíveis e confiáveis.

Contudo, sobre a questão, conforme já explicitado anteriormente, a legislação previdenciária determina que os títulos públicos federais adquiridos diretamente pelo RPPS e as aplicações em fundos de investimentos deverão ser Marcados a Mercado, mensalmente, no mínimo, mediante a utilização de parâmetros reconhecidos pelo mercado financeiro, de forma a refletir seu real valor.

Para os títulos públicos, o principal parâmetro adotado e reconhecido pelo mercado é a tabela divulgada diariamente pela Associação Brasileira das Entidades dos Mercados Financeiro e de Capitais (ANBIMA), publicação que traz as taxas máximas, mínimas e indicativas apuradas pela entidade para o mercado secundário de títulos públicos.

A ANBIMA disponibiliza as taxas, os preços unitários e os intervalos indicativos para os títulos públicos federais prefixados, atrelados à variação da Taxa Selic e de índices de preços. Essas informações estão disponíveis de forma aberta com os dados relativos às operações dos últimos cinco dias no seu endereço na rede mundial de computadores. O acesso aos dados históricos requer que a entidade esteja filiada à associação.

Importante frisar que os RPPS somente podem acessar os títulos públicos registrados no Sistema Especial de Liquidação e Custódia (Selic), disponíveis no mercado secundário, com aquisição realizada via plataformas eletrônicas administradas por sistemas autorizados a funcionar pelo Banco Central do Brasil (Bacen) ou pela Comissão de Valores Mobiliários (CVM), ou por ofertas públicas do Tesouro Nacional por intermédio das instituições habilitadas.

As operações e os seus participantes devem ser comprovados por documentos hábeis, exigindo a contratação de agente custodiante, pessoa jurídica, que assume a responsabilidade pela guarda e o exercício de direitos dos títulos, depositados em nome dos investidores, garantindo a sua propriedade nas centrais de custódia e, também, pelos fluxos de pagamentos e recebimentos relativos às operações realizadas, desde que devidamente registrado na CVM.

Embora não seja uma exigência das normas, mas como boa prática de gestão, é a contratação de agente custodiante que ofereça um serviço que, além da liquidação física e financeira dos Ativos e sua guarda, promova a administração e preste informações instantâneas sobre eventos associados aos Ativos, a denominada custódia qualificada.

Os documentos hábeis para o registro contábil das variações são os extratos das aplicações, disponibilizados pelas instituições financeiras recebedoras das aplicações, os relatórios detalhados contendo as informações sobre a rentabilidade e o risco das aplicações (no caso de gestão por entidade credenciada e autorizada) e dos agentes custodiantes dos títulos públicos.

Assim, os ajustes relativos às variações positivas das aplicações dos recursos previdenciários, independentemente de implicações em contas orçamentárias e de controle, serão contabilizados como Variação Patrimonial Aumentativa (VPA), enquanto as variações negativas, como Variação Patrimonial Diminutiva (VPD), no momento da ocorrência do fato gerador. Essa regra se aplica também aos demais Ativos vinculados à finalidade previdenciária, tendo em vista que também devem ser avaliados a valor de mercado, recebendo o mesmo tratamento contábil.

Registro considerando a valorização da carteira, em contas de natureza de informação patrimonial	D – 1.1.4.1.1.xx.xx – Títulos e Valores Mobiliários em Consolidação
	C – 4.4.5.2.0.00.00 VPA – Remuneração de Aplicações Financeiras

Registro considerando a desvalorização da carteira, em contas de natureza de informação patrimonial	D – 3.4.9.9.1.00.00 – VPD – Outras Variações Patrimoniais Diminutivas Financeiras – Consolidação
	D – 1.1.4.1.1.xx.xx – Títulos e Valores Mobiliários em Consolidação

6.5.1 Valorização da carteira de aplicações e investimentos dos recursos sob gestão do RPPS

As valorizações da carteira de aplicações e investimentos dos recursos sob gestão da Unidade Gestora do RPPS deverão ser registradas com base nos documentos hábeis recebidos, e, como nesse momento o ganho da carteira ainda não é efetivo, entendemos que os lançamentos a seguir com base no plano de contas atual são adequados a evidenciar a real situação dos Ativos, lembrando que, excluindo os imóveis, há que proceder à atualização, no mínimo, em cada competência:

Exemplo 3: valorização da carteira de investimentos

Em R$

Aplicação em 2/jan./20X1	34.000,00
Saldo apresentado em 31/jan./20X1	34.500,00

Registro da valorização da carteira de investimentos, em contas de natureza de informação patrimonial	D – 1.1.4.1.1.xx.xx – Títulos e Valores Mobiliários em Consolidação	500,00
	C – 4.4.5.2.0.00.00 VPA – Remuneração de Aplicações Financeiras[11]	500,00

No caso dos imóveis, a valorização será contabilizada considerando o laudo de reavaliação.

Exemplo 4: ganho com imóvel registrado em investimentos

Em R$

Recebimento do imóvel em 1º/jan./20X1	62.000,00
Resultado apresentado pelo laudo de peritos em 31/jan./20X1	80.000,00

Registro da valorização dos imóveis da carteira de investimento, em contas de natureza de informação patrimonial	D – 1.2.2.3.1.02.01 – Imóveis RPPS	18.000,00
	C – 4.4.5.2.0.00.00 VPA – Remuneração de Aplicações Financeiras	18.000,00

6.5.2 Desvalorização da carteira de investimentos dos RPPS

As desvalorizações da carteira de investimentos dos RPPS também serão registradas tendo como base documentos hábeis, conforme lançamentos a seguir:

---

[11] O ideal é que na revisão do PCASP RPPS sejam disponibilizadas contas específicas para o registro dessas variações.

Exemplo 5: desvalorização da carteira de investimentos

Em R$

Aplicação em 1º/jan./20X1	22.000,00
Saldo apresentado em 31/jan./20X1	20.700,00

Registro da desvalorização da carteira de investimentos, em contas de natureza de informação patrimonial	D – 3.4.9.9.1.00.00 – VPD – Outras Variações Patrimoniais Diminutivas Financeiras – Consolidação	1.300,00
	C – 1.1.4.1.1.xx.xx – Títulos e Valores Mobiliários em Consolidação	1.300,00

No caso dos imóveis com finalidade previdenciária, a desvalorização seguirá a mesma metodologia.

Exemplo 6: perda com imóvel registrado em investimentos

Em R$

Recebimento do imóvel em 1º/jan./20X1	62.000,00
Resultado apresentado pelo laudo de peritos em 31/jan./20X1	6.000,00

Registro da desvalorização dos imóveis da carteira de investimento, em contas de natureza de informação patrimonial	D – 3.4.9.9.1.00.00 – VPD – Outras Variações Patrimoniais Diminutivas Financeiras – Consolidação	6.000,00
	C – 1.2.2.3.1.02.01 – Imóveis RPPS	6.000,00

6.5.3 Registro de ajuste para perdas estimadas

As aplicações e os investimentos dos recursos de responsabilidade dos RPPS também estão sujeitos a eventuais "perdas", totais ou parciais, decorrentes de eventos diversos como a desvalorização dos títulos em razão da política de taxas de juros, das quotas de fundos de investimentos, dos riscos inerentes a cada aplicação, entre outros.

Com o objetivo de melhor refletir essas eventuais oscilações de mercado, a boa prática contábil recomenda que seja "provisionada" pela Unidade Gestora do RPPS uma estimativa para fazer frente a tais eventos, evitando que essas ocorrências sejam lançadas, a todo o momento, diretamente no resultado da Unidade Gestora de RPPS sem que ainda sejam efetivas.

O provisionamento dessa estimativa de ajuste para perdas em investimentos encontra-se respaldado no Princípio Contábil da Prudência, segundo o qual se deve manter os menores valores para o Ativo em alternativas igualmente válidas, ajustando-se, para menos, os valores de transações com o mundo exterior que trazem em si o inerente risco de um eventual não recebimento.

Na administração pública, a estimativa de ajuste para perdas em investimentos é contabilizada em conta de Variação Patrimonial Diminutiva, de natureza devedora, afetando, portanto, negativamente o resultado do exercício no momento de sua constituição.

A recomendação é de que a estimativa de ajuste para perdas em aplicações e investimentos dos recursos sob a gestão dos RPPS seja constituída uma vez por ano, no mês de encerramento do exercício, e que seja ajustada anualmente, de acordo com a necessidade de novo provisionamento, complementando ou revertendo seus valores.

Caso os valores inicialmente provisionados para suportar eventuais "perdas" da carteira de investimentos se revelem insuficientes no decorrer do exercício, a estimativa inicialmente provisionada deve ser complementada para atender ao restante do exercício, e receberá o mesmo tratamento contábil da estimativa original.

Os valores a serem lançados na constituição de ajuste para perdas devem ter como base os riscos das aplicações e investimentos dos recursos, obrigatoriamente analisados na Política Anual de Investimentos.

Exemplo 7: constituição e complemento de estimativa de ajuste para perdas na carteira dos RPPS

Em R$

Constituição de ajuste para perda estimada	22.000,00
Complemento do valor estimado para perdas	8.000,00

Registro do ajuste para perdas estimadas, em contas de natureza de informação patrimonial	D – 3.6.2.1.1.03.00 – Perdas Estimadas com Alienação de Investimentos do RPPS[12]	22.000,00
	C – 1.1.4.9.1.01.00 – (–) Ajustes de Perdas com Títulos e Valores Mobiliários	22.000,00

Registro do complemento de ajuste para perdas estimadas, em contas de natureza de informação patrimonial	D – 3.6.2.1.1.03.00 – Perdas Estimadas com Alienação de Investimentos do RPPS	8.000,00
	C – 1.1.4.9.1.01.00 – (–) Ajustes de Perdas com Títulos e Valores Mobiliários	8.000,00

Se a perda prevista for consumada, o valor provisionado será utilizado, conforme exemplo a seguir.

Exemplo 8: utilização de estimativa de ajuste para perdas na carteira dos RPPS

	Em R$
Perda detectada	18.000,00

Registro da utilização do provisionamento de perdas estimadas, em contas de natureza de informação patrimonial	D – 1.1.4.9.1.01.00 – (–) Ajustes de Perdas com Títulos e Valores Mobiliários	18.000,00
	C – 1.1.4.1.1.xx.xx – Títulos e Valores Mobiliários em Consolidação	18.000,00

Se no encerramento do exercício houver saldo no valor estimado para perdas e for feita a opção pela reversão dos seus valores, o registro será efetuado em contas de variação patrimonial aumentativa, o que afetará o resultado positivamente.

Exemplo 9: reversão de estimativa de ajuste para perdas na carteira dos RPPS

	Em R$
Reversão da provisão para perdas estimadas	4.000,00

---

[12] Conta sugerida enquanto ausente uma mais específica.

Registro da reversão do provisionamento de perdas estimadas, em contas de natureza de informação patrimonial	D – 1.1.4.9.1.01.00 – (–) Ajustes de Perdas com Títulos e Valores Mobiliários	4.000,00
	C – 4.9.7.2.1.03.00 – Reversão de Ajustes de Investimentos e Aplicações	4.000,00

Conforme comentado anteriormente, o cálculo do montante de ajuste de estimativa para perdas deverá considerar o risco de perda envolvido na carteira de investimentos da Unidade Gestora do RPPS.

6.5.4 Aplicação do procedimento de "*impairment*"[13]

O procedimento contábil de redução a valor recuperável ou *impairment* tem sua adoção recomendada quando for identificada a possibilidade de perda de valor de um item do Ativo em função de causas esporádicas, imprevistas, por exemplo falência ou concordata de uma empresa investida via fundo de investimentos, liquidação de instituição financeira etc., situação já enfrentada por diversos RPPS.

Como são causas extraordinárias e, em tese, não relacionadas aos riscos normais do mercado, seus efeitos patrimoniais não são capturados por meio dos outros procedimentos contábeis regulares, sistemáticos e periódicos, como é o caso do provisionamento de estimativa para eventuais perdas.

Por esse motivo, o procedimento contábil de *impairment* deve ser tratado como exceção, aplicável em qualquer época do exercício financeiro em que a entidade perceba indícios de que o valor de um Ativo não esteja compatível com o seu valor contábil.

Para avaliar se o valor contábil de um Ativo se encontra superior ao seu montante recuperável, a entidade deve submeter o referido Ativo a um *impairment test*, ou teste de imparidade, que define a metodologia a ser aplicada e que deve ser realizado pelo menos uma vez por ano ou quando houver alguma evidência que justifique a sua aplicação.

---

[13] *Impairment* é uma palavra em inglês que significa, em sua tradução literal, deterioração. É uma regra segundo a qual a entidade deverá efetuar, periodicamente, análise sobre a recuperação dos valores registrados nos seus respectivos balanços.

A possível irrecuperabilidade dos Ativos previdenciários pode ser verificada no caso de informações provenientes de fontes internas ou externas que indiquem que o desempenho econômico de determinado Ativo é ou será pior do que o esperado. No caso dos fundos de investimentos, esse procedimento deve ser acionado sempre que no fundo tiver contabilizada provisão para perdas em razão de evento específico.

Após a aplicação dos testes e da metodologia de cálculo, a eventual perda por irrecuperabilidade identificada deve ser reconhecida no resultado patrimonial do RPPS, sendo classificada como Variação Patrimonial Diminutiva, salientando a implicação negativa direta no resultado da Avaliação Atuarial.

Registro de impairment identificado na carteira de investimentos dos RPPS, em contas de natureza de informação patrimonial	D – 3.6.1.4.1.03.00 – VPD Redução ao Valor Recuperável de Investimentos do RPPS
	C – 1.1.4.9.1.01.00 – Ajuste de Perdas com Títulos e Valores Mobiliários (redutora)
	Ou
	C – 1.2.2.9.1.03.00 – Redução ao Valor Recuperável de Investimentos do RPPS (redutora)

Uma vez superadas todas as possibilidades de recuperação do investimento, a conta redutora de ajuste de *impairment* e a conta de investimento com finalidade previdenciária deverão ser confrontadas, para que o Ativo seja ajustado ao seu valor real.

No caso de um fundo de investimento ou instituição financeira em que o RPPS tenha recursos aplicados entrar em processo de liquidação, por exemplo, a contabilidade do regime previdenciário deverá refletir essa situação, mediante o registro da possível perda por meio da figura do *impairment*, enquanto perdurar o processo de liquidação, no montante proporcional do que os gestores ou administradores do fundo de investimento contabilizarem como provisão para perda, podendo a baixa definitiva ocorrer somente depois de consolidada a liquidação do fundo de investimento ou da instituição financeira, depois de superadas todas as possibilidades de recuperação dos valores, sem prejuízo de eventuais ações administrativas e judiciais pertinentes.

Capítulo 6 | Tratamento Contábil da Carteira de Investimentos dos RPPS 165

Redução do valor do investimento, em razão do reconhecimento da perda efetiva, em contas de natureza de informação patrimonial	D – 1.1.4.9.1.01.00 – Ajuste de Perdas com Títulos e Valores Mobiliários (redutora)
	Ou
	D – 1.2.2.9.1.03.00 – Redução ao Valor Recuperável de Investimentos do RPPS (redutora)
	C – 1.1.4.1.1.xx.xx – Títulos e Valores Mobiliários em Consolidação

Por outro lado, caso as evidências de perda de irrecuperabilidade deixem de existir, o valor "provisionado" a título de ajuste de *impairment* deve ser revertido em contrapartida a uma conta de variação patrimonial aumentativa, no limite do valor, caso nenhuma perda por irrecuperabilidade tivesse sido reconhecida.

Reversão do registro de ajuste a valor recuperável da carteira do RPPS, em contas de natureza de informação patrimonial	D – 1.1.4.9.1.01.00 – Ajuste de Perdas com Títulos e Valores Mobiliários (redutora)
	Ou
	D – 1.2.2.9.1.03.00 – Redução ao Valor Recuperável de Investimentos do RPPS (redutora)
	C – 4.6.5.4.1.03.00 – Reversão de Redução ao Valor Recuperável de Investimentos do RPPS

Para melhor entendimento do procedimento, considere os dados do exemplo a seguir.

Exemplo 10: perda de irrecuperabilidade de Ativo gerador de caixa

	Em R$
Investimento em renda fixa	100.000,00
Aprovisionamento pelo fundo de investimento em razão de liquidação	60.000,00

Registro da perda de irrecuperabilidade em Ativo gerador de caixa	D – 3.6.1.4.x.xx.xx – VPD Redução a Valor Recuperável de Investimentos	60.000,00
	C – 1.1.4.9.1.00.00 – Ajuste de Perdas de Investimentos e Aplicações Temporárias (redutora)	60.000,00

Diferentemente do aprovisionamento da estimativa de perda da carteira de investimentos, que é monitorado e registrado periodicamente, o ajuste de *impairment* evidencia uma perda pontual, motivo pelo qual é recomendado que essa situação seja expressamente apresentada em notas explicativas às demonstrações contábeis.

Exemplo 11: registro da utilização de *impairment*

Em R$

Perda efetiva	48.000,00

Redução do valor do investimento, em razão do reconhecimento da perda efetiva, em contas de natureza de informação patrimonial	D – 1.1.4.9.1.01.00 – Ajuste de Perdas com Títulos e Valores Mobiliários (redutora)	48.000,00
	C – 1.1.4.1.1.xx.xx – Títulos e Valores Mobiliários em Consolidação	48.000,00

Caso deixem de existir as evidências que indicaram a necessidade de registro do *impairment* na aplicação ou investimento da carteira do RPPS, deverá ser feita a reversão da perda por irrecuperabilidade, debitando-se uma conta de VPA em contrapartida à respectiva conta redutora de Ativo em que o ajuste foi registrado:

Exemplo 12: registro da reversão de *impairment*

Em R$

Reversão do valor constituído a título de *impairment*	12.000,00

Reversão do registro de ajuste a valor recuperável da carteira do RPPS, em contas de natureza de informação patrimonial	D – 1.1.4.9.1.01.00 – Ajuste de Perdas com Títulos e Valores Mobiliários (redutora)	12.000,00
	C – 4.6.5.4.1.03.00 – VPA Reversão de Redução ao Valor Recuperável de Investimentos do RPPS	12.000,00

Ao final dos ajustes de *impairment*, o saldo dessa conta de investimentos será de R$ 52.000,00, considerando que a perda efetiva foi de R$ 48.000,00. Essa informação é de extrema relevância, devendo constar das notas explicativas às demonstrações contábeis dos RPPS.

6.5.5 Marcação na curva *versus* Marcação a Mercado (MaM)

A abordagem da marcação na curva consiste na contabilização do investimento pelo respectivo custo de aquisição acrescido da atualização pelo indexador, juros calculados sobre o valor da emissão do título (valor de face), técnica utilizada nos casos em que o investidor demonstra a intenção de manter o título em carteira até o seu vencimento, nos termos da legislação aplicada.

Atualmente, a legislação previdenciária admite que alguns investimentos previdenciários podem ser marcados na "curva" do papel, desde que comprovada a aderência desses fundos de investimentos às obrigações dos Passivos dos RPPS. Contudo, na prática, a marcação na "curva" é registrada contabilmente no próprio fundo de investimento, não trazendo qualquer ação específica para o gestor do RPPS, visto que este deve manter o registro na contabilidade a partir do extrato recebido do gestor do fundo de investimento. O resultado positivo para o fundo de previdência é que esse tipo de fundo de investimento fica imune aos impactos da volatilidade, característica da MaM.

No caso dos RPPS, a legislação previdenciária admite a contabilização de Ativos marcados na curva em três situações:

- A carteira do fundo de investimento esteja representada exclusivamente por títulos de emissão do Tesouro Nacional registrados no Sistema Especial de Liquidação e Custódia (Selic).

- Que sejam estabelecidos prazos de desinvestimento ou para conversão de cotas compatíveis com o vencimento das séries dos títulos integrantes da carteira do fundo de investimento.

- Na inexistência, na política de investimento do fundo de investimento, de previsão de buscar o retorno de qualquer índice ou subíndice praticado pelo mercado.

A Marcação a Mercado, por sua vez, consiste na atualização para o valor do dia, o preço do papel ou da cota do fundo de investimento, ou seja, mesmo que o Ativo tenha uma taxa determinada (prefixada ou pós-fixada), é necessário que seu valor seja atualizado. No caso dos RPPS, a legislação exige que a atualização seja, no mínimo, mensal.[14] Para o gestor, o ideal é que seja conhecido o valor sempre atualizado do investimento.

---

[14] Portaria MPS nº 402/2008 e atualizações.

6.6 Resgate da carteira de aplicações e investimentos

Nos casos em que as variações positivas e negativas com a carteira de investimentos dos recursos sob a gestão do RPPS já tenham afetado o resultado do fundo de previdência sob a responsabilidade da Unidade Gestora, conforme foram sendo lançados em seu fato gerador a título de variação aumentativa e variação diminutiva, no momento do resgate da carteira, deve ser reconhecida como efetivo ganho ou efetiva perda apenas a diferença entre o valor de resgate e o valor contábil atual.

Para que seja possível acompanhar a evolução de cada Ativo com finalidade previdenciária, considerando que pode ter havido aplicação e resgate durante o período, recomenda-se que se faça um controle semelhante ao controle de estoque desses Ativos. Considere o seguinte exemplo de resgate de uma carteira que teve variação no período, porém com resgate com valor superior ao investido, ou seja, com ganho efetivo.

Exemplo 13: resgate da carteira do RPPS com ganho efetivo

Em R$

Valor Original da Carteira	22.200,00
Valorização no período	3.500,00
Desvalorização no período	2.200,00
Valor contábil atual da carteira	23.500,00
Valor no momento da alienação (resgate)	24.100,00

Registro levando o resultado apurado pelo ganho efetivo da carteira, em contas de natureza de informação patrimonial	D – 1.1.1.1.1.06.01 – Bancos Conta Movimento – RPPS	24.100,00
	C – 1.1.4.1.1.xx.xx – Títulos e Valores Mobiliários em Consolidação	23.500,00
	C – 4.6.2.1.1.03.00 – VPA Ganhos com Alienação de Investimentos do RPPS	600,00

Agora considere que tenha havido a seguinte perda no momento do resgate da carteira:

Exemplo 14: resgate da carteira do RPPS com perda efetiva

Em R$

Valor Original da Carteira	22.200,00
Valorização no período	3.500,00
Desvalorização no período	2.200,00
Valor contábil atual da carteira	23.500,00
Valor no momento da alienação	21.900,00

Registro levando o resultado apurado pela perda efetiva da carteira, em contas de natureza de informação patrimonial	D – 1.1.1.1.1.06.01 – Bancos Conta Movimento – RPPS	21.900,00
	D – 3.6.2.1.1.03.00 – VPD Perdas com Alienação de Investimentos do RPPS	1.600,00
	C – 1.1.4.1.1.xx.xx – Títulos e Valores Mobiliários em Consolidação	23.500,00

No exemplo, é importante considerar que as demais variações sofridas pela carteira no período já foram devidamente contabilizadas no momento de suas respectivas ocorrências.

6.7 *Asset Liability Management* (ALM) ou Gestão de Ativos e Passivos

A aplicação da técnica *Asset Liability Management* (ALM), conhecida no Brasil como "Gestão de Ativos e Passivos", surgiu na década de 1970 em razão da necessidade de os bancos gerenciarem de forma simultânea seus Ativos e Passivos, visando minimizar os riscos de mercado e de liquidez e, claro, maximizar seus lucros. O ALM não apenas observa qual é o método de construção dos seus Ativos, mas se preocupa também em como a entidade está gastando os seus recursos ao longo do tempo em cumprimento aos seus objetivos.

A gestão de Ativos e Passivos vem compondo o sistema de gestão de riscos especialmente das empresas de seguros, em razão de este também assumir compromissos de longo prazo, contribuindo, portanto, de forma decisiva para assegurar a sustentabilidade do negócio em termos de solvência e liquidez.

Assim, a técnica de ALM se caracteriza por ser um processo contínuo de formulação, implementação, monitoramento e revisão de estratégias relacionadas com Ativos e Passivos, viabilizando o alcance sustentado dos objetivos financeiros da entidade.

Não pretendendo nos aprofundar nos aspectos técnicos do ALM, gostaríamos tão somente de ressaltar que no caso dos RPPS, a aplicação dessa técnica apresenta-se como imprescindível medida viabilizadora na definição de estratégias que permitam compatibilizar o fluxo da disponibilidade financeira dos recursos previdenciários em cada momento de pagamento dos benefícios a seu cargo, além de permitir, por consequência, a construção de políticas de investimentos que busquem a alocação dos recursos em segmentos que possam proporcionar melhores rentabilidades e minimização de riscos em função da possibilidade de prazos mais alongados e setores revestidos de maior solidez.

Portanto, trata-se de tema que deve ser trazido, urgentemente, para os fóruns de discussão das estratégias de consolidação da previdência dos servidores públicos, dada a exigência do modelo atual, que busca a viabilização de soluções concretas numa perspectiva de sustentabilidade do sistema, dado o envolvimento de diversas dimensões da entidade RPPS, tais como as políticas, os papéis, as pessoas, as ferramentas e os processos.

6.8 Os RPPS como investidores qualificados e profissionais e a "*suitability*"

Criada pela Lei nº 6.385/1976, a Comissão de Valores Mobiliários (CVM) detém os objetivos primordiais de regular, fiscalizar e desenvolver a atuação dos vários agentes participantes do mercado de valores mobiliários, exceto os títulos de emissão do sistema financeiro e do Tesouro Nacional, estes sob os cuidados do Banco Central do Brasil.

No âmbito de suas competências, a CVM editou em 2014 a Instrução nº 554, que, entre outras medidas, redefiniu o conceito de "investidor qualificado", anteriormente tratado na IN CVM nº 409/2004, e trouxe o conceito de "investidor profissional", da seguinte forma:

a) *Investidores qualificados* – incluem-se nesse conceito os investidores profissionais; as pessoas naturais ou jurídicas detentoras de investimentos financeiros em valor superior a R$ 1 milhão, desde que declarem por escrito sua condição de investidor qualificado mediante termo próprio; as pessoas naturais que tenham sido aprovadas em exames de qualificação técnica ou possuam certificações aprovadas pela CVM como requisitos para o registro de agentes autônomos de investimento, administradores de carteira, analistas e consultores de valores mobiliários, em relação a seus recursos próprios; e clubes de investimento que possuam carteira gerida por um ou mais cotistas que sejam investidores qualificados.

b) *Investidores profissionais* – nesse conceito estão incluídas as instituições financeiras e demais instituições autorizadas a funcionar pelo Banco Central do Brasil; as companhias seguradoras e sociedades de capitalização; as entidades abertas e fechadas de previdência complementar, comumente chamadas de fundos de pensão; as pessoas naturais ou jurídicas que possuam investimentos financeiros em valor superior a R$ 10 milhões e que também declarem por escrito sua condição de investidor profissional mediante termo próprio; os fundos de investimento; os clubes de investimento, cuja carteira seja gerida por administrador de carteira autorizado pela CVM; os agentes autônomos de investimento, administradores de carteira, analistas e consultores de valores mobiliários autorizados pela CVM, em relação a seus recursos próprios, além dos investidores não residentes.

Os RPPS recebem tratamento específico pela referida norma da CVM, que assim dispõe em seu art. 9º-C: *"Os regimes próprios de previdência social instituídos pela União, pelos Estados, pelo Distrito Federal ou por Municípios são considerados investidores profissionais ou investidores qualificados apenas se reconhecidos como tais conforme regulamentação específica do Ministério da Previdência Social."*

O Ministério da Previdência Social, por sua vez, tratou a questão por meio da Portaria MPS nº 300/2015, definindo as regras iniciais sobre a classificação dos RPPS à condição de investidor qualificado e investidor profissional, além do estabelecimento de parâmetros para o credenciamento de instituições.

Por essa norma, entre outras exigências, o RPPS é considerado qualificado se detentor de, no mínimo, R$ 40milhões e profissional a partir de R$ 1 bilhão. O RPPS que não atender aos requisitos exigidos será considerado um investidor de varejo, ficando impedido de acessar segmentos do mercado financeiro criados exclusivamente para esses investidores, trazendo como consequência a falta de oportunidade de realizar investimentos com possíveis melhores rentabilidades e remuneração do capital.

Adicionalmente aos montantes de recursos, para se classificarem como investidores qualificados e profissionais os RPPS, devem atender às exigências de serem detentores de certificação de regularidade previdenciária; comprovarem o efetivo funcionamento do Comitê de Investimentos; no caso de investidor profissional, que tenham aderido ao Programa de Certificação Institucional e Modernização da Gestão dos Regimes Próprios de Previdência Social da União, dos Estados, do Distrito Federal e dos Municípios ("Pró-Gestão RPPS"), instituído pela Portaria MPS nº 185, de 14 de maio de 2015; e terem obtido certificação institucional em um dos níveis de aderência nela estabelecidos, e, para investidor profissional, a certificação institucional exigida é a correspondente ao quarto nível de aderência.

Outra questão de relevância para os RPPS é a exigência de *"suitability"*, termo que pode ser traduzido como "adequação", "compatibilidade" (numa tradução livre do inglês). A ideia é que, quando da oferta de produtos, o distribuidor dos produtos do mercado financeiro e de capitais deve ter uma base sólida para considerar que o produto oferecido é o mais adequado ao perfil do investidor.

A norma introduzida pela Instrução Normativa CVM nº 539/2013 exclui da exigência de *"suitability"* algumas categorias de investidores, por exemplo os investidores qualificados e profissionais; porém, os RPPS, como são dependentes de classificação do Ministério da Previdência Social, não estão isentos da observação da obrigatoriedade de submissão a esse regramento, sob pena de responsabilização solidária dos seus gestores no caso de infortúnio das aplicações.

Diz a citada norma que *"as pessoas habilitadas a atuar como integrantes do sistema de distribuição e os consultores de valores mobiliários não podem recomendar produtos, realizar operações ou prestar serviços sem que verifiquem sua adequação ao perfil do cliente"*.

Buscando harmonizar os procedimentos de *"suitability"*, sem prejuízo de adequações, a ANBIMA recomenda ao mercado um amplo questionário denominado "Questionário *Due Diligence*", objetivando conferir maior racionalidade aos processos de diligência voltados para a seleção e a alocação de recursos em fundos de investimento, com o estabelecimento de um padrão único para o questionário a ser utilizado nesses processos.

6.9 Resumo

1. A Política de Investimentos definida pelas estruturas de gestão da carteira é o instrumento básico de orientação à atividade do responsável pela operacionalização das aplicações e investimentos, devendo trazer a transparência exigida para a gestão dos Ativos sob a responsabilidade do RPPS, permitindo seu

monitoramento pelos interessados em geral, pelos segurados e beneficiários e pelos órgãos responsáveis pela sua supervisão.

2. Ao tratar da aplicação e investimentos dos recursos previdenciários, a legislação aplicada admite as seguintes formas de gestão: gestão própria, gestão por entidade credenciada e autorizada e gestão mista.

3. O responsável pela gestão dos recursos previdenciários deverá ser pessoa física vinculada ao ente federativo ou à Unidade Gestora de RPPS como servidor titular de cargo efetivo ou de livre nomeação e exoneração, e apresentar-se formalmente designado para a função por ato da autoridade competente.

4. A maioria dos membros do Comitê de Investimentos e o responsável direto pela gestão dos recursos de RPPS devem ser portadores de certificado emitido por entidade autônoma de reconhecida capacidade técnica e difusão no mercado de capitais, segundo conteúdo mínimo definido por norma do MPS.

5. Os investimentos dos RPPS devem observar princípios que promovam segurança, solvência, liquidez, rentabilidade e transparência, sendo vedada a concessão de empréstimos de qualquer natureza aos segurados e beneficiários do regime, bem como a qualquer ente público.

6. A compra de um título público pelo RPPS não requer autorização legislativa nem deve ser tratada como despesa pública, sendo o mesmo raciocínio aplicado às aquisições de cotas de fundos de investimentos.

7. No caso de aportes de imóveis ou outros Ativos não financeiros com finalidade previdenciária, para a promoção do equilíbrio financeiro e atuarial do RPPS, o registro se dará na forma de acréscimo patrimonial, de natureza extraorçamentária.

8. O procedimento contábil de redução a valor recuperável (ou *impairment*) tem sua adoção recomendada quando for identificada a possibilidade de perda de valor de um item do Ativo em função de causas esporádicas, não previsíveis ou não esperadas.

9. A abordagem da marcação na curva do papel consiste na contabilização do investimento pelo respectivo custo de aquisição acrescido da atualização pelo indexador/juros calculados sobre o valor da emissão do título (valor de face), técnica utilizada nos casos em que o investidor demonstra a intenção de manter o título em carteira até o seu vencimento, nos termos da legislação aplicada.

10. A norma introduzida pela CVM pela IN nº 539/2013 exclui da exigência de *"suitability"* algumas categorias de investidores; porém, os RPPS estão submetidos a esse regramento em razão das mesmas ressalvas quanto à condição de ser investidor qualificado e profissional.

6.10 Temas para discussão, pesquisa e desenvolvimento

1. Qual a relevância da Política de Investimentos na sustentabilidade dos RPPS?

2. Por que a aplicação dos investimentos dos RPPS não deve ser tratada como inversões financeiras?

3. Quantas e quais são as fontes indicadoras de perdas de irrecuperabilidade de Ativos financeiros?

4. Crie um exemplo explicitando a aplicação da técnica de ALM.

5. Quais são as principais implicações para o mercado e para o investidor RPPS, tendo em vista as exigências de estes serem considerados investidores qualificados e profissionais somente a partir do cumprimento de exigências ou regras do Ministério da Previdência Social?

Contribuições e Benefícios Previdenciários

7

OBJETIVOS

Proporcionar ao leitor os seguintes conhecimentos:
- Contribuições previdenciárias – contas envolvidas
- Contribuições dos servidores ativos
- Contribuições dos aposentados e pensionistas
- Contribuição a cargo do ente federativo
- Parcelamento de débitos previdenciários
- Compensação previdenciária
- Transferências recebidas pelos RPPS
- Pagamento de benefícios previdenciários

7.1 Contribuições previdenciárias – contas envolvidas

As fontes de recursos do RPPS encontram-se classificadas em contas de Variações Patrimoniais Aumentativas (VPA) no Plano de Contas Aplicado aos RPPS (PCASP RPPS): VPA de contribuições (receitas correntes), VPA de transferências (transferências recebidas) e outras VPA (compensações financeiras).

No rol de *VPA de contribuições* estão contempladas as *contribuições patronais* dos servidores ativos civis e militares cedidos e licenciados e as *contribuições dos servidores* ativos, dos aposentados e dos pensionistas, civis e militares, consignadas pelo empregador (ente público) ou recolhidas diretamente, inclusive eventuais parcelamentos de débitos, realizados orçamentariamente na Unidade Gestora do RPPS.

Entre as *VPA de Transferências Recebidas*, estão também os repasses para a cobertura de insuficiência financeira e formação de reserva (Plano Financeiro), os repasses para cobertura de déficit financeiro e atuarial (Plano Previdenciário), bem como de outros aportes de recursos repassados pelo ente público. As compensações financeiras entre os RGPS/RPPS e entre regimes próprios de previdência social estão contempladas em *Outras VPA*.

É importante relembrar que a legislação previdenciária expressamente veda a utilização dos recursos previdenciários para custear ações de assistência social e de saúde e para a concessão de verbas indenizatórias, ainda que por acidente em serviço ou quaisquer outras despesas não previdenciárias.

Para o registro relativo ao recebimento das contribuições previdenciárias, as seguintes contas devem ser utilizadas:

CONTAS PATRIMONIAIS	
1.0.0.0.0.00.00	ATIVO
1.1.0.0.0.00.00	ATIVO CIRCULANTE
1.1.1.0.0.00.00	CAIXA E EQUIVALENTES DE CAIXA
1.1.1.1.0.00.00	CAIXA E EQUIVALENTES DE CAIXA EM MOEDA NACIONAL
1.1.1.1.1.00.00	Caixa e Equivalentes de Caixa em Moeda Nacional – Consolidação
1.1.1.1.1.06.00	Conta Única – RPPS
1.1.1.1.1.06.01	Bancos Conta Movimento – RPPS

Continua

	CONTAS PATRIMONIAIS
1.1.1.1.1.06.02	Bancos Conta Movimento – Plano Financeiro
1.1.1.1.1.06.03	Bancos Conta Movimento – Plano Previdenciário
1.1.1.1.1.06.04	Bancos Conta Movimento – Taxa de Administração
1.1.2.1.1.05.00	Contribuições Previdenciárias a Receber
1.1.2.1.1.05.01	Contribuições do RPPS a Receber
1.1.2.1.1.71.00	Créditos Previdenciários Parcelados
1.1.2.1.2.05.00	Contribuições Previdenciárias a Receber
1.1.2.1.2.05.01	Contribuições do RPPS a Receber
1.1.2.1.2.71.00	Créditos Previdenciários Parcelados
1.1.2.1.3.05.00	Contribuições Previdenciárias a Receber
1.1.2.1.3.05.01	Contribuições do RPPS a Receber
1.1.2.1.3.71.00	Créditos Previdenciários Parcelados
1.1.2.1.4.05.00	Contribuições Previdenciárias a Receber
1.1.2.1.4.05.01	Contribuições do RPPS a Receber
1.1.2.1.4.71.00	Créditos Previdenciários Parcelados
1.1.2.1.5.05.00	Contribuições Previdenciárias a Receber
1.1.2.1.5.05.01	Contribuições do RPPS a Receber
1.1.2.1.5.71.00	Créditos Previdenciários Parcelados
	CONTAS DE RESULTADO
4.0.0.0.0.00.00	VARIAÇÃO PATRIMONIAL AUMENTATIVA
4.2.0.0.0.00.00	CONTRIBUIÇÕES
4.2.1.0.0.00.00	CONTRIBUIÇÕES SOCIAIS
4.2.1.1.0.00.00	CONTRIBUIÇÕES SOCIAIS – RPPS
4.2.1.1.1.00.00	Contribuições Sociais – RPPS – Consolidação
4.2.1.1.1.01.00	Contribuições Patronais ao RPPS
4.2.1.1.1.01.01	"Contribuição patronal" de Servidor Ativo – RPPS
4.2.1.1.1.01.02	"Contribuição patronal" – Pagamento de Sentenças Judiciais
4.2.1.1.1.02.00	Contribuição do Segurado ao RPPS
4.2.1.1.1.02.01	Contribuição do Servidor – RPPS
4.2.1.1.1.02.02	Contribuição do Aposentado – RPPS
4.2.1.1.1.02.03	Contribuição de Pensionista – RPPS

Continua

	CONTAS DE RESULTADO
4.2.1.1.1.02.04	Contribuição do Servidor – Pagamento de Sentenças Judiciais
4.2.1.1.1.02.05	Contribuição do Aposentado – Pagamento de Sentenças Judiciais
4.2.1.1.1.02.06	Contribuição do Pensionista – Pagamento de Sentenças Judiciais
4.2.1.1.1.03.00	Contribuição Previdenciária para Amortização do Déficit Atuarial
4.2.1.1.1.04.00	Contribuições para Custeio das Pensões Militares
4.2.1.1.1.97.00	(–) Deduções
4.2.1.1.1.97.01	(–) Renúncia
4.2.1.1.1.99.00	Outras Contribuições Sociais – RPPS
4.2.1.1.2.00.00	Contribuições Sociais – RPPS – Intra OFSS
4.2.1.1.2.01.00	Contribuições Patronais ao RPPS
4.2.1.1.2.01.01	"Contribuição patronal" de Servidor Ativo – RPPS
4.2.1.1.2.01.02	"Contribuição patronal" – Pagamento de Sentenças Judiciais
4.2.1.1.2.97.00	(–) Deduções
4.2.1.1.2.97.01	(–) Renúncia
4.2.1.1.2.99.00	Outras Contribuições Sociais – RPPS
4.2.1.1.3.00.00	Contribuições Sociais – RPPS – Inter OFSS – União
4.2.1.1.3.01.00	Contribuições Patronais ao RPPS
4.2.1.1.3.01.01	"Contribuição patronal" de Servidor Ativo – RPPS
4.2.1.1.3.01.02	"Contribuição patronal" – Pagamento de Sentenças Judiciais
4.2.1.1.3.97.00	(–) Deduções
4.2.1.1.3.97.01	(–) Renúncia
4.2.1.1.3.99.00	Outras Contribuições Sociais – RPPS
4.2.1.1.4.00.00	Contribuições Sociais – RPPS – Inter OFSS – Estado
4.2.1.1.4.01.00	Contribuições Patronais ao RPPS
4.2.1.1.4.01.01	"contribuição patronal" de Servidor Ativo – RPPS
4.2.1.1.4.01.02	"contribuição patronal" – Pagamento de Sentenças Judiciais
4.2.1.1.4.97.00	(–) Deduções
4.2.1.1.4.97.01	(–) Renúncia
4.2.1.1.4.99.00	Outras Contribuições Sociais – RPPS

Continua

	CONTAS DE RESULTADO
4.2.1.1.5.00.00	Contribuições Sociais – RPPS – Inter OFSS – Município
4.2.1.1.5.01.00	Contribuições Patronais ao RPPS
4.2.1.1.5.01.01	"Contribuição patronal" de Servidor Ativo – RPPS
4.2.1.1.5.01.02	"Contribuição patronal" – Pagamento de Sentenças Judiciais
4.2.1.1.5.97.00	(–) Deduções
4.2.1.1.5.97.01	(–) Renúncia
4.2.1.1.5.99.00	Outras Contribuições Sociais – RPPS
4.5.1.3.0.00.00	TRANSFERÊNCIAS RECEBIDAS PARA APORTES DE RECURSOS PARA O RPPS
4.5.1.3.2.00.00	Transferências Recebidas para Aportes de Recursos para o RPPS – Intra OFSS
4.5.1.3.2.01.00	Plano Financeiro
4.5.1.3.2.01.01	Recursos para Cobertura de Insuficiências Financeiras
4.5.1.3.2.01.02	Recursos para Formação de Reserva
4.5.1.3.2.01.99	Outros Aportes para o RPPS
4.5.1.3.2.02.00	Plano Previdenciário
4.5.1.3.2.02.01	Recursos para Cobertura de Déficit Financeiro
4.5.1.3.2.02.02	Recursos para Cobertura de Déficit Atuarial
4.5.1.3.2.02.03	Transferência de Bens Imóveis
4.5.1.3.2.02.04	Transferência de Bens Móveis
4.5.1.3.2.02.99	Outros Aportes para o RPPS
4.9.9.0.0.00.00	DIVERSAS VARIAÇÕES PATRIMONIAIS
4.9.9.1.0.00.00	COMPENSAÇÃO FINANCEIRA ENTRE RGPS/RPPS
4.9.9.1.2.00.00	Compensação Financeira entre RGPS/RPPS – Intra OFSS
4.9.9.1.3.00.00	Compensação Financeira entre RGPS/RPPS – Inter OFSS União
4.9.9.1.4.00.00	Compensação Financeira entre RGPS/RPPS – Inter OFSS Estado
4.9.9.1.5.00.00	Compensação Financeira entre RGPS/RPPS – Inter OFSS Município
4.9.9.2.0.00.00	COMPENSAÇÃO FINANCEIRA ENTRE REGIMES PRÓPRIOS
4.9.9.2.3.00.00	Compensação Financeira entre Regimes Próprios – Inter OFSS – União

Continua

CONTAS DE RESULTADO	
4.9.9.2.4.00.00	Compensação Financeira entre Regimes Próprios – Inter OFSS – Estado
4.9.9.2.5.00.00	Compensação Financeira entre Regimes Próprios – Inter OFSS – Município

7.2 Contribuições dos servidores ativos

Com relação à contribuição social dos servidores públicos ativos da União, dos Estados, do Distrito Federal e dos Municípios, atualmente se encontra fixado o percentual mínimo de 11%. É consignada pelo ente público e realizada orçamentariamente no RPPS, da seguinte forma:

Pelo crédito a receber das contribuições previdenciárias devidas na data do fato gerador	(NIP)	D – 1.1.2.1.1.05.01 – Contribuições do RPPS a Receber C – 4.2.1.1.1.02.01 – Contribuição do Servidor – RPPS

Pelo ingresso dos valores nos cofres do RPPS, no prazo	(NIP)	D – 1.1.1.1.1.06.01 – Bancos Conta Movimento – RPPS Ou D – 1.1.1.1.1.06.02 – Bancos Conta Movimento – Plano Financeiro Ou D – 1.1.1.1.1.06.03 – Banco Conta Movimento – Plano Previdenciário C – 1.1.2.1.1.05.01 – Contribuições do RPPS a Receber

Pelo reconhecimento da receita orçamentária	(NIO)	D – 6.2.1.1.0.00.00 – Receita a Realizar C – 6.2.1.2.0.00.00 – Receita Realizada

Pelo controle da disponibilidade de recursos	(NIC)	D – 7.2.1.1.0.00.00 – Controle da Disponibilidade de Recursos C – 8.2.1.1.1.00.00 – Disponibilidade por Destinação de Recursos

No caso de recebimento com atraso, há que proceder aos devidos lançamentos relativamente aos acréscimos legais nos termos da legislação do ente (atualização, juros e multa), conforme explicitado adiante no item sobre as contribuições a cargo do ente federativo.

Registre-se que a transferência da contribuição dos servidores ao RPPS não constitui operação intraorçamentária, pois, neste caso, o ente atua como terceiro depositário, meramente repassando os recursos retidos dos servidores ao RPPS na condição de substituto da obrigação. Considere os dados do seguinte exemplo:

Exemplo 1: registro da contribuição de servidores ativos

	Em R$
Despesa da folha no ente público	128.000,00
Consignação da contribuição dos servidores	14.080,00

Lançamentos contábeis efetuados no âmbito do *ente público*, considerando apenas a consignação da contribuição dos servidores ativos:

Apropriação da folha de pessoal	D – 3.1.1.1.x.xx.xx – Remuneração a Pessoal Civil – Abrangidos pelo RPPS	128.000,00
	C – 2.1.1.1.1.xx.xx – Pessoal a Pagar	128.000,00

Registro do empenho da despesa orçamentária	D – 6.2.2.1.1.00.00 – Crédito Disponível	128.000,00
	C – 6.2.2.1.3.01.00 – Crédito Empenhado a Liquidar	128.000,00

Natureza da Despesa: 3.1.90.xx

Registro da disponibilidade comprometida por empenho	D – 8.2.1.1.1.00.00 – Disponibilidade por Destinação de Recursos (DDR)	128.000,00
	C – 8.2.1.1.2.00.00 – DDR Comprometida por Empenho	128.000,00

Registro da liquidação da despesa orçamentária	D – 6.2.2.1.3.01.00 – Crédito Empenhado a Liquidar	128.000,00
	C – 6.2.2.1.3.03.00 – Crédito Empenhado Liquidado a Pagar	128.000,00

Registro da disponibilidade comprometida por liquidação	D – 8.2.1.1.2.00.00 – DDR Comprometida por Empenho	128.000,00
	C – 8.2.1.1.3.xx.xx – DDR Comprometida por Liquidação e Entradas Compensatórias	128.000,00

Pagamento da folha de pessoal	D – 2.1.1.1.1.xx.xx – Pessoal a Pagar	113.920,00
	C – 1.1.1.x.x.xx.xx – Caixa e Equivalentes de Caixa	113.920,00

Registro orçamentário do pagamento da despesa	D – 6.2.2.1.3.03.00 – Crédito Empenhado Liquidado a Pagar	113.920,00
	C – 6.2.2.1.3.04.00 – Crédito Empenhado Liquidado Pago	113.920,00

Registro da disponibilidade utilizada	D – 8.2.1.1.3.xx.xx – DDR Comprometida por Liquidação e Entradas Compensatórias	113.920,00
	C – 8.2.1.1.4.00.00 – DDR Utilizada	113.920,00

Consignação da contribuição do servidor para o RPPS	D – 2.1.1.1.1.xx.xx – Pessoal a Pagar	14.080,00
	C – 2.1.8.8.x.xx.xx – RPPS – Retenções sobre Vencimentos e Vantagens	14.080,00

Baixa da consignação para encaminhamento dos recursos ao RPPS	D – 2.1.8.8.1.01.01 – RPPS – Retenções sobre Vencimentos e Vantagens	14.080,00
	C – 1.1.1.x.x.xx.xx – Caixa e Equivalentes de Caixa	14.080,00

Registro orçamentário do pagamento da despesa	D – 6.2.2.1.3.03.00 – Crédito Empenhado Liquidado a Pagar	14.080,00
	C – 6.2.2.1.3.04.00 – Crédito Empenhado Liquidado Pago	14.080,00

Registro da disponibilidade utilizada	D – 8.2.1.1.3.xx.xx – DDR Comprometida por Liquidação e Entradas Compensatórias	14.080,00
	C – 8.2.1.1.4.00.00 – DDR Utilizada	14.080,00

Lançamentos contábeis efetuados no âmbito do RPPS, considerando a entrada da consignação encaminhada pelo ente público:

Pelo crédito a receber das contribuições previdenciárias devidas na data do fato gerador	D – 1.1.2.1.1.05.01 – Contribuições do RPPS a Receber	14.080,00
	C – 4.2.1.1.1.02.01 – Contribuição do Servidor – RPPS	14.080,00
Pelo ingresso dos valores nos cofres do RPPS, no prazo	D – 1.1.1.1.1.06.01 – Bancos Conta Movimento – RPPS Ou D – 1.1.1.1.1.06.02 – Bancos Conta Movimento – Plano Financeiro Ou D – 1.1.1.1.1.06.03 – Banco Conta Movimento – Plano Previdenciário	14.080,00
	C – 1.1.2.1.1.05.01 – Contribuições do RPPS a Receber	14.080,00
Pelo reconhecimento da receita orçamentária	D – 6.2.1.1.0.00.00 – Receita a Realizar	14.080,00
	C – 6.2.1.2.0.00.00 – Receita Realizada	14.080,00
Pelo controle da disponibilidade de recursos	D – 7.2.1.1.0.00.00 – Controle da Disponibilidade de Recursos	14.080,00
	C – 8.2.1.1.1.00.00 – Disponibilidade por Destinação de Recursos (DDR)	14.080,00

Mesmo quando se tratar de servidor do quadro da própria Unidade Gestora do RPPS, deve haver o registro da retenção da contribuição previdenciária, pois, na prática, o dinheiro deixa de circular na economia, além da obrigatoriedade de cumprimento da obrigação constitucional do caráter contributivo.

É importante ressaltar que é recomendável que a Unidade Gestora possua uma conta bancária relativa à taxa de administração distinta da conta bancária utilizada para o pagamento dos benefícios previdenciários, para deixar clara a parcela de recursos que sai da taxa de administração (que é utilizada para pagar as despesas operacionais da Unidade Gestora, inclusive do seu quadro de pessoal) e a que passa a compor as receitas de contribuições previdenciárias (que é utilizada para o pagamento dos benefícios previdenciários). Considere os dados do exemplo a seguir:

Exemplo 2: registro da contribuição dos servidores da própria Unidade Gestora

Em R$

Despesa da folha da própria Unidade Gestora de RPPS	10.000,00
Consignação da contribuição dos servidores da própria Unidade Gestora	1.100,00

Lançamentos contábeis efetuados no âmbito do RPPS, considerando-se a despesa de folha e a retenção da contribuição dos servidores ativos da própria Unidade Gestora do RPPS:

Apropriação da folha de pessoal da própria Unidade Gestora	D – 3.1.1.1.x.xx.xx – Remuneração a Pessoal Civil – Abrangidos pelo RPPS	10.000,00
	C – 2.1.1.1.1.xx.xx – Pessoal a Pagar	10.000,00

Registro de empenho da folha da própria Unidade Gestora	D – 6.2.2.1.1.00.00 – Crédito Disponível	10.000,00
	C – 6.2.2.1.3.01.00 – Crédito Empenhado a Liquidar	10.000,00

Natureza da Despesa: 3.1.90.xx

Registro da disponibilidade comprometida por empenho	D – 8.2.1.1.1.00.00 – Disponibilidade por Destinação de Recursos (DDR)	10.000,00
	C – 8.2.1.1.2.00.00 – DDR Comprometida por Empenho	10.000,00

Registro de liquidação empenho da folha da própria Unidade Gestora	D – 6.2.2.1.3.01.00 – Crédito Empenhado a Liquidar	10.000,00
	C – 6.2.2.1.3.03.00 – Crédito Empenhado Liquidado a Pagar	10.000,00

Capítulo 7 | Contribuições e Benefícios Previdenciários

Registro da disponibilidade comprometida por liquidação	D – 8.2.1.1.2.00.00 – DDR Comprometida por Empenho	10.000,00
	C – 8.2.1.1.3.xx.xx – DDR Comprometida por Liquidação e Entradas Compensatórias	10.000,00

Pagamento da folha da Unidade Gestora do RPPS	D – 2.1.1.1.1.xx.xx – Pessoal a Pagar	8.900,00
	C – 1.1.1.1.1.06.04 – Bancos Conta Movimento – Taxa de Administração	8.900,00

Registro orçamentário do pagamento da despesa	D – 6.2.2.1.3.03.00 – Crédito Empenhado Liquidado a Pagar	8.900,00
	C – 6.2.2.1.3.04.00 – Crédito Empenhado Liquidado Pago	8.900,00

Registro da disponibilidade utilizada	D – 8.2.1.1.3.xx.xx – DDR Comprometida por Liquidação e Entradas Compensatórias	8.900,00
	C – 8.2.1.1.4.00.00 – DDR Utilizada	8.900,00

Retenção da contribuição do servidor da própria Unidade Gestora	D – 2.1.1.1.1.xx.xx – Pessoal a Pagar	1.100,00
	C – 2.1.8.8.x.xx.xx – RPPS – Retenções sobre Vencimentos e Vantagens	1.100,00

Baixa da consignação para encaminhamento dos recursos ao RPPS	D – 2.1.8.8.1.01.01 – RPPS – Retenções sobre Vencimentos e Vantagens	1.100,00
	C – 1.1.1.1.1.06.04 – Bancos Conta Movimento – Taxa de Administração	1.100,00

Registro orçamentário do pagamento da despesa	D – 6.2.2.1.3.03.00 – Crédito Empenhado Liquidado a Pagar	1.100,00
	C – 6.2.2.1.3.04.00 – Crédito Empenhado Liquidado Pago	1.100,00

Registro da disponibilidade utilizada	D – 8.2.1.1.3.xx.xx – DDR Comprometida por Liquidação e Entradas Compensatórias	1.100,00
	C – 8.2.1.1.4.00.00 – DDR Utilizada	1.100,00

Ingresso da receita de contribuição do servidor da Unidade Gestora do RPPS	D – 1.1.1.1.1.06.01 – Bancos Conta Movimento – RPPS Ou D – 1.1.1.1.1.06.02 – Bancos Conta Movimento – Plano Financeiro Ou D – 1.1.1.1.1.06.03 – Banco Conta Movimento – Plano Previdenciário	1.100,00
	C – 4.2.1.1.1.02.01 – Contribuição do Servidor – RPPS	1.100,00

Realização da receita de contribuição do servidor da Unidade Gestora do RPPS	D – 6.2.1.1.0.00.00 – Receita a Realizar	1.100,00
	C – 6.2.1.2.0.00.00 – Receita Realizada	1.100,00

Pelo controle da disponibilidade de recursos	D – 7.2.1.1.0.00.00 – Controle da Disponibilidade de Recursos	1.100,00
	C – 8.2.1.1.1.00.00 – Disponibilidade por Destinação de Recursos (DDR)	1.100,00

Caso a Unidade Gestora não disponha de conta bancária distinta para movimentar os recursos da taxa de administração (prática não recomendável), os mesmos lançamentos devem ser efetuados utilizando-se a conta bancária que efetua o pagamento dos benefícios, tanto para a entrada como para a saída de valores.

7.3 Contribuições dos aposentados e pensionistas

A contribuição dos aposentados e pensionistas também será de 11%, mas incidente apenas sobre a parcela de proventos de aposentadorias e pensões que supere o limite máximo estabelecido para os benefícios do RGPS, conforme disposto na Emenda Constitucional nº 41/2003.

Considerando a folha dos aposentados processada pela Unidade Gestora do RPPS, deverá ser efetuada a retenção da contribuição na elaboração da folha para posterior pagamento do benefício, conforme os dados do exemplo abaixo:

Exemplo 3: registro da contribuição dos aposentados

	Em R$
Benefício bruto	6.300,00
Limite do RGPS em jan./2016	5.189,82[1]
Base de cálculo da contribuição	1.110,18
Valor da contribuição a ser retida (11%)	122,12
Valor líquido do benefício devido	6.177,88

Lançamentos contábeis efetuados no âmbito do RPPS, considerando apenas a retenção da contribuição dos aposentados e pensionistas que recebem pelo RPPS:

Apropriação da folha do RPPS de aposentados	D – 3.2.1.1.x.xx.xx – Aposentadorias – RPPS	6.300,00
	C – 2.1.1.2.1.01.00 – Benefícios Previdenciários a Pagar	6.300,00

Registro do empenho da despesa orçamentária	D – 6.2.2.1.1.00.00 – Crédito Disponível	6.300,00
	C – 6.2.2.1.3.01.00 – Crédito Empenhado a Liquidar	6.300,00

Registro da disponibilidade comprometida por empenho	D – 8.2.1.1.1.00.00 – Disponibilidade por Destinação de Recursos (DDR)	6.300,00
	C – 8.2.1.1.2.00.00 – DDR Comprometida por Empenho	6.300,00

Registro da liquidação da despesa orçamentária	D – 6.2.2.1.3.01.00 – Crédito Empenhado a Liquidar	6.300,00
	C – 6.2.2.1.3.03.00 – Crédito Empenhado Liquidado a Pagar	6.300,00

Registro da disponibilidade comprometida por liquidação	D – 8.2.1.1.2.00.00 – DDR Comprometida por Empenho	6.300,00
	C – 8.2.1.1.3.01.00 – Comprometida por Liquidação	6.300,00

---

[1] O Decreto nº 3.048/1999 dispõe em seu art. 214 que o valor do limite máximo do salário de contribuição e de benefício será publicado mediante portaria, sempre que ocorrer alteração do valor dos benefícios. Portaria Interministerial MTPS/MF nº 01/2016.

Pagamento da folha do RPPS de aposentados	D – 2.1.1.2.1.01.00 – Benefícios Previdenciários a Pagar	6.177,88
	C – 1.1.1.1.1.06.01 – Bancos Conta Movimento – RPPS Ou C – 1.1.1.1.1.06.02 – Bancos Conta Movimento – Plano Financeiro Ou C – 1.1.1.1.1.06.03 – Banco Conta Movimento – Plano Previdenciário	6.177,88

Registro orçamentário do pagamento da despesa	D – 6.2.2.1.3.03.00 – Crédito Empenhado Liquidado a Pagar	6.177,88
	C – 6.2.2.1.3.04.00 – Crédito Empenhado Liquidado Pago	6.177,88

Registro da disponibilidade utilizada	D – 8.2.1.1.3.01.00 – Comprometida por Liquidação	6.177,88
	C – 8.2.1.1.4.00.00 – DDR Utilizada	6.177,88

Retenção da contribuição do aposentado	D – 2.1.1.2.1.01.00 – Benefícios Previdenciários a Pagar	122,12
	C – 2.1.8.8.1.01.00 – RPPS Retenções sobre Vencimentos e Vantagens	122,12

Baixa da consignação	D – 2.1.8.8.1.01.01 – RPPS – Retenções sobre Vencimentos e Vantagens	122,12
	C – 1.1.1.1.1.06.01 – Bancos Conta Movimento – RPPS Ou C – 1.1.1.1.1.06.02 – Bancos Conta Movimento – Plano Financeiro Ou C – 1.1.1.1.1.06.03 – Banco Conta Movimento – Plano Previdenciário	122,12

Registro orçamentário do pagamento da despesa	D – 6.2.2.1.3.03.00 – Crédito Empenhado Liquidado a Pagar	122,12
	C – 6.2.2.1.3.04.00 – Crédito Empenhado Liquidado Pago	122,12
Registro da disponibilidade utilizada	D – 8.2.1.1.3.xx.xx – DDR Comprometida por Liquidação e Entradas Compensatórias	122,12
	C – 8.2.1.1.4.00.00 – DDR Utilizada	122,12
Ingresso da receita de contribuição do aposentado do RPPS	D – 1.1.1.1.1.06.01 – Bancos Conta Movimento – RPPS Ou D – 1.1.1.1.1.06.02 – Bancos Conta Movimento – Plano Financeiro Ou D – 1.1.1.1.1.06.03 – Banco Conta Movimento – Plano Previdenciário	122,12
	C – 4.2.1.1.1.02.02 – Contribuição do Aposentado – RPPS	122,12
Realização da receita de contribuição do aposentado do RPPS	D – 6.2.1.1.0.00.00 – Receita a Realizar	122,12
	C – 6.2.1.2.0.00.00 – Receita Realizada	122,12
Pelo controle da disponibilidade de recursos	D – 7.2.1.1.0.00.00 – Controle da Disponibilidade de Recursos	122,12
	C – 8.2.1.1.1.00.00 – Disponibilidade por Destinação de Recursos (DDR)	122,12

Observe que os recursos saem e entram na mesma conta bancária que tenha efetuado o pagamento dos benefícios, pois neste caso a Unidade Gestora está retendo parte do benefício do segurado que ela mesma é a devedora da totalidade, mas o desdobramento dos lançamentos é importante para ficar claro que a retenção foi feita corretamente, e para que seja possível efetuar todos os lançamentos relativos ao controle de disponibilidade, salientando obrigatoriedade de cumprimento do caráter contributivo, também, dos aposentados e pensionistas.

Ressalta-se que no caso da contribuição dos aposentados e pensionistas com doenças incapacitantes, ou que tenham se aposentado em decorrência de acidente de trabalho, eles contribuirão sobre as parcelas de proventos de aposentadorias e pensões que superem o dobro do limite máximo estabelecido para os benefícios do RGPS de que trata o art. 201 da CF de 1988.[2]

7.4 Contribuição a cargo do ente federativo

A contribuição do ente federativo, comumente denominada patronal, é a contribuição efetuada pela Administração Pública para o RPPS em virtude da sua condição de "empregadora", resultante do pagamento de pessoal. No âmbito do próprio ente público, ou seja, dele para com o seu RPPS, as contribuições patronais relativas aos servidores públicos ativos devem ser contabilizadas no rol das despesas intraorçamentárias.

A legislação atual estabelece para a União o dobro da contribuição do servidor ativo. Para os Estados, o Distrito Federal e os Municípios, os percentuais relativos à "contribuição patronal" variam entre 11% e 22%,[3] em vários casos superando esse patamar em razão da instituição da chamada alíquota suplementar para o equacionamento de déficit atuarial.

De acordo com a Parte I – Procedimentos Contábeis Orçamentários (PCO) – do *Manual de Contabilidade Aplicada ao Setor Público* (MCASP), editado pela Secretaria do Tesouro Nacional, operações intraorçamentárias *"são aquelas realizadas entre órgãos e demais entidades da Administração Pública integrantes do orçamento fiscal e do orçamento da seguridade social do mesmo ente federativo"*. Por isso, esses valores não representam novas entradas de recursos nos cofres públicos do ente, mas apenas movimentação de recursos entre seus órgãos.

Para facilitar o entendimento do registro contábil desses valores, observe os lançamentos a seguir.

Exemplo 4: registro da "contribuição patronal"

Em R$

Encargos Patronais – RPPS – Intra OFSS	14.080,00

---

[2] EC nº 47/2005.
[3] Conforme disposto na Lei nº 10.887/2004 e na Lei nº 9.717/1999.

a) Registro contábil no ente público relativo ao pagamento da "contribuição patronal" para o RPPS

Apropriação dos encargos patronais	D – 3.7.2.1.2.00.00 – Contribuições Sociais – Intra OFSS	14.080,00
	C – 2.1.1.4.2.01.00 – Contribuição a RPPS	14.080,00

Registro do empenho da despesa orçamentária	D – 6.2.2.1.1.00.00 – Crédito Disponível	14.080,00
	C – 6.2.2.1.3.01.00 – Crédito Empenhado a Liquidar	14.080,00

Registro da disponibilidade comprometida por empenho	D – 8.2.1.1.1.00.00 – Disponibilidade por Destinação de Recursos (DDR)	14.080,00
	C – 8.2.1.1.2.00.00 – DDR Comprometida por Empenho	14.080,00

Registro da liquidação da despesa orçamentária	D – 6.2.2.1.3.01.00 – Crédito Empenhado a Liquidar	14.080,00
	C – 6.2.2.1.3.03.00 – Crédito Empenhado Liquidado a Pagar	14.080,00

Registro da disponibilidade comprometida por liquidação	D – 8.2.1.1.2.00.00 – DDR Comprometida por Empenho	14.080,00
	C – 8.2.1.1.3.01.00 – Comprometida por Liquidação	14.080,00

Pagamento dos encargos patronais	D – 2.1.1.4.2.01.00 – Contribuição a RPPS	14.080,00
	C – 1.1.1.x.x.xx.xx – Caixa e Equivalentes de Caixa	14.080,00

Registro orçamentário do pagamento da despesa	D – 6.2.2.1.3.03.00 – Crédito Empenhado Liquidado a Pagar	14.080,00
	C – 6.2.2.1.3.04.00 – Crédito Empenhado Liquidado Pago	14.080,00

Registro da disponibilidade utilizada	D – 8.2.1.1.3.01.00 – Comprometida por Liquidação	14.080,00
	C – 8.2.1.1.4.00.00 – DDR Utilizada	14.080,00

Caso a legislação em vigor no ente público contemple o acréscimo de encargos moratórios (multas, juros e atualização monetária) para as contribuições patronais recolhidas fora do prazo, o seguinte lançamento deve ser efetuado:

Exemplo 5: registro de juros de contribuições patronais sem legislação específica

Em R$

Acréscimo de juros em razão de atraso no repasse das contribuições patronais	3.200,00

Reconhecimento de juros por atraso	D – 3.4.2.x.x.xx.xx – Juros e Encargos de Mora	3.200,00
	C – 2.1.1.4.2.xx.xx – Encargos Sociais a Pagar	3.200,00

No momento em que o pagamento desses juros for efetuado, todos os estágios da despesa orçamentária devem ser observados, bem como seus respectivos controles de disponibilidade.

b) Registro contábil na Unidade Gestora do RPPS relativo ao recebimento da "contribuição patronal" do ente público

Reconhecimento do direito a receber relativo à "contribuição patronal"	D – 1.1.2.1.2.xx.xx – Crédito Tributário a Receber[4]	14.080,00
	C – 4.2.1.1.5.01.00 – Contribuições Patronais ao RPPS	14.080,00

Pelo ingresso da "contribuição patronal" nos cofres do RPPS	D – 1.1.1.1.1.06.01 – Bancos Conta Movimento – RPPS Ou D – 1.1.1.1.1.06.02 – Bancos Conta Movimento – Plano Financeiro Ou D – 1.1.1.1.1.06.03 – Banco Conta Movimento – Plano Previdenciário	14.080,00
	C – 1.1.2.1.2.xx.xx – Crédito Tributário a Receber	14.080,00

---

[4] Embora conste na nomenclatura da conta a expressão "Crédito Tributário", o entendimento do MPS é o de que as contribuições a cargo do ente federativo não estão contempladas nesse conceito. (Nota Técnica CGNAL/DRPSP/SPS nº 01, de 3 de setembro de 2010).

Pelo reconhecimento da receita orçamentária	D – 6.2.1.1.0.00.00 – Receita a Realizar	14.080,00
	C – 6.2.1.2.0.00.00 – Receita Realizada	14.080,00

Pelo controle da disponibilidade de recursos	D – 7.2.1.1.0.00.00 – Controle da Disponibilidade de Recursos	14.080,00
	C – 8.2.1.1.1.00.00 – Disponibilidade por Destinação de Recursos	14.080,00

Caso o ente público atrase o repasse das contribuições patronais, e haja legislação específica que preveja a cobrança dos respectivos encargos, o seguinte lançamento deve ser efetuado na Unidade Gestora do RPPS:

Exemplo 6: registro de juros de contribuições patronais com legislação específica

Em R$

Juros em razão de atraso no repasse das contribuições patronais	3.200,00

Reconhecimento dos encargos a receber por competência	D – 1.1.2.1.2.xx.xx – Créditos Tributários a Receber	3.200,00
	C – 4.4.2.x.x.xx.xx – Juros e Encargos de Mora	3.200,00

No momento do recebimento desses valores, uma receita orçamentária deve ser reconhecida e seu respectivo controle de disponibilidade.

Registre-se que na existência de alíquota de contribuição suplementar definida em lei, o registro contábil se dará da mesma forma que na "contribuição patronal", tanto no âmbito do ente público como no RPPS, lembrando que para o estabelecimento da alíquota há que observar a capacidade orçamentária e financeira do ente federativo para cumprimento do plano de amortização, observando os limites determinados pela Lei de Responsabilidade Fiscal.

Quando se tratar da "contribuição patronal" da própria folha do RPPS, o registro seguirá a mesma lógica, devendo também receber o tratamento de operação intraorçamentária. Registra-se que a despesa da folha da Unidade Gestora do RPPS, a exemplo da remuneração dos seus servidores, será custeada pela conta bancária da taxa de administração:

Exemplo 7: registro da "contribuição patronal" da Unidade Gestora

Em R$

"Contribuição patronal" da Unidade Gestora do RPPS	1.100,00

Apropriação da despesa de "contribuição patronal" da própria Unidade Gestora	D – 3.7.2.1.2.00.00 – Contribuições Sociais – Intra OFSS	1.100,00
	C – 2.1.1.4.2.01.00 – Contribuição a RPPS	1.100,00

Registro do empenho da despesa patronal da própria Unidade Gestora	D – 6.2.2.1.1.00.00 – Crédito Disponível	1.100,00
	C – 6.2.2.1.3.01.00 – Crédito Empenhado a Liquidar	1.100,00

Registro da disponibilidade comprometida por empenho	D – 8.2.1.1.1.00.00 – Disponibilidade por Destinação de Recursos (DDR)	1.100,00
	C – 8.2.1.1.2.00.00 – DDR Comprometida por Empenho	1.100,00

Registro da liquidação da despesa patronal da própria Unidade Gestora	D – 6.2.2.1.3.01.00 – Crédito Empenhado a Liquidar	1.100,00
	C – 6.2.2.1.3.03.00 – Crédito Empenhado Liquidado a Pagar	1.100,00

Registro da disponibilidade comprometida por liquidação	D – 8.2.1.1.2.00.00 – DDR Comprometida por Empenho	1.100,00
	C – 8.2.1.1.3.01.00 – Comprometida por Liquidação	1.100,00

Pagamento da folha da Unidade Gestora do RPPS	D – 2.1.1.4.2.01.00 – Contribuição a RPPS	1.100,00
	C – 1.1.1.1.1.06.04 – Bancos Conta Movimento – Taxa de Administração	1.100,00

Registro da disponibilidade utilizada	D – 8.2.1.1.3.01.00 – Comprometida por Liquidação	1.100,00
	C – 8.2.1.1.4.00.00 – DDR Utilizada	1.100,00

Ingresso da receita de contribuição do servidor da Unidade Gestora do RPPS	D – 1.1.1.1.1.06.01 – Bancos Conta Movimento – RPPS Ou D – 1.1.1.1.1.06.02 – Bancos Conta Movimento – Plano Financeiro Ou D – 1.1.1.1.1.06.03 – Banco Conta Movimento – Plano Previdenciário	1.100,00
	C – 4.2.1.1.5.01.00 – Contribuições Patronais ao RPPS	1.100,00

Realização da receita de "contribuição patronal" da própria Unidade Gestora	D – 6.2.1.1.0.00.00 – Receita a Realizar	1.100,00
	C – 6.2.1.2.0.00.00 – Receita Realizada	1.100,00

Pelo controle da disponibilidade de recursos	D – 7.2.1.1.0.00.00 – Controle da Disponibilidade de Recursos	1.100,00
	C – 8.2.1.1.1.00.00 – Disponibilidade por Destinação de Recursos	1.100,00

Caso a Unidade Gestora não tenha conta bancária distinta para a taxa de administração, deve ser utilizada a conta bancária de pagamento de benefícios tanto para a entrada como para a saída desses valores.

Com relação ao abono de permanência, pagamento concedido aos servidores que tenham optado por permanecer em atividade após terem completado as exigências para aposentadoria voluntária, não haverá reflexo na Contabilidade do RPPS. O ônus da indenização correspondente à contribuição previdenciária devida a esse servidor até completar as exigências para a aposentadoria compulsória recairá sobre o ente público que o mantiver em sua força de trabalho, exceto dos seus servidores da Unidade Gestora, que repercutirão na taxa de administração.

7.5 Parcelamento de débitos previdenciários

Os valores das contribuições patronais previdenciárias devidas pelo ente público e não repassadas em época própria ao seu RPPS poderão ser objeto de acordo para pagamento, denominado parcelamento de débitos previdenciários.

No ente público, os valores parcelados (via termo de confissão e parcelamento de dívida) serão contabilizados em contas de Passivo Não Circulante (dívida fundada). No RPPS, esses valores comporão os direitos a receber em contas de Ativo Não Circulante, já que em tese se referem a valores que ultrapassarão o encerramento do exercício social seguinte, da seguinte forma:

Pelo reconhecimento do direito a receber	(NIP)	D – 1.2.1.1.1.01.71 – Créditos Previdenciários Parcelados C – 1.1.2.1.2.xx.xx – Créditos Tributários a Receber
Pelo ingresso dos valores nos cofres do RPPS	(NIP)	D – 1.1.1.1.1.06.01 – Bancos Conta Movimento – RPPS Ou D – 1.1.1.1.1.06.02 – Bancos Conta Movimento – Plano Financeiro Ou D – 1.1.1.1.1.06.03 – Banco Conta Movimento – Plano Previdenciário C – 1.2.1.1.1.01.71 – Créditos Previdenciários Parcelados
Pelo reconhecimento da receita orçamentária	(NIO)	D – 6.2.1.1.0.00.00 – Receita a Realizar C – 6.2.1.2.0.00.00 – Receita Realizada
Pelo controle da disponibilidade de recursos	(NIC)	D – 7.2.1.1.0.00.00 – Controle da Disponibilidade de Recursos C – 8.2.1.1.1.00.00 – Disponibilidade por Destinação de Recursos

Capítulo 7 | Contribuições e Benefícios Previdenciários **197**

Exemplo 8: registro do parcelamento de débitos

Em R$

Créditos Previdenciários Parcelados	96.000,00
Recebimento parcial de créditos parcelados	4.000,00

a) Registro contábil no ente público relativo ao pagamento de parcelamento de débitos previdenciários junto à Unidade Gestora do RPPS

Assunção de dívida no ente público referente ao parcelamento de débitos previdenciários	D – 3.7.2.1.2.00.00 – Contribuições Sociais – Intra OFSS	96.000,00
	C – 2.2.1.4.1.01.00 – Contribuições Previdenciárias – Débito Parcelado	96.000,00
Reclassificação a parcela da dívida do longo para o curto prazo	D – 2.2.1.4.1.01.00 – Contribuições Previdenciárias – Débito Parcelado	4.000,00
	C – 2.1.1.4.1.06.00 – Contribuições Previdenciárias – Débito Parcelado	4.000,00
Registro do empenho da despesa orçamentária	D – 6.2.2.1.1.00.00 – Crédito Disponível	4.000,00
	C – 6.2.2.1.3.01.00 – Crédito Empenhado a Liquidar	4.000,00
Registro da disponibilidade comprometida por empenho	D – 8.2.1.1.1.00.00 – Disponibilidade por Destinação de Recursos (DDR)	4.000,00
	C – 8.2.1.1.2.00.00 – DDR Comprometida por Empenho	4.000,00
Registro da liquidação da despesa orçamentária	D – 6.2.2.1.3.01.00 – Crédito Empenhado a Liquidar	4.000,00
	C – 6.2.2.1.3.03.00 – Crédito Empenhado Liquidado a Pagar	4.000,00
Registro da disponibilidade comprometida por liquidação	D – 8.2.1.1.2.00.00 – DDR Comprometida por Empenho	4.000,00
	C – 8.2.1.1.3.01.00 – Comprometida por Liquidação	4.000,00

Pagamento de parcela do débito previdenciário	D – 2.1.1.4.1.06.00 – Contribuições Previdenciárias – Débito Parcelado	4.000,00
	C – 1.1.1.x.x.xx.xx – Caixa e Equivalentes de Caixa	4.000,00

Registro orçamentário do pagamento da despesa	D – 6.2.2.1.3.03.00 – Crédito Empenhado Liquidado a Pagar	4.000,00
	C – 6.2.2.1.3.04.00 – Crédito Empenhado Liquidado Pago	4.000,00

Registro da disponibilidade utilizada	D – 8.2.1.1.3.01.00 – Comprometida por Liquidação	4.000,00
	C – 8.2.1.1.4.00.00 – DDR Utilizada	4.000,00

b) Registro contábil na Unidade Gestora do RPPS relativo ao recebimento de contribuição previdenciária em regime de parcelamento de débitos

Pelo reconhecimento do direito a receber decorrente de acordo de parcelamento de débito	D – 1.2.1.1.1.01.71 – Créditos Previdenciários Parcelados	96.000,00
	C – 1.1.2.1.2.xx.xx – Créditos Tributários a Receber	96.000,00

Reclassificação de parcela do longo para o curto prazo	D – 1.1.2.1.2.71.00 – Créditos Previdenciários Parcelados	4.000,00
	C – 1.2.1.1.1.01.71 – Créditos Previdenciários Parcelados	4.000,00

Pelo ingresso dos valores nos cofres do RPPS	D – 1.1.1.1.1.06.01 – Bancos Conta Movimento – RPPS Ou D – 1.1.1.1.1.06.02 – Bancos Conta Movimento – Plano Financeiro Ou D – 1.1.1.1.1.06.03 – Banco Conta Movimento – Plano Previdenciário	4.000,00
	C – 1.1.2.1.2.71.00 – Créditos Previdenciários Parcelados	4.000,00

Pelo reconhecimento da receita orçamentária	D – 6.2.1.1.0.00.00 – Receita a Realizar	4.000,00
	C – 6.2.1.2.0.00.00 – Receita Realizada	4.000,00

Pelo reconhecimento da receita orçamentária	D – 7.2.1.1.0.00.00 – Controle da Disponibilidade de Recursos	4.000,00
	C – 8.2.1.1.1.00.00 – Disponibilidade por Destinação de Recursos (DDR)	4.000,00

Como regra geral, é admitida a celebração de acordo para pagamento parcelado dos valores das contribuições patronais previdenciárias devidas pelo ente público e não repassadas em época própria ao seu RPPS, porém ao longo do tempo concessões especiais têm sido feitas também para o parcelamento das contribuições retidas dos servidores e não repassadas.

O parcelamento em desacordo com as normas vigentes, bem como a inadimplência das parcelas, acarreta irregularidade no caráter contributivo do regime próprio. Esses parcelamentos especiais têm sido admitidos em razão de o MPS reconhecer para os RPPS a mesma regra aplicável ao RGPS, em que, eventualmente, vem sendo concedida essa benesse, desde que haja lei específica regulamentando.

Vale lembrar que a legislação previdenciária não reconhece a quitação de dívida relativa a débitos previdenciários pelo ente federativo mediante a dação em pagamento com bens móveis e imóveis de qualquer natureza, ações ou quaisquer outros títulos.

7.6 Compensação previdenciária

A compensação previdenciária surge como consequência da previsão constitucional da contagem recíproca do tempo de contribuição entre regimes previdenciários, e tem a finalidade de o regime instituidor (responsável pela concessão do benefício) se ressarcir financeiramente com relação ao tempo de contribuição feita ao regime de origem do segurado sem ter recebido as correspondentes contribuições previdenciárias.

O efetivo pagamento dos valores da compensação previdenciária se dá por meio de um encontro de contas (direitos *versus* obrigações), tendo como referência as contribuições vertidas a cada regime, devendo ser contabilizado no RPPS na condição de regime instituidor como crédito a receber, a partir da ocorrência do fato gerador, mensalmente, e como regime de origem deve ser registrado como obrigação a pagar. O fato gerador ocorre no momento em que se conhece o valor a receber ou o devido, a partir do vencimento da competência de referência.

Os direitos futuros estimados no RPPS como regime instituidor comporão a provisão matemática previdenciária, na forma de conta redutora desta. Já as obrigações estimadas compõem o montante das provisões matemáticas previdenciárias pela avaliação atuarial, portanto uma obrigação contabilizada em correspondente conta do Passivo Não Circulante, o que representa uma visão patrimonial da compensação previdenciária.

Importante lembrar que o valor a ser contabilizado como conta redutora das provisões matemáticas previdenciárias, na ausência de dados reais e consistentes, não poderá ultrapassar a 10% (dez por cento) do Valor Atual dos Benefícios Futuros do plano de benefícios.[5]

Por outro lado, na perspectiva da visão financeira, a cada competência em que o regime instituidor for devedor do benefício, sendo ele credor de compensação em decorrência desse mesmo benefício, pode haver o efetivo recebimento da compensação; ela ingressará nos cofres do RPPS tendo como contrapartida uma VPA correspondente, reduzindo, consequentemente, o comprometimento dos recursos do regime instituidor dos benefícios. A conta redutora da provisão matemática previdenciária se ajustará a cada atualização dos valores da avaliação atuarial.

Registre-se que a compensação previdenciária entre regimes não constitui uma operação intraorçamentária, uma vez que as entidades pertencem a orçamentos distintos, com exceção da possível compensação previdenciária entre o RGPS e o RPPS da União. Veja o exemplo a seguir, relativamente à competência vencida:

Exemplo 9: registro da compensação previdenciária

Em R$

Direito estimado de compensação do RPPS junto ao RGPS	42.000,00
Obrigação de compensação do RPPS junto ao RGPS	24.000,00
Valor líquido a receber no período pelo RPPS	18.000,00

---

[5] Portaria MPS nº 403/2008.

Tomando o exemplo dado, no encontro de contas (direitos *versus* obrigações) na competência verifica-se que o total de direitos da Unidade Gestora é maior do que o total de obrigações, cabendo ao RPPS, como regime instituidor, o ingresso de recursos no valor de R$ 18.000,00, conforme lançamentos a seguir:

Parcela de compensação previdenciária a receber	D – 1.1.2.x.x.xx.xx – Créditos a Curto Prazo	42.000,00
	C – 4.9.9.1.0.xx.xx – VPA – Compensação Financeira entre RGPS/RPPS	42.000,00

Parcela de compensação previdenciária a pagar	D – 3.9.9.1.0.xx.xx – VPD – Compensação Financeira entre RGPS/RPPS	24.000,00
	C – 2.1.1.x.x.xx.xx – Obrigações Trabalhistas, Previdenciárias e Assistenciais a curto prazo	24.000,00

Registro de empenho da compensação previdenciária devida	D – 6.2.2.1.1.00.00 – Crédito Disponível	24.000,00
	C – 6.2.2.1.3.01.00 – Crédito Empenhado a Liquidar	24.000,00

Registro da disponibilidade comprometida por empenho	D – 8.2.1.1.1.00.00 – Disponibilidade por Destinação de Recursos (DDR)	24.000,00
	C – 8.2.1.1.2.00.00 – DDR Comprometida por Empenho	24.000,00

Registro de liquidação de empenho da compensação previdenciária	D – 6.2.2.1.3.01.00 – Crédito Empenhado a Liquidar	24.000,00
	C – 6.2.2.1.3.03.00 – Crédito Empenhado Liquidado a Pagar	24.000,00

Registro da disponibilidade comprometida por liquidação	D – 8.2.1.1.2.00.00 – DDR Comprometida por Empenho	24.000,00
	C – 8.2.1.1.3.xx.xx – DDR Comprometida por Liquidação e Entradas Compensatórias	24.000,00

Encontro de contas direito versus obrigações	D – 2.1.1.x.x.xx.xx – Obrigações Trabalhistas, Previdenciárias e Assistenciais a Curto Prazo	24.000,00
	C – 1.1.2.x.x.xx.xx – Créditos a Curto Prazo	24.000,00

Registro orçamentário do pagamento da despesa	D – 6.2.2.1.3.03.00 – Crédito Empenhado Liquidado a Pagar	24.000,00
	C – 6.2.2.1.3.04.00 – Crédito Empenhado Liquidado Pago	24.000,00

Registro da disponibilidade utilizada	D – 8.2.1.1.3.xx.xx – DDR Comprometida por Liquidação e Entradas Compensatórias	24.000,00
	C – 8.2.1.1.4.00.00 – DDR Utilizada	24.000,00

Pelo ingresso da compensação previdenciária nos cofres do RPPS	D – 1.1.1.1.1.06.01 – Bancos Conta Movimento – RPPS Ou D – 1.1.1.1.1.06.02 – Bancos Conta Movimento – Plano Financeiro Ou D – 1.1.1.1.1.06.03 – Banco Conta Movimento – Plano Previdenciário	18.000,00
	C – 1.1.2.x.x.xx.xx – Créditos a Curto Prazo	18.000,00

Realização da receita de compensação previdenciária	D – 6.2.1.1.0.00.00 – Receita a Realizar	18.000,00
	C – 6.2.1.2.0.00.00 – Receita Realizada	18.000,00

Pelo controle da disponibilidade de recursos	D – 7.2.1.1.0.00.00 – Controle da Disponibilidade de Recursos	18.000,00
	C – 8.2.1.1.1.00.00 – Disponibilidade por Destinação de Recursos (DDR)	18.000,00

Como tanto o recebimento como o pagamento da compensação previdenciária devem estar previstos na LOA, observe que, mesmo havendo o encontro de contas, toda a execução orçamentária deve ser registrada, bem como seus respectivos controles de disponibilidade, para ficar claro que o que era devido foi pago e o que tinha de ser recebido foi recebido, homenagem ao Princípio da Transparência.

Apesar de a prática contábil apresentada até então reforçar o conceito de que a compensação financeira previdenciária quando recebida é tratada como se receita fosse, na verdade, genuinamente, trata-se de um ressarcimento de despesa, uma vez que no regime de origem essa contribuição tem como destinação o pagamento de benefício previdenciário, destinação que não muda com a mudança de regime.

Observe que essa discussão traz várias implicações na gestão da receita previdenciária, que deixaria de computar em sua base o montante desses valores. Entretanto, eventual mudança do tratamento contábil até então praticado carece de alterações nos manuais que orientam o registro contábil desses valores.

7.7 Transferências recebidas pelos RPPS

As transferências recebidas pelos RPPS compreendem o valor dos aportes financeiros do ente para cobertura de insuficiências financeiras, aportes para a formação de reserva, para cobertura de déficits financeiros ou atuariais do RPPS e outros aportes, exceto os decorrentes de alíquota de contribuição complementar (também conhecida como alíquota suplementar).

7.7.1 Aporte de recursos para cobertura de déficit financeiro

O déficit financeiro representa as insuficiências financeiras verificadas no exercício entre os ingressos de recursos e reservas financeiras acumuladas, e o pagamento de despesas previdenciárias, de ocorrência mais comum no Plano Financeiro, embora também possível no Plano Previdenciário.

Registre-se que a diferença entre a transferência de recursos feita pelo Tesouro para cobertura da insuficiência financeira e os aportes para cobertura de déficit atuarial é que a execução orçamentária da transferência (despesa) se dá somente no ente federativo, enquanto no aporte para cobertura a execução da despesa orçamentária ocorre tanto no ente federativo pelo repasse como no RPPS por ocasião do pagamento do benefício. Ou seja, enquanto na primeira há apenas uma execução orçamentária, no segundo ocorrem duas execuções.

Dessa forma, a execução orçamentária da cobertura de insuficiência financeira é exigida porque esses recursos são a fonte efetivamente utilizada pelo Tesouro do ente federativo para o pagamento dos benefícios dos segurados pertencente ao seu RPPS, ou seja, representa efetivamente uma despesa orçamentária no ente federativo, enquanto na Unidade Gestora apenas transitam pelas contas de disponibilidades, o que equivale a dizer que o RPPS é tão somente o mero pagador do benefício previdenciário.

Exemplo 10: registro da cobertura de insuficiência financeira

Em R$

Recursos para Cobertura de Insuficiência Financeira	102.000,00

a) Registro contábil no ente público relativo às transferências concedidas para cobertura de insuficiência financeira

Apropriação de despesa para cobertura de insuficiência financeira	D – 3.5.1.3.2.01.01 – VPD Recursos para Cobertura de Insuficiências Financeiras	102.000,00
	C – 2.1.1.2.2.xx.xx – Benefícios Previdenciários a Pagar	102.000,00

Registro do empenho da despesa orçamentária	D – 6.2.2.1.1.00.00 – Crédito Disponível	102.000,00
	C – 6.2.2.1.3.01.00 – Crédito Empenhado a Liquidar	102.000,00

Registro da disponibilidade comprometida por empenho	D – 8.2.1.1.1.00.00 – Disponibilidade por Destinação de Recursos (DDR)	102.000,00
	C – 8.2.1.1.2.00.00 – DDR Comprometida por Empenho	102.000,00

Registro da liquidação da despesa orçamentária	D – 6.2.2.1.3.01.00 – Crédito Empenhado a Liquidar	102.000,00
	C – 6.2.2.1.3.03.00 – Crédito Empenhado Liquidado a Pagar	102.000,00

Registro da disponibilidade comprometida por liquidação	D – 8.2.1.1.2.00.00 – DDR Comprometida por Empenho	102.000,00
	C – 8.2.1.1.3.01.00 – Comprometida por Liquidação	102.000,00

Transferência de recursos para cobertura de insuficiências financeiras	D – 2.1.1.2.2.xx.xx – Benefícios Previdenciários a Pagar	102.000,00
	C – 1.1.1.x.x.xx.xx – Caixa e Equivalentes de Caixa	102.000,00

Registro orçamentário do pagamento da despesa	D – 6.2.2.1.3.03.00 – Crédito Empenhado Liquidado a Pagar	102.000,00
	C – 6.2.2.1.3.04.00 – Crédito Empenhado Liquidado Pago	102.000,00

Registro da disponibilidade utilizada	D – 8.2.1.1.3.01.00 – Comprometida por Liquidação	102.000,00
	C – 8.2.1.1.4.00.00 – DDR Utilizada	102.000,00

b) Registro contábil no RPPS relativo às transferências recebidas para cobertura de insuficiência financeira

Reconhecimento do ingresso do recurso relativo à cobertura de insuficiência financeira	D – 1.1.1.1.1.06.02 – Bancos Conta Movimento – Plano Financeiro	102.000,00
	C – 4.5.1.3.2.01.01 – VPA Recursos para Cobertura de Insuficiências Financeiras	102.000,00

Pelo controle da disponibilidade relativo ao ingresso de recursos da cobertura de insuficiência financeira	D – 7.2.1.1.3.00.00 – Recursos Extraorçamentários	102.000,00
	C – 8.2.1.1.3.03.00 – Comprometida por Entradas Compensatórias	102.000,00

Pagamento do benefício com recursos recebidos relativos à cobertura de insuficiência financeira	D – 3.2.1.x.x.xx.xx – VPD Aposentadorias e Reformas	102.000,00
	C – 1.1.1.1.1.06.02 – Bancos Conta Movimento – Plano Financeiro	102.000,00

Pelo controle da disponibilidade quando do pagamento do benefício relativo à cobertura de insuficiência financeira	D – 8.2.1.1.3.03.00 – Comprometida por Entradas Compensatórias	102.000,00
	C – 8.2.1.1.4.00.00 – DDR Utilizada	102.000,00

7.7.2 Aporte de recursos financeiros para cobertura de déficit atuarial

O déficit atuarial representa a diferença negativa, calculada atuarialmente, entre a projeção dos ingressos e ativos vinculados ao fundo previdenciário e as obrigações com o pagamento do benefício e despesa administrativa no longo prazo.

Na prática, como se trata de recursos financeiros definidos em lei do ente federativo com a finalidade específica de cobrir os déficits atuariais detectados pela avaliação atuarial, a execução orçamentária desses aportes segue a mesma lógica de uma "contribuição patronal".

Vale lembrar que a Portaria Conjunta STN/SOF nº 02/2010 definiu o elemento de despesa 97 para o registro desses valores no ente federativo, com o objetivo de diferenciar essa despesa das despesas com contribuições patronais (normal ou suplementar) classificáveis no elemento de despesa 13, conforme lançamentos a seguir.

Exemplo 11: registro da cobertura de déficit atuarial

Em R$

Recursos para Cobertura de Déficit Atuarial	197.000 00

a) Registro contábil no ente público relativo às transferências concedidas para cobertura de déficit atuarial

Apropriação de despesa para cobertura de déficit atuarial	D – 3.5.1.3.2.02.02 – VPD Aporte de Recursos Financeiros para Cobertura de Déficit Atuarial	197.000,00
	C – 2.1.x.x.x.xx.xx – Aportes para Cobertura de Déficit Atuarial a Pagar	197.000,00

Registro do empenho da despesa orçamentária	D – 6.2.2.1.1.00.00 – Crédito Disponível	197.000,00
	C – 6.2.2.1.3.01.00 – Crédito Empenhado a Liquidar	197.000,00

Registro da disponibilidade comprometida por empenho	D – 8.2.1.1.1.00.00 – Disponibilidade por Destinação de Recursos (DDR)	197.000,00
	C – 8.2.1.1.2.00.00 – DDR Comprometida por Empenho	197.000,00

Registro da liquidação da despesa orçamentária	D – 6.2.2.1.3.01.00 – Crédito Empenhado a Liquidar	197.000,00
	C – 6.2.2.1.3.03.00 – Crédito Empenhado Liquidado a Pagar	197.000,00

Registro da disponibilidade comprometida por liquidação	D – 8.2.1.1.2.00.00 – DDR Comprometida por Empenho	197.000,00
	C – 8.2.1.1.3.01.00 – Comprometida por Liquidação	197.000,00

Transferência de recursos para cobertura de déficit atuarial	D – 2.1.x.x.x.xx.xx – Aportes para Cobertura de Déficit Atuarial a Pagar	197.000,00
	C – 1.1.1.x.x.xx.xx – Caixa e Equivalentes de Caixa	197.000,00

Registro orçamentário do pagamento da despesa	D – 6.2.2.1.3.03.00 – Crédito Empenhado Liquidado a Pagar	197.000,00
	C – 6.2.2.1.3.04.00 – Crédito Empenhado Liquidado Pago	197.000,00

Registro da disponibilidade utilizada	D – 8.2.1.1.3.01.00 – Comprometida por Liquidação	197.000,00
	C – 8.2.1.1.4.00.00 – DDR Utilizada	197.000,00

b) Registro contábil no RPPS público relativo às transferências recebidas para cobertura de déficit atuarial

Reconhecimento de direito para cobertura de déficit atuarial	D – 1.1.x.x.x.xx.xx – Aportes de Recursos para Cobertura de Déficit Atuarial a Receber	197.000,00
	C – 4.5.1.3.2.02.02 – VPA Aporte de Recursos Financeiros para Cobertura de Déficit Atuarial	197.000,00

Transferência recebida para cobertura de déficit atuarial	D – 1.1.1.1.1.06.03 – Banco Conta Movimento – Plano Previdenciário	197.000,00
	C – 1.1.x.x.x.xx.xx – Aportes de Recursos para Cobertura de Déficit Atuarial a Receber	197.000,00

Pelo controle da disponibilidade de recursos	D – 7.2.1.1.0.00.00 – Controle da Disponibilidade de Recursos	197.000,00
	C – 8.2.1.1.1.00.00 – Disponibilidade por Destinação de Recursos (DDR)	197.000,00

7.7.3 Aporte de outros Ativos para cobertura de déficit atuarial

O registro contábil relativo a aportes de outros Ativos para cobertura de déficit atuarial é bastante parecido com os lançamentos efetuados relativos aos recursos financeiros, observando-se, porém, que no caso de outros Ativos não haverá controle de disponibilidade.

Considerando que o registro desse Ativo no RPPS deverá ser feito pelo valor de mercado, é recomendável que o ente federativo faça previamente o ajuste do valor contábil do bem também a valor de mercado para que não haja inconsistência na consolidação das contas do ente.

Como se trata de uma transferência patrimonial sem a correspondente baixa de uma dívida, é imprescindível que essa operação seja registrada em Nota Explicativa às demonstrações contábeis tanto no ente como no RPPS. O registro do Ativo será efetuado em conta específica conforme sua característica, conforme exemplo a seguir:

Exemplo 12: registro de imóvel para cobertura de déficit atuarial

Em R$

Recebimento de imóvel para cobertura de déficit atuarial	80.000,00

a) Registro contábil no ente público relativo às transferências concedidas para cobertura de déficit atuarial

Transferência de imóvel para cobertura de déficit atuarial	D – 3.5.1.3.2.02.09 – VPD Outros Aportes para o RPPS	80.000,00
	C – 1.2.3.2.x.xx.xx – Bens Imóveis	80.000,00

b) Registro contábil no RPPS público relativo às transferências recebidas para cobertura de déficit atuarial

Reconhecimento de imóvel para cobertura de déficit atuarial	D – 1.2.2.3.1.02.01 – Imóveis RPPS	80.000,00
	C – 4.5.1.3.2.02.09 – VPD Outros Aportes para o RPPS	80.000,00

Embora pouco comum, outros recursos podem ainda ser transferidos pelo ente federativo para a Unidade Gestora de RPPS para formação de reserva espontânea para futuros pagamentos do Plano Financeiro, mesma situação demonstrada no caso de Plano Previdenciário.

7.8 Pagamento de benefícios previdenciários

No grupo de contas "Benefícios Previdenciários e Assistenciais" são registrados os benefícios de prestação continuada assegurados pela previdência social com o objetivo de garantir meios indispensáveis de manutenção, por motivo de incapacidade, idade avançada e tempo de serviço do servidor, abrangidas pelo RPPS.

É importante observar que, apesar de a nomenclatura da conta fazer referência a benefícios assistenciais, os RPPS somente podem assumir benefícios de caráter previdenciário previstos em sua respectiva lei, limitado ao rol de benefícios previstos para o RGPS.

Embora a responsabilidade pelo pagamento de benefício previdenciário devesse ser exclusiva da Unidade Gestora, na prática há situações em que esse pagamento ainda é realizado diretamente pelo ente federativo. Mesmo nesse caso, a execução orçamentária deve ser efetuada pela Unidade Gestora de RPPS, salvo nos casos de cobertura de déficit financeiro.

a) Pagamento de benefícios de responsabilidade do RPPS, efetuado pela Unidade Gestora

Exemplo 13: registro de benefício pago diretamente pela Unidade Gestora

Em R$

Benefício pago pela Unidade Gestora	326.000,00

Pela apropriação da despesa com pagamento de benefícios	D – 3.2.x.x.x.xx.xx – Benefícios Previdenciários e Assistenciais	326.000,00
	C – 2.1.1.2.x.x.xx.xx – Benefícios Previdenciários a Pagar	326.000,00

Registro do empenho da despesa orçamentária	D – 6.2.2.1.1.00.00 – Crédito Disponível	326.000,00
	C – 6.2.2.1.3.01.00 – Crédito Empenhado a Liquidar	326.000,00

Registro da disponibilidade comprometida por empenho	D – 8.2.1.1.1.00.00 – Disponibilidade por Destinação de Recursos (DDR)	326.000,00
	C – 8.2.1.1.2.00.00 – DDR Comprometida por Empenho	326.000,00

Registro da liquidação da despesa orçamentária	D – 6.2.2.1.3.01.00 – Crédito Empenhado a Liquidar	326.000,00
	C – 6.2.2.1.3.03.00 – Crédito Empenhado Liquidado a Pagar	326.000,00

Registro da disponibilidade comprometida por liquidação	D – 8.2.1.1.2.00.00 – DDR Comprometida por Empenho	326.000,00
	C – 8.2.1.1.3.01.00 – Comprometida por Liquidação	326.000,00

Pagamento dos benefícios previdenciários pelo RPPS	D – 2.1.1.2.x.x.xx.xx – Benefícios Previdenciários a Pagar	326.000,00
	C – 1.1.1.1.1.06.01 – Bancos Conta Movimento – RPPS Ou C – 1.1.1.1.1.06.02 – Bancos Conta Movimento – Plano Financeiro Ou C – 1.1.1.1.1.06.03 – Banco Conta Movimento – Plano Previdenciário	326.000,00

Registro orçamentário do pagamento da despesa	D – 6.2.2.1.3.03.00 – Crédito Empenhado Liquidado a Pagar	326.000,00
	C – 6.2.2.1.3.04.00 – Crédito Empenhado Liquidado Pago	326.000,00

| Registro da disponibili- | D – 8.2.1.1.3.01.00 – Comprometida por Liquidação | 326.000,00 |
| dade utilizada | C – 8.2.1.1.4.00.00 – DDR Utilizada | 326.000,00 |

No caso de pagamento de benefícios previdenciários relativos a exercícios anteriores ou decorrentes de sentenças judiciais, a mesma sistemática deve ser observada nas respectivas contas, devendo apenas a execução orçamentária ser efetuada à conta de exercícios anteriores.

b) Pagamento de benefícios de responsabilidade do RPPS, efetuado diretamente pelo ente público

Não é raro o ente público efetuar ele mesmo, em sua folha de pessoal, algum pagamento relativo a benefício previdenciário de responsabilidade da Unidade Gestora do RPPS. Normalmente, esse tipo de situação acontece no pagamento de benefícios temporários a servidores ativos, como, por exemplo, salário-maternidade, salário-família, auxílio-doença e auxílio-reclusão.

Nesse caso, há que observar que o recurso pago não poderá ser simplesmente abatido da despesa patronal devida, pois o pagamento a menor poderá ser interpretado como se o valor devido não houvesse sido integralmente pago. Para que isso não ocorra, o ente público deverá contabilizar o pagamento direto do benefício na forma de adiantamento, cujo valor será "descontado" quando do pagamento da "contribuição patronal" devida.

No caso de pagamento de benefícios previdenciários relativos a exercícios anteriores ou decorrentes de sentenças judiciais, a mesma sistemática deve ser observada nas respectivas contas, devendo apenas a execução orçamentária ser efetuada à conta de exercícios anteriores. Considere o exemplo que se segue e os lançamentos efetuados.

Exemplo 14: registro de benefício pago diretamente pelo ente

	Em R$
"Contribuição patronal" devida	64.000,00
Benefício pago diretamente pelo ente	28.000,00

b.1) Lançamentos a serem efetuados no ente público

Apropriação da despesa patronal devida, reconhecendo o benefício pago diretamente pelo ente na forma de adiantamento	D – 3.7.2.1.2.00.00 – VPD Contribuições Sociais – Intra OFSS	64.000,00
	C – 2.1.1.4.2.01.00 – Contribuição ao RPPS	36.000,00
	C – 1.1.3.1.1.01.00 – Adiantamentos Concedidos a Pessoal	28.000,00

Registro do empenho da despesa orçamentária	D – 6.2.2.1.1.00.00 – Crédito Disponível	64.000,00
	C – 6.2.2.1.3.01.00 – Crédito Empenhado a Liquidar	64.000,00

Registro da disponibilidade comprometida por empenho	D – 8.2.1.1.1.00.00 – Disponibilidade por Destinação de Recursos (DDR)	64.000,00
	C – 8.2.1.1.2.00.00 – DDR Comprometida por Empenho	64.000,00

Registro da liquidação da despesa orçamentária	D – 6.2.2.1.3.01.00 – Crédito Empenhado a Liquidar	64.000,00
	C – 6.2.2.1.3.03.00 – Crédito Empenhado Liquidado a Pagar	64.000,00

Registro da disponibilidade comprometida por liquidação	D – 8.2.1.1.2.00.00 – DDR Comprometida por Empenho	64.000,00
	C – 8.2.1.1.3.01.00 – Comprometida por Liquidação	64.000,00

Pagamento de "contribuição patronal" efetuado	D – 2.1.1.4.2.01.00 – Contribuição a RPPS	36.000,00
	C – 1.1.1.x.x.xx.xx – Caixa e Equivalentes de Caixa	36.000,00

Registro orçamentário do pagamento da despesa	D – 6.2.2.1.3.03.00 – Crédito Empenhado Liquidado a Pagar	64.000,00
	C – 6.2.2.1.3.04.00 – Crédito Empenhado Liquidado Pago	64.000,00

Registro da disponibilidade utilizada	D – 8.2.1.1.3.01.00 – Comprometida por Liquidação	64.000,00
	C – 8.2.1.1.4.00.00 – DDR Utilizada	64.000,00

b.2) Lançamentos efetuados na Unidade Gestora do RPPS para ajustar o pagamento do benefício efetuado diretamente pelo ente público

Reconhecimento do direito a receber relativo à "contribuição patronal", reconhecendo que parte do benefício foi paga pelo ente	D – 1.1.2.1.2.xx.xx – Crédito Tributário a Receber	36.000,00
	D – 3.2.x.x.x.xx.xx – VPD Benefícios Previdenciários e Assistenciais	28.000,00
	C – 4.2.1.1.5.01.00 – Contribuições Patronais ao RPPS	64.000,00

Pelo ingresso da "contribuição patronal" nos cofres do RPPS	D – 1.1.1.1.1.06.01 – Bancos Conta Movimento – RPPS Ou D – 1.1.1.1.1.06.02 – Bancos Conta Movimento – Plano Financeiro Ou D – 1.1.1.1.1.06.03 – Banco Conta Movimento – Plano Previdenciário	36.000,00
	C – 1.1.2.1.2.xx.xx – Crédito Tributário a Receber	36.000,00

Pelo reconhecimento da receita orçamentária	D – 6.2.1.1.0.00.00 – Receita a Realizar	64.000,00
	C – 6.2.1.2.0.00.00 – Receita Realizada	64.000,00

Pelo controle da disponibilidade de recursos	D – 7.2.1.1.0.00.00 – Controle da Disponibilidade de Recursos	64.000,00
	C – 8.2.1.1.1.00.00 – Disponibilidade por Destinação de Recursos	64.000,00

Registro do empenho da despesa orçamentária	D – 6.2.2.1.1.00.00 – Crédito Disponível	28.000,00
	C – 6.2.2.1.3.01.00 – Crédito Empenhado a Liquidar	28.000,00

Registro da disponibilidade comprometida por empenho	D – 8.2.1.1.1.00.00 – Disponibilidade por Destinação de Recursos (DDR)	28.000,00
	C – 8.2.1.1.2.00.00 – DDR Comprometida por Empenho	28.000,00

Registro da liquidação da despesa orçamentária	D – 6.2.2.1.3.01.00 – Crédito Empenhado a Liquidar	28.000,00
	C – 6.2.2.1.3.03.00 – Crédito Empenhado Liquidado a Pagar	28.000,00

Registro da disponibilidade comprometida por liquidação	D – 8.2.1.1.2.00.00 – DDR Comprometida por Empenho	28.000,00
	C – 8.2.1.1.3.01.00 – Comprometida por Liquidação	28.000,00

Registro orçamentário do pagamento da despesa	D – 6.2.2.1.3.03.00 – Crédito Empenhado Liquidado a Pagar	28.000,00
	C – 6.2.2.1.3.04.00 – Crédito Empenhado Liquidado Pago	28.000,00

Registro da disponibilidade utilizada	D – 8.2.1.1.3.01.00 – Comprometida por Liquidação	28.000,00
	C – 8.2.1.1.4.00.00 – DDR Utilizada	28.000,00

c) Pagamento de benefícios de responsabilidade do ente federativo

Apesar de essa situação não ser a adequada, há casos em que a responsabilidade pelo pagamento de benefícios previdenciários fica a cargo do próprio ente federativo, conforme exemplo a seguir.

Exemplo 15: pagamento de benefício de responsabilidade do ente federativo

Em R$

Benefício de responsabilidade do ente federativo	76.000,00

Pela apropriação da despesa com pagamento de benefícios	D – 3.2.x.x.x.xx.xx – Benefícios Previdenciários e Assistenciais	76.000,00
	C – 2.1.1.2.x.x.xx.xx – Benefícios Previdenciários a Pagar	76.000,00

Registro do empenho da despesa orçamentária	D – 6.2.2.1.1.00.00 – Crédito Disponível	76.000,00
	C – 6.2.2.1.3.01.00 – Crédito Empenhado a Liquidar	76.000,00

Registro da disponibilidade comprometida por empenho	D – 8.2.1.1.1.00.00 – Disponibilidade por Destinação de Recursos (DDR)	76.000,00
	C – 8.2.1.1.2.00.00 – DDR Comprometida por Empenho	76.000,00
Registro da liquidação da despesa orçamentária	D – 6.2.2.1.3.01.00 – Crédito Empenhado a Liquidar	76.000,00
	C – 6.2.2.1.3.03.00 – Crédito Empenhado Liquidado a Pagar	76.000,00
Registro da disponibilidade comprometida por liquidação	D – 8.2.1.1.2.00.00 – DDR Comprometida por Empenho	76.000,00
	C – 8.2.1.1.3.01.00 – Comprometida por Liquidação	76.000,00
Pagamento dos benefícios previdenciários pelo ente federativo	D – 2.1.1.2.x.x.xx.xx – Benefícios Previdenciários a Pagar	76.000,00
	C – 1.1.1.x.x.xx.xx – Caixa e Equivalentes de Caixa	76.000,00
Registro orçamentário do pagamento da despesa	D – 6.2.2.1.3.03.00 – Crédito Empenhado Liquidado a Pagar	76.000,00
	C – 6.2.2.1.3.04.00 – Crédito Empenhado Liquidado Pago	76.000,00
Registro da disponibilidade utilizada	D – 8.2.1.1.3.01.00 – Comprometida por Liquidação	76.000,00
	C – 8.2.1.1.4.00.00 – DDR Utilizada	76.000,00

7.9 Resumo

1. As fontes de recursos do RPPS encontram-se atualmente classificadas em contas de Variações Patrimoniais Aumentativas (VPA) no Plano de Contas Aplicado aos RPPS (PCASP RPPS): VPA de Contribuições (receitas correntes), VPA de Transferências (transferências recebidas) e outras VPA (compensações financeiras e aportes financeiros e atuariais).

2. É recomendável que a Unidade Gestora utilize contas bancárias distintas para a gestão dos recursos do fundo financeiro e fundo previdenciário, no caso da segregação da massa, e para os recursos da taxa de administração.

3. A "contribuição patronal" é a contribuição efetuada pela Administração Pública para o RPPS em virtude da sua condição de empregadora, resultante de pagamento de pessoal. No âmbito do próprio ente público, ou seja, dele para

com o seu RPPS, as contribuições patronais relativas aos servidores públicos ativos devem ser contabilizadas no rol das despesas intraorçamentárias.

4. O abono de permanência é concedido aos servidores que optem por permanecer em atividade após terem completado as exigências para aposentadoria voluntária. O ônus da indenização correspondente à contribuição previdenciária, paga por esse servidor até completar as exigências para a aposentadoria compulsória, recairá sobre o ente público que o mantiver em sua força de trabalho, exceto dos seus servidores da Unidade Gestora, que repercutirão na taxa de administração.

5. Os valores das contribuições patronais previdenciárias devidas pelo ente público e não repassadas em época própria ao seu RPPS poderão ser objeto de acordo para pagamento, denominado parcelamento de débitos previdenciários.

6. A legislação previdenciária não reconhece a quitação de dívida relativa a débitos previdenciários pelo ente federativo mediante a dação em pagamento com bens móveis e imóveis de qualquer natureza, ações ou quaisquer outros títulos.

7. A compensação previdenciária surge como consequência da previsão constitucional da contagem recíproca do tempo de contribuição entre regimes previdenciários, e tem a finalidade de ressarcir o regime instituidor das despesas previdenciárias do regime de origem.

8. As insuficiências financeiras são de responsabilidade do ente federativo e são pagas por meio de aporte para cobertura de déficit financeiro, sem repercussão orçamentária na Unidade Gestora.

9. Na ocorrência de déficit atuarial, este deve ser coberto pelo ente federativo admitindo o estabelecimento de alíquota suplementar ou aporte financeiro ou de Ativos diversos.

10. Quando for o caso de o ente público efetuar ele mesmo, em sua folha de pessoal, algum pagamento relativo a benefício previdenciário de responsabilidade da Unidade Gestora do RPPS, como, por exemplo, salário-família e salário-maternidade, o ente público deverá contabilizar o pagamento direto do benefício na forma de adiantamento, cujo valor será "descontado" quando do pagamento da "contribuição patronal" devida.

7.10 Temas para discussão, pesquisa e desenvolvimento

1. Em que se diferencia aporte de recursos financeiros para cobertura de insuficiência financeira e aporte de recurso financeiro e de Ativos diversos para cobertura de déficit atuarial?

2. Qual a vantagem quanto ao aspecto econômico-financeiro para o ente federativo e para o RPPS em relação à manutenção do abono de permanência?

3. Qual a repercussão para o ente federativo com relação ao equacionamento do déficit atuarial mediante o estabelecimento em lei de aporte financeiro ou via estabelecimento de alíquota suplementar?

4. Quais as consequências de ordem orçamentária, financeira e fiscal dos parcelamentos de débitos previdenciários para o ente federativo?

Outros Procedimentos Usuais nos RPPS

8

OBJETIVOS

Proporcionar ao leitor os seguintes conhecimentos:

- Taxa de administração
- Procedimento contábil da reavaliação
- Depreciações
- Ajuste de *impairment* para Ativos não geradores de caixa

8.1 Taxa de administração

Conforme previsto na legislação, a Unidade Gestora do RPPS poderá dispor de um montante de recursos previdenciários para manter a sua estrutura administrativa, para custear tanto as despesas correntes (pagamento de folha, compra de material de expediente, contratação de serviços de terceiros etc.) como as despesas de capital (obras e aquisição de bens), podendo a lei do respectivo ente federativo apenas estabelecer um limite de gastos ou estipular a denominada "taxa de administração".

A questão fundamental quanto ao pagamento das despesas administrativas do RPPS ou a composição de montante de recursos a partir do estabelecimento de taxa de administração está adstrita à possibilidade de financiamento dessas despesas, com os recursos previdenciários.

A legislação de caráter normativo geral que trata da organização e funcionamento dos RPPS,[1] como exceção, autoriza a utilização de parte dos recursos originalmente destinados à finalidade previdenciária para o pagamento das despesas correntes (obras e aquisição de bens) e de capital (obras e aquisição de bens), necessárias à organização e ao funcionamento da Unidade Gestora do regime próprio, no limite estabelecido pelo órgão regulador e fiscalizador, no caso o Ministério da Previdência Social (MPS).

A legislação não menciona qualquer restrição ao pagamento de despesas administrativas do RPPS em valores superiores ao limite estabelecido com recursos de fonte não previdenciária do tesouro do ente federativo.

No caso de aquisição, construção ou reforma de bens imóveis com os recursos da taxa de administração, restringem-se aos destinados ao uso próprio da Unidade Gestora, ou seja, do seu próprio Ativo Imobilizado, sendo vedada a utilização desses bens para investimento ou uso por outro órgão público ou particular, em atividades assistenciais ou quaisquer outros fins que não sejam os relacionados às atividades operacionais da Unidade Gestora do RPPS.

A Portaria MPS nº 402/2008 admite uma excepcionalidade na utilização dos recursos da taxa de administração para reforma de imóveis destinados a investimentos, desde que seja garantido o retorno dos valores empregados, com base em processo de análise de viabilidade econômico-financeira, ou seja, há a necessidade

---

[1] Lei nº 9.717/1998, art. 1º, inciso III.

de um procedimento administrativo precedente. O referido ato normativo, por outro lado, veda expressamente a oneração da taxa de administração no pagamento de despesas decorrentes das aplicações financeiras, que deve ser suportado pela carteira de investimentos.

8.1.1 Base de cálculo

A legislação previdenciária estabelece que as despesas administrativas da Unidade Gestora de RPPS podem ser custeadas com os recursos previdenciários, desde que observado o limite de até 2% incidentes sobre o total das folhas de pagamentos de todos os segurados e beneficiários do RPPS (servidores, aposentados e pensionistas) relativas ao exercício anterior.

Caso o ente público faça a opção por fixar uma taxa de administração para a Unidade Gestora de RPPS custear seus gastos operacionais com os recursos com finalidade previdenciária, esse percentual deve ser estabelecido em lei, observando o limite legal e a base de cálculo, conforme os exemplos a seguir.

Exemplo 1:

Folha de pagamento total em 20X1	2.435.667,80
Empregados e demais prestadores de serviços em 20X1	(504.568,90)
Base de cálculo da taxa de administração para 20X2	1.931.098,90
Percentual definido pela legislação local	2%
Taxa de administração anual em 20X2	38.621,98
Taxa de administração mensal em 20X2	3.218,50

Exemplo 2:

Folha de pagamento total em 20X1	10.346.890,78
Empregados e demais prestadores de serviços em 20X1	(1.456.990,50)
Base de cálculo da taxa de administração para 20X2	8.889.900,28
Percentual definido pela legislação local	1,5%
Taxa de administração anual em 20X2	133.348,50
Taxa de administração mensal em 20X2	11.112,38

Registre-se que, se a taxa de administração mensal reservada para as despesas administrativas for ultrapassada, os gastos adicionais devem ser ajustados durante o exercício financeiro, de modo que a taxa de administração anual seja observada. Caso esse montante anual também seja extrapolado, a diferença deverá ser suportada pelo tesouro do ente federativo. Por outro lado, se o montante da taxa anual não for utilizado durante o exercício, poderá ser constituída uma reserva administrativa com a sobra desses valores.

Por outro lado, na ausência de uma taxa de administração fixada, as despesas administrativas da unidade gestora podem ser suportadas pelos recursos previdenciários, desde que obedecido o limite estabelecido.

Visando à promoção de maior transparência quanto à utilização dos recursos previdenciários para o pagamento das despesas administrativas, é recomendável que, mensalmente, parte dos recursos recebidos pela Unidade Gestora a título de contribuições previdenciárias seja transferida para conta bancária específica e consequentemente para a correspondente conta contábil que represente os recursos destinados à taxa de administração. O PCASP RPPS mantém uma conta intitulada "Bancos Conta Movimento – Taxa de Administração" para registrar a movimentação financeira desses valores.

Merece destaque também o fato de que, na prática, as despesas administrativas da Unidade Gestora originadas das contribuições previdenciárias impactarão a despesa total de pessoal do ente federativo exigido pela Lei de Responsabilidade Fiscal, em razão de elas representarem encargos da folha de pagamento.

A legislação previdenciária também não impede que a legislação do ente federativo defina que os recursos sejam repassados à Unidade Gestora do RPPS sem que o ônus recaia sobre os valores decorrentes das alíquotas de contribuição, isto é, que seja onerada determinada fonte do seu orçamento.

8.1.2 Tratamento contábil da taxa de administração

Como visto anteriormente, todos os recursos que ingressam na Unidade Gestora do RPPS possuem finalidade previdenciária e têm como objetivo o pagamento dos benefícios previdenciários, à exceção da taxa de administração.

Dessa forma, o plano de custeio definido pela avaliação atuarial já deve contemplar os valores relativos à taxa de administração, compondo, portanto, a alíquota de contribuição devida pelo ente público, na hipótese de a legislação local assim prever. Nesse caso, o valor da taxa de administração poderá ser reclassificado para a conta específica da taxa de administração, conforme lançamentos a seguir:

Registro do ingresso da contribuição previdenciária nos cofres dos RPPS	D – 1.1.1.1.1.06.01 – Bancos Conta Movimento – RPPS
	Ou
	D – 1.1.1.1.1.06.02 – Bancos Conta Movimento – Plano Financeiro
	Ou
	D – 1.1.1.1.1.06.03 – Banco Conta Movimento – Plano Previdenciário
	C – 1.1.2.1.1.05.01 – Contribuições do RPPS a Receber

Transferência dos recursos para a conta da taxa de administração	D – 1.1.1.1.1.06.04 – Bancos Conta Movimento – Taxa de Administração
	C – 1.1.1.1.1.06.01 – Bancos Conta Movimento – RPPS
	Ou
	C – 1.1.1.1.1.06.02 – Bancos Conta Movimento – Plano Financeiro
	Ou
	C – 1.1.1.1.1.06.03 – Banco Conta Movimento – Plano Previdenciário

Na hipótese de a legislação do ente federativo estabelecer que a taxa de administração deva ser desvinculada dos recursos previdenciários, os valores recebidos devem ser contabilizados diretamente na conta específica da taxa de administração, da seguinte forma:

Recebimento de taxa de administração diretamente do ente federativo	D – 1.1.1.1.1.06.04 – Bancos Conta Movimento – Taxa de Administração
	C – 4.5.1.3.0.00.00 VPA Transferência Recebidas para Aportes de Recursos para o RPPS

Ressalte-se que todos os gastos administrativos efetuados pela Unidade Gestora, seja com a taxa de administração do exercício, com os aportes extras ou com a reserva administrativa, devem observar o ritual da execução orçamentária e financeira de uma despesa pública, inclusive quanto à realização de processo licitatório nas aquisições de bens ou contratação de serviços.

8.1.3 Constituição de reservas administrativas com a taxa de administração

As normas previdenciárias reconhecem a constituição de reservas administrativas quando há sobras de valores destinados às despesas administrativas ao final do exercício, desde que a legislação do ente federativo fixe o percentual da taxa de administração. Esse entendimento não se aplica aos RPPS que possuem apenas autorização para limite de gastos administrativos mediante utilização dos recursos previdenciários.

Assim, se o RPPS adotar o procedimento de abertura de conta bancária específica para movimentar os recursos da taxa de administração, é defensável que ao final do exercício essa sobra de recursos, observado o montante definido, já seja computada como reserva financeira. Ou seja, esses valores podem ser acumulados de exercício em exercício, não implicando o saldo desses valores o limite da taxa de administração a ser constituída em cada exercício.

Ressalte-se que, apesar de receber o nome "reserva", as reservas administrativas do RPPS não são constituídas a partir do resultado do exercício, como é o caso de uma reserva contábil. Em essência, esses valores já estão evidenciados na correspondente conta contábil, e, no caso de os recursos estarem investidos, em correspondente conta de investimento.

Os valores "reservados" somente poderão ser gastos pela Unidade Gestora na mesma finalidade autorizada para a taxa de administração, não implicando o limite da despesa administrativa do exercício em que será utilizada.

Não havendo mais razões que justifiquem a sua permanência, ou no caso de o montante constituído ser superior às necessidades da Unidade Gestora do RPPS, a reserva administrativa poderá ser revertida para o pagamento de benefícios previdenciários por decisão meramente administrativa.

Caso essa última opção seja adotada, esses valores passam a constituir o fundo de previdência e não podem mais retornar para o custeio das despesas administrativas. Os recursos da taxa de administração não compõem o chamado "Ativo do Plano" para fins da avaliação atuarial em razão de sua destinação.

8.1.4 Investimentos com as sobras da taxa de administração

Caso as sobras da taxa de administração sejam investidas, o registro deve ser efetuado à conta de "Aplicações com a Taxa de Administração do RPPS", tendo como contrapartida a conta que inicialmente recepcionou esses valores:

Registro de investimentos com as sobras da taxa de administração	D – 1.1.4.1.1.14.01 – Aplicações com a Taxa de Administração do RPPS
	C – 1.1.1.1.1.06.04 – Bancos Conta Movimento – Taxa de Administração

Mesmo que a Unidade Gestora não faça opção de conta bancária à parte, mas tenha alíquota definida em lei para os gastos administrativos, ainda assim deve aplicar as eventuais sobras da taxa, devendo os investimentos dos recursos da taxa de administração ser efetuados com os demais investimentos da Unidade Gestora, compondo os limites estabelecidos e demais regras estabelecidas para a carteira de investimentos do RPPS.

8.1.5 Despesas não custeadas pela taxa de administração

Na verificação da utilização dos recursos destinados à taxa de administração, não serão computadas as despesas diretamente decorrentes das aplicações de recursos em Ativos financeiros que serão custeadas pelos rendimentos das próprias aplicações. Também não serão custeadas pela taxa de administração as despesas previdenciárias (pagamento de aposentadorias, reformas, pensões e outros benefícios previdenciários), assim como os valores pagos a título de compensação previdenciária.

Na hipótese de a Unidade Gestora do RPPS possuir competências diversas daquelas relacionadas à administração do regime, deverá haver rateio proporcional das despesas relativas a cada atividade, para posterior apropriação nas contas contábeis correspondentes.

8.2 Procedimento contábil da reavaliação

A Portaria MPS nº 402/2008 estabelece em seu art. 16, inciso V, que *"deverão ser adotados registros contábeis auxiliares para apuração de depreciações, de avaliações e reavaliações dos bens, direitos e ativos, inclusive dos investimentos e da evolução das reservas"*, apresentando assim coerência com a Lei nº 4.320/1964, que já fazia referência a esse procedimento contábil ao estabelecer que "*poderão ser feitas reavaliações de bens móveis e imóveis*" (art. 106, § 3º).

8.2.1 Objetivo

O papel da reavaliação é o de preservar o conceito de uso e o Princípio da Continuidade das atividades operacionais da entidade, por isso os bens móveis e imóveis de uso, registrados no Ativo Não Circulante – Imobilizado dos RPPS –, deverão ser submetidos a esse procedimento contábil. Os imóveis classificados no grupo de investimentos dos RPPS, por outro lado, serão avaliados a valor de mercado, de acordo com a metodologia apresentada no Capítulo 6 – Tratamento Contábil da Carteira de Investimentos dos RPPS.

Registre-se que, se um item do Ativo Imobilizado for reavaliado, é necessário que toda a classe de contas do mesmo Ativo à qual pertence esse Ativo seja reavaliada.

8.2.2 Metodologia e periodicidade da reavaliação

Segundo o disposto na NBC T 16.10, que trata da avaliação e mensuração de Ativos e Passivos em entidades do setor público, as reavaliações devem ser feitas utilizando-se o valor justo ou o valor de mercado na data de encerramento do Balanço Patrimonial, pelo menos:

a) anualmente, para as contas ou grupo de contas cujos valores de mercado variarem significativamente em relação aos valores anteriormente registrados;

b) a cada quatro anos, para as demais contas ou grupos de contas.

A STN recomenda que a reavaliação seja efetuada sempre que o valor líquido contábil sofrer modificação significativa, e que devem sempre ser consideradas a relação custo-benefício e a representatividade dos valores (Macrofunção SIAFI 020335).

Na impossibilidade de estabelecer o valor de mercado, o valor do Ativo pode ser definido com base em parâmetros de referência que considerem características, circunstâncias e localizações assemelhadas. E quando o valor de mercado ou valor justo de um Ativo for materialmente diferente do seu valor contábil registrado, uma nova avaliação será exigida.

Em caso de bens imóveis específicos (com exceção dos bens de uso especial e bens de uso comum), o valor justo também pode ser estimado utilizando-se o valor de reposição de bem com as mesmas características e no mesmo estado físico, tomando como referência o preço de compra ou de construção de um Ativo semelhante com similar potencial de serviço.

Ao optar pela reavaliação, o critério para avaliação contábil do imobilizado da entidade deixa de ser o valor de custo (valor histórico), e as reavaliações passam a ser periódicas, com uma regularidade tal que o valor líquido contábil não apresente diferenças significativas em relação ao valor de mercado, na data de encerramento de cada exercício social.

8.2.3 Critérios de reavaliação

A contabilização da reavaliação deverá ser efetuada com base em laudo fundamentado que indique os critérios de avaliação e os elementos de comparação adotados. A reavaliação deve observar o Princípio da Continuidade, ou seja, considerar a efetiva possibilidade de recuperação dos Ativos em avaliação pelo seu uso.

Conforme orientação da STN, no caso das entidades públicas, para proceder à reavaliação é recomendável que seja formada uma comissão de no mínimo três servidores com conhecimento e perfil adequados ou que seja efetuada a contratação de peritos ou empresa especializada, que deverão elaborar um laudo de avaliação contendo, ao menos, as seguintes informações:

i. A documentação com descrição detalhada de cada bem avaliado.
ii. A identificação contábil do bem.
iii. Os critérios utilizados para avaliação e sua respectiva fundamentação.
iv. A vida útil remanescente do bem.
v. A data da reavaliação.

No caso da reavaliação de bens móveis, procedimento idêntico ao utilizado na reavaliação dos imóveis deve ser adotado, salientando a necessidade de prévio inventário ao procedimento de reavaliação. No caso dos bens sujeitos à depreciação, exaustão ou amortização, é indispensável que no laudo de avaliação também haja a indicação da vida útil econômica remanescente desses bens, para definição das futuras taxas de depreciação, exaustão ou amortização que serão aplicadas, bem como indicação de eventual valor residual.[2]

Os bens objeto de reavaliação devem ser individualmente identificados quanto à sua descrição e registro contábil, em contas ou subcontas que especifiquem custo, depreciações, exaustões ou amortizações acumuladas. O valor de avaliação de cada bem deve ser comparado com o valor líquido contábil correspondente na mesma data-base. Para tais bens, devem ser registradas as depreciações, amortizações ou exaustões correspondentes até a data-base do laudo de avaliação.

O registro contábil da reavaliação somente poderá ser efetuado no mesmo exercício em que o laudo da reavaliação foi elaborado, depois da aprovação pelo Conselho competente da entidade.

Se a defasagem entre a data-base do laudo de avaliação e a de sua aprovação pelo Conselho da entidade provocar distorções relevantes, a contabilização da reavaliação deverá ser efetuada com base em valores constantes do laudo de avaliação devidamente atualizados, mantendo-se as premissas nele utilizadas.

8.2.4 Contabilização da reavaliação

Do ponto de vista contábil, na hipótese de aumento do valor da classe de um Ativo em virtude da reavaliação, esse aumento deve ser creditado diretamente à conta de reserva de reavaliação, conta de Patrimônio Líquido, conforme lançamento a seguir.

Exemplo 3: registro de acréscimo decorrente da reavaliação

Em R$

Valor contábil de imóvel registrado no imobilizado	85.000,00
Resultado apresentado pelo laudo de peritos	100.000,00
Acréscimo decorrente da reavaliação	15.000,00

Registro da reavaliação com acréscimo no valor do bem	D – 1.2.3.2.x.xx.xx – Imobilizado – Bens Imóveis	15.000,00
	C – 2.3.6.1.x.xx.xx – Patrimônio Líquido – Reserva de Reavaliação	15.000,00

---

[2] Esses procedimentos serão tratados no item relativo à depreciação.

Por outro lado, se o valor da classe de um Ativo *diminuir* em virtude da reavaliação, essa diminuição deverá ser debitada diretamente na conta de reserva de reavaliação. Caso não haja saldo nessa conta, o registro se dará em contas de resultado, da seguinte forma:

Exemplo 4: registro de decréscimo decorrente da reavaliação

	Em R$
Valor contábil de imóvel registrado no imobilizado	85.000,00
Resultado apresentado pelo laudo de peritos	78.000,00
Decréscimo decorrente da reavaliação	7.000,00

a) Ajuste no saldo da reserva de reavaliação

Registro da reavaliação com decréscimo no valor do bem, com reserva previamente constituída	D – 2.3.6.1.x.xx.xx – Patrimônio Líquido – Reserva de Reavaliação	7.000,00
	C – 1.2.3.2.x.xx.xx – Imobilizado – Bens Imóveis	7.000,00

b) Registro quando não há reserva de reavaliação constituída

Registro da reavaliação com decréscimo no valor do bem, sem reserva constituída	D – 3.6.1.1.x.xx.xx – VPD – Reavaliação de Imobilizado	7.000,00
	C – 1.2.3.2.x.xx.xx – Imobilizado – Bens Imóveis	7.000,00

8.2.5 Reavaliação de bem com depreciação acumulada

Quando se tratar da reavaliação de um bem com depreciação acumulada, primeiramente deve ser obtido o valor contábil líquido, contrapondo o saldo da depreciação acumulada com o valor contábil do bem.

Exemplo 5: apuração do valor contábil líquido

Em R$

Valor do bem	24.000,00
Depreciação acumulada	14.000,00
Valor contábil líquido	10.000,00

Registro da eliminação da depreciação acumulada	D – 3.3.3.x.xx.xx – VPD – Depreciação, Amortização e Exaustão	14.000,00
	C – 1.2.3.1.x.xx.xx – Imobilizado – Bens Móveis	14.000,00

Sobre o valor contábil líquido do bem, é aplicada a nova base de cálculo apresentada no laudo de peritos da reavaliação devidamente aprovado pela instância competente, registrando a diferença entre o novo valor e o valor contábil líquido.

Exemplo 6: registro de acréscimo decorrente da reavaliação após a apuração do valor contábil líquido

Em R$

Valor contábil líquido	10.000,00
Novo valor apurado no laudo de peritos	18.000,00
Acréscimo decorrente da reavaliação	8.000,00

Registro da reavaliação com acréscimo no valor do bem	D – 1.2.3.1.x.xx.xx – Imobilizado – Bens Móveis	8.000,00
	C – 2.3.6.1.x.xx.xx – Patrimônio Líquido – Reserva de Reavaliação	8.000,00

A partir do novo valor, tem-se a nova base de cálculo da depreciação futura.

8.2.6 Caso prático

Considere que a conta Edifícios registrada no Ativo Imobilizado do RPPS esteja contabilizada em R$ 50.000,00, com depreciação acumulada de R$ 40.000,00, e que, conforme laudo elaborado por peritos, o valor de mercado esteja avaliado em R$ 80.000,00:

Situação do bem antes do laudo:		Situação apresentada pelo laudo:	
Valor histórico	50.000,00	Novo valor do bem	80.000,00
Depreciação acumulada	(40.000,00)		
Valor contábil líquido	10.000,00	Tempo de vida remanescente	10 anos

Resultado da Reavaliação	
Valor da nova avaliação	80.000,00
Valor contábil líquido	10.000,00
Total	70.000,00

Como dito, a prática contábil recomenda que primeiro se elimine o valor da depreciação acumulada em contrapartida ao valor registrado para o bem, para que se obtenha o seu valor contábil líquido.

Registro da eliminação da depreciação acumulada, no sistema patrimonial	D – 1.4.2.9.0.00.00 – Depreciações, Amortizações e Exaustões (redutora)	40.000,00
	C – 1.4.2.1.1.01.00 – Edifícios	40.000,00

Sobre o valor contábil líquido, então, é aplicada a nova base de valor, contabilizando-se a diferença entre o valor ajustado e o novo valor apresentado pelo laudo de reavaliação (no exemplo, R$ 80.000,00 – R$ 10.000,00 = R$ 70.000,00):

Registro da valorização do edifício, no sistema patrimonial	D – 1.4.2.1.1.01.00 – Edifícios	70.000,00
	C – 2.3.6.1.x.xx.xx – Patrimônio Líquido – Reserva de Reavaliação	70.000,00

Considerando-se os dados do exemplo, a nova base de cálculo da depreciação do bem reavaliado é de R$ 80.000,00, e a vida útil que deve ser considerada é de 10 anos ou 120 meses, resultando numa depreciação mensal de R$ 666,67, ou anual de R$ 8.000,00.

8.2.7 Divulgação

Recomenda-se a divulgação das informações sobre a reavaliação efetuada pela entidade por meio das notas explicativas, destacando-se, no mínimo:

- As bases da reavaliação e os avaliadores, no ano da reavaliação.
- O histórico e a data da reavaliação.
- O sumário das contas objeto da reavaliação e respectivos valores.
- O efeito no resultado do exercício, oriundo das depreciações, amortizações ou exaustões sobre a reavaliação e baixas posteriores.

8.3 Depreciações

De acordo com a legislação previdenciária, as depreciações e amortizações dos RPPS poderão ser efetuadas utilizando-se os parâmetros e índices admitidos pela Secretaria da Receita Federal (SRF), adequando-os às peculiaridades inerentes a cada regime próprio.

O procedimento contábil da depreciação já havia sido contemplado pela Lei nº 4.320/1964, que à época estabeleceu, em seu art. 108 (para as autarquias e outras entidades), que as "*as provisões para depreciação serão computadas para efeito de apuração do saldo líquido das mencionadas entidades*".

A Lei de Responsabilidade Fiscal também evidencia a necessidade do procedimento ao dispor em seu art. 50 que, além de obedecer às demais normas de contabilidade pública, "*a Administração Pública manterá sistema de custos que permita a avaliação e o acompanhamento da gestão orçamentária, financeira e patrimonial*". Para que seja possível o levantamento de custos de uma entidade, é imprescindível que ela realize a depreciação de seus bens.

A matéria também já foi regulamentada pelo Conselho Federal de Contabilidade, por meio da Resolução CFC nº 1.136/2008, que aprovou a NBC T 16.9, que trata da depreciação, amortização e exaustão. Ressalta-se que os RPPS, independentemente da estrutura em que forem implementados (fundo, autarquia ou fundação), deverão introduzir, obrigatoriamente, a depreciação em seus registros contábeis.

8.3.1 Definição e objetivo

A depreciação é um procedimento contábil que promove a redução do valor de um bem pelo desgaste ou perda de utilidade por uso, ação da natureza ou obsolescência ao longo de sua vida útil.

O valor depreciável ou amortizável é o valor original de um Ativo deduzido do seu valor residual, representando este último o montante líquido que a entidade espera, com razoável segurança, obter por um Ativo no fim de sua vida útil econômica, deduzidos os gastos esperados para sua alienação. Já o valor residual representa o montante líquido que a entidade espera, com razoável segurança, obter por um Ativo no fim de sua vida útil econômica, deduzidos os gastos esperados para sua alienação.

Para o registro da depreciação ou amortização, devem ser observados os seguintes aspectos, segundo a NBC T 16.9:

a) Obrigatoriedade do seu reconhecimento.

b) Valor da parcela que deve ser reconhecida no resultado como decréscimo patrimonial, e, no balanço patrimonial, representada em conta redutora do respectivo Ativo.

c) Circunstâncias que podem influenciar seu registro.

O valor depreciado ou amortizado, apurado mensalmente, deve ser reconhecido nas contas de resultado do exercício.

8.3.2 Base de cálculo

A base de cálculo da depreciação será o valor original do bem ou o valor da reavaliação decorrente de novas avaliações efetuadas no Ativo Imobilizado. Além do valor do elemento em si, devem ser incluídos, até a efetiva incorporação do bem ao patrimônio, todos os valores necessários para que ele esteja em condições de operar na forma pretendida pela administração.

Na prática, a taxa da depreciação corresponde a um percentual fixado em função do tempo de vida útil do bem, que varia de acordo com o método de depreciação adotado.

O valor depreciável ou amortizável de um Ativo precisa ser apropriado, sistematicamente, durante sua vida útil ou período de uso, e deve ser revisado, pelo menos, ao final de cada exercício. Esse valor é determinado após a dedução do valor residual – se houver – e reconhecido contabilmente até que o valor residual do Ativo seja igual ao seu valor contábil.[3] Para apuração da base de cálculo da depreciação com valor residual, considere os dados do exemplo a seguir:

	Em R$
Custo de aquisição do bem (valor histórico)	14.000,00
(–) Valor residual	2.000,00
Base de Cálculo da Depreciação	12.000,00

O valor residual e a vida útil econômica de um Ativo, portanto, devem ser revisados, pelo menos, no final de cada exercício. Quando as expectativas forem diferentes das estimativas anteriores, as alterações precisam ser efetuadas.

Ressalta-se que a depreciação ou amortização de um Ativo cessa quando este é baixado ou transferido do imobilizado. Todavia, essa depreciação ou amortização não cessa pelo fato de o Ativo tornar-se obsoleto ou ser retirado temporariamente de operação, a não ser que esteja totalmente depreciado ou amortizado.

8.3.3 Vida útil e taxas aplicadas

A determinação do período de vida útil econômica de um bem é a maior dificuldade associada ao cálculo da depreciação. A NBC T 16.9 recomenda que, ao estimar a vida útil ou o período de uso de um Ativo, os seguintes fatores devem ser considerados:

a) A capacidade de geração de benefícios futuros.

b) O desgaste físico decorrente de fatores operacionais ou não.

c) A obsolescência tecnológica.

d) Os limites legais ou contratuais sobre o uso ou a exploração do Ativo.

---

[3] Valor do bem registrado na Contabilidade, em determinada data, sem a dedução da correspondente depreciação ou amortização acumulada.

A vida útil econômica deve ser definida com base em parâmetros e índices admitidos em norma ou laudo técnico específico. No caso de bens reavaliados, a depreciação, a amortização ou a exaustão devem ser calculadas e registradas sobre o novo valor, considerada a vida útil econômica indicada em laudo técnico específico.

Dessa forma, o custo de tais Ativos deve ser alocado aos exercícios beneficiados no decorrer de sua vida útil econômica, para que o valor gasto em sua aquisição seja distribuído proporcionalmente na composição do resultado dos exercícios durante os quais esse bem foi utilizado, sendo esse o objetivo da depreciação.

Devido à necessidade de padronização de critérios no âmbito da Administração Pública Federal, a STN estabeleceu uma tabela para estimar a vida útil e o valor residual dos bens sujeitos à depreciação, conforme exemplos a seguir, constantes na Macrofunção Siafi 020330:

Código	Bem	Vida Útil	Valor Residual
1.2.3.1.1.01.05	Equipamento de Proteção, Segurança e Socorro	10 anos	10%
1.2.3.1.1.01.12	Equipamentos, Peças e Acessórios para Automóveis	5 anos	10%
1.2.3.1.1.01.24	Máquinas e Aparelhos Eletrônicos	10 anos	10%
1.2.3.1.1.01.25	Máquinas, Utensílios e Equipamentos Diversos	10 anos	10%
1.2.3.1.1.02.01	Equipamentos de Processamento de Dados	5 anos	10%
1.2.3.1.1.03.03	Mobiliário em Geral	10 anos	10%
1.2.3.1.1.05.01	Veículos em Geral	15 anos	10%
1.2.3.1.1.99.09	Peças Não Incorporáveis a Imóveis	10 anos	10%

Os gestores de RPPS também podem adotar a tabela da Secretaria da Receita Federal (SRF), que fixa prazo de vida útil e a taxa de depreciação para uma série de bens, regulamentada pela Instrução Normativa SRF nº 162/1998, ou ainda outras referências, desde que tecnicamente justificadas.

A seguir é apresentada uma tabela exemplificativa contendo prazos e taxas de acordo com a tabela da Secretaria da Receita Federal (SRF), que podem ser aplicados segundo a conveniência.

Bem	Vida Útil	Taxa Anual de Depreciação
Edifícios	25 anos	4%
Salas e Escritórios	25 anos	4%
Aparelhos e Equipamentos de Comunicação	10 anos	10%
Aparelhos e Utensílios Domésticos	10 anos	10%
Coleções e Materiais Bibliográficos	Não se encontram contemplados na tabela da SRF. Recomenda-se não depreciar.	
Equipamento de Proteção, Segurança e Socorro	10 anos	10%
Máquinas e Equipamentos Gráficos	10 anos	10%
Equipamentos para Áudio, Vídeo e Foto	10 anos	10%
Máquinas, Utensílios e Equipamentos Diversos	10 anos	10%
Equipamentos de Processamento de Dados	5 anos	20%
Máquinas, Instalações e Utensílios de Escritório	10 anos	10%
Equipamentos Hidráulicos e Elétricos	10 anos	10%
Mobiliário em Geral	10 anos	10%
Veículos Diversos	5 anos	20%
Peças não Incorporáveis a Imóveis	Não se encontram contempladas na tabela da SRF. Recomenda-se estudar caso a caso.	
Veículos de Tração Mecânica	4 anos	25%
Acessórios para Automóveis (Duração Superior a 1 Ano)	5 anos	20%
Material de Uso Duradouro	Classificar de acordo com a característica dos itens anteriores.	

Vale lembrar que a adoção dos parâmetros e índices admitidos pela Secretaria da Receita Federal (SRF) fica a critério do gestor do RPPS, adequando-os às peculiaridades inerentes a cada Unidade Gestora, já que as entidades governamentais não têm a preocupação de cunho fiscal que normalmente acompanha as entidades que se utilizam dessa tabela, em que os valores depreciados entram como despesas dedutíveis para fins de cálculo do imposto de renda e contribuição social sobre o lucro líquido.

Assim, um veículo pertencente à Unidade Gestora do RPPS pode ser normalmente depreciado em 10 anos ou 15 anos, devendo ser consideradas as condições de trabalho a que ele esteja exposto. É importante ressaltar que o bem só poderá ser depreciado por uso a partir da data em que for instalado ou posto em serviço.

8.3.4 Bens não depreciáveis

Segundo a NBC T 16.9, não estão sujeitos ao regime de depreciação:

a) Bens móveis de natureza cultural, tais como obras de arte, antiguidades, documentos, bens com interesse histórico, bens integrados em coleções, entre outros.

b) Bens de uso comum que absorveram ou absorvem recursos públicos, considerados tecnicamente, de vida útil indeterminada.

c) Animais que se destinam à exposição e à preservação.

d) Terrenos rurais e urbanos.

Assim, terrenos e construções são Ativos que devem ser registrados separadamente, mesmo quando adquiridos em conjunto. Lembrando mais uma vez que, no caso dos RPPS, somente os bens de uso devem ser registrados no imobilizado. Todos os Ativos com finalidade previdenciária são registrados no grupo de investimentos sempre pelo valor de mercado.

8.3.5 Métodos de depreciação e amortização

O método de depreciação e amortização usado deve refletir o padrão previsto de consumo pela entidade dos benefícios econômicos futuros do Ativo e ser aplicado uniformemente. Esse método deve ser revisado, pelo menos, ao final de cada exercício, ou quando existir mudança significativa no padrão esperado de consumo dos benefícios econômicos futuros incorporados ao Ativo. Dentre os vários métodos de cálculo dos encargos de depreciação e amortização, destacam-se:

- *Método linear*: resulta em valor constante durante a vida útil, se o valor residual do Ativo não mudar.

- *Método dos saldos decrescentes*: resulta em valor decrescente durante a vida útil.

- *Método das unidades produzidas*: resulta em valor baseado na expectativa de produção.

Por ser de fácil aplicação, as Unidades Gestoras dos RPPS têm adotado com maior frequência o método linear, inclusive pelas características que cercam a atividade na qual o bem será utilizado. Por esse método, são fixadas taxas constantes de depreciação ao longo do tempo de vida útil do bem, como no exemplo:

Bem	Valor de Aquisição	Vida Útil	Taxa de Depreciação Anual
Veículo novo	R$ 30.000,00	5 anos	20%

Cálculo: 20% × R$ 30.000,00 = R$ 6.000,00 ao ano ou R$ 500,00 ao mês, que deverão ser lançados como decréscimo patrimonial na apuração do resultado.

Considerando-se o mesmo exemplo, com a hipótese de um valor residual de R$ 600,00, ter-se-ia:

Bem	Valor de Aquisição	Valor Residual	Vida Útil	Taxa de Depreciação Anual
Veículo novo	R$ 30.000,00	R$ 600,00	5 anos	20%

Cálculo: R$ 30.000,00 − R$ 600,00 = R$ 29.400,00 × 20% = R$ 5.880,00 ao ano ou R$ 490,00 ao mês, que deverão ser lançados como decréscimo patrimonial na apuração do resultado.

8.3.6 Contabilização da depreciação

A depreciação dos bens do Ativo Imobilizado dos RPPS é lançada, em função de sua natureza, como variação patrimonial diminutiva, em contrapartida à conta retificadora da depreciação acumulada classificada no Ativo Não Circulante – Imobilizado:

Exemplo 7: registro da depreciação mensal

Em R$

Veículo novo adquirido pela entidade	42.000,00
Valor residual	1.200,00
Depreciação que será lançada no primeiro mês (R$ 40.800,00/60 meses)	680,00

Registro da depreciação mensal de bem novo	D – 3.3.3.0.0.00.00 – VPD Depreciação, Amortização e Exaustão	680,00
	C – 1.2.3.8.0.00.00 – Depreciação, Exaustão e Amortização Acumuladas (Redutora)	680,00

Periodicamente, a conta de depreciação acumulada receberá, a crédito, os valores das quotas de depreciação lançadas durante o tempo de vida útil dos bens da Unidade Gestora do RPPS, até que seus valores sejam igualados ao valor contábil dos bens que estão sendo depreciados, ou até no montante do valor oferecido como base de cálculo da depreciação (deduzido do valor residual).

8.3.7 Melhorias e adições complementares

Qualquer melhoria que contribua para o aumento da vida útil de um bem classificado no Ativo Imobilizado, incrementando a sua capacidade produtiva ou que envolva gasto significativo, deve ter seus valores incorporados a esse bem, alterando-se, consequentemente, a base de cálculo da depreciação.

8.3.8 Depreciação de bens usados

A Secretaria da Receita Federal (SRF) estabeleceu, em sua Instrução Normativa nº 103/1984, ainda em vigor, que deve ser aplicada a taxa de depreciação para bens usados que maior prazo de vida útil apresentem dentre:

- Metade do prazo de vida útil admissível para o bem adquirido novo.
- Restante da vida útil do bem, considerada esta em relação à primeira instalação para utilização.

Normalmente, a escolha de uma ou outra hipótese está condicionada à que apresente maior prazo de vida útil, em função do reflexo fiscal, gerando, consequentemente, maior despesa dedutível. Como não há essa preocupação na Unidade Gestora dos Regimes Próprios de Previdência Social, que possuem imunidade fiscal, recomenda-se que seja considerada a primeira hipótese, metade do prazo de vida útil admissível para o bem adquirido novo, por ser essa a informação mais fácil de ser obtida, como no seguinte exemplo:

Bem	Valor de Aquisição	Metade da Vida Útil	Taxa de Depreciação Anual
Veículo usado	R$ 12.000,00	2,5 anos	40%

Cálculo: 40% × R$ 12.000,00 = R$ 4.800,00 ao ano ou R$ 400,00 ao mês, que deverão ser lançados como decréscimo patrimonial na apuração do resultado.

Registro da depreciação mensal de bem usado	D – 3.3.3.0.0.00.00 – VPD Depreciação, Amortização e Exaustão	400,00
	C – 1.2.3.8.0.00.00 – Depreciação, Exaustão e Amortização Acumuladas (Redutora)	400,00

8.3.9 Bens totalmente depreciados

Quando a depreciação acumulada atingir 100% do valor do bem, mesmo estando esse bem ainda em uso, a depreciação não será mais calculada, permanecendo o valor original do bem e a respectiva depreciação acumulada nos registros contábeis até que o bem seja alienado, doado, trocado ou quando não mais fizer parte do patrimônio (perda).

Exemplo 8: registro de bem totalmente depreciado

Em R$

Veículo novo adquirido pela entidade	42.000,00
Depreciação a ser lançada no primeiro mês (R$ 42.000,00/60 meses)	700,00

Registro da depreciação mensal de bem novo, no sistema patrimonial	D – 3.3.3.0.0.00.00 – VPD Depreciação, Amortização e Exaustão	700,00
	C – 1.2.3.8.0.00.00 – Depreciação, Exaustão e Amortização Acumuladas (Redutora)	700,00

Após 60 meses, esses valores estariam evidenciados no Balanço Patrimonial da seguinte forma:

Bens Imóveis e Móveis	42.000,00
Bens Móveis	42.000,00
Veículos Diversos	42.000,00
Depreciações e Amortizações (Redutora)	(42.000,00)

Neste momento, tem-se que o bem que há 60 meses foi incorporado ao Ativo da entidade por R$ 42.000,00 teve o seu valor decrescido pelo lançamento da depreciação no mesmo montante. O impacto dessa informação nas contas e demonstrações contábeis do RPPS, ao final dos 60 meses, dar-se-á da forma que se segue:

Bem (BP)		VPD (resultado – DVP)	
42.000,00			42.000,00

Depreciação (Resultado – DVP)		Depreciação Acumulada (BP)	
42.000,00			42.000,00

DVP		Balanço Patrimonial	
VPA	VPD	Bem	42.000,00
42.000	42.000	Dep. Acumulada	(42.000,00)

Dessa forma, a contabilização da baixa da depreciação será feita em contrapartida ao valor registrado do próprio bem, já que a depreciação lançada ao longo dos 60 meses já se encarregou de afetar o resultado do seu uso na Unidade Gestora do RPPS:

Registro da baixa da depreciação acumulada e de seu respectivo bem	C – 1.2.3.8.0.00.00 – Depreciação, Exaustão e Amortização Acumuladas (Redutora)	42.000,00
	C – 1.2.3.1.1.05.00 – Veículos	42.000,00

Caso a baixa do bem seja motivada por alienação, os valores auferidos na venda serão contabilizados como receita orçamentária da Unidade Gestora do RPPS.

Registro da receita com alienação de veículo de uso	D – 6.2.1.1.0.00.00 – Receita a Realizar	28.000,00
	C – 6.2.1.2.0.00.00 – Receita Realizada	28.000,00

Pelo controle da disponibilidade de recursos	D – 7.2.1.1.0.00.00 – Controle da Disponibilidade de Recursos	28.000,00
	C – 8.2.1.1.1.00.00 – Disponibilidade por Destinação de Recursos (DDR)	28.000,00

Registro da entrada de recurso referente a alienação de veículo de uso	D – 1.1.1.1.1.06.04 – Bancos Conta Movimento – Taxa de Administração	28.000,00
	C – 4.3.x.x.x.xx.xx – Exploração e Venda de Bens, Serviços e Direitos	28.000,00

No exemplo dado, a indicação da contabilização levou em consideração que a Unidade Gestora tem conta bancária específica para os recursos da taxa de administração. O registro nessa conta evidencia que os recursos podem ser utilizados para a gestão do RPPS. Contudo, por decisão da administração, não há impeditivo a que sejam revertidos para a finalidade previdenciária.

8.3.10 Controle patrimonial

Os bens móveis adquiridos ou que estejam de posse da Unidade Gestora do RPPS devem ser confiados à guarda e conservação de agentes responsáveis, mediante assinatura de termo de responsabilidade. Para controle desses bens, é recomendável que a Unidade Gestora faça uso de procedimentos que permitam o seu efetivo acompanhamento, tais como a aquisição de número de registro para cada bem incorporado, os registros de transferências, reparação e baixas, bem como o inventário de bens patrimoniais por ocasião da elaboração das demonstrações contábeis no encerramento do exercício.

Registre-se que o inventário é um procedimento utilizado para o conhecimento parcial ou total do patrimônio. Várias são as exigências, de ordem administrativa, econômica ou legal, que reclamam o conhecimento dos meios econômicos à disposição das entidades. Para controle e preservação do patrimônio de órgãos e entidades públicas, faz-se necessário elaborar o inventário físico, de forma analítica, dos bens móveis e imóveis, objetivando-se:

- O levantamento da situação dos equipamentos e materiais permanentes em uso e de suas necessidades de manutenção e reparos.
- A verificação da necessidade do bem móvel em determinada unidade.
- A atualização dos registros e controles administrativo e contábil.

Para a perfeita caracterização do bem, no inventário analítico, figurarão sua descrição, número de registro, valor (preço de aquisição, custo de produção, valor de avaliação), estado (bom, ocioso ou inservível) e outros elementos julgados necessários, tais como a localização.

8.3.11 Divulgação

A NBC T 16.9 recomenda que as notas explicativas às demonstrações contábeis devam trazer para cada classe do imobilizado, entre outras, as seguintes informações:

a) O método utilizado, a vida útil econômica e a taxa utilizada.

b) O valor contábil bruto e a depreciação, a amortização e a exaustão acumuladas no início e no fim do período.

c) As mudanças nas estimativas em relação a valores residuais, vida útil econômica, método e taxa utilizados.

A entidade também deve divulgar as mudanças nas estimativas em relação a valores residuais, vida útil ou período de utilização do bem e o método de depreciação e amortização utilizado.

8.4 Ajuste de *impairment* para Ativos não geradores de caixa

Segundo a Norma Brasileira de Contabilidade Aplicada ao Setor Público (NBC T SP 16.10), que trata da avaliação e mensuração de Ativos e Passivos em entidades do setor público, o ajuste a valor recuperável (*impairment*) representa a redução nos benefícios econômicos futuros ou no potencial de serviços de um Ativo.

Para avaliar se o valor contábil de um Ativo se encontra superior ao seu montante recuperável, é recomendável que a entidade submeta o referido Ativo ao *impairment test,* ou teste de imparidade, pelo menos uma vez por ano, especialmente quando houver alguma evidência que justifique a sua aplicação em Ativos não geradores de caixa.

Da perspectiva dos RPPS, são considerados Ativos geradores de caixa aqueles mantidos com o objetivo principal de gerar novos recursos, representados pela carteira de investimentos e imóveis com finalidade previdenciária dos RPPS, já contemplados no Capítulo 6 – Tratamento Contábil da Carteira de Investimentos dos RPPS. No caso dos Ativos de uso da Unidade Gestora, enquadram-se no conceito de Ativos não geradores de caixa, visto que estes não estão comprometidos com a finalidade previdenciária, consequentemente sem qualquer compromisso com a geração de rendimentos.

8.4.1 Fontes indicadoras de irrecuperabilidade

Entre outras, as seguintes fontes internas e externas podem ser indicadoras da irrecuperabilidade de ativos não geradores de caixa:

- *Fontes internas*

   a) Na evidência de dano físico ou obsolescência.

   b) Se alterações significativas com efeito adverso sobre a entidade ocorreram durante o período, ou devem ocorrer em futuro próximo, na medida ou maneira que o Ativo é ou será usado.

   c) Nos casos da decisão de suspender a construção do Ativo antes de sua conclusão ou condições de uso.

   d) Se existirem informações provenientes de relatórios internos que indicam que o desempenho econômico do Ativo é ou será pior que o esperado.

- *Fontes externas*

   a) Pela cessão ou proximidade de cessação de demanda ou de necessidade de serviços prestados pelo Ativo.

   b) No caso de mudanças significativas de longo prazo com efeito adverso sobre a entidade, ocorridas durante o período, ou que irão ocorrer no futuro próximo, no ambiente tecnológico, econômico ou legal em que a entidade opera.

8.4.2 Contabilização do *impairment* para Ativos não geradores de caixa

Exemplo 9: perda de irrecuperabilidade de Ativo não gerador de caixa

Em R$

Valor contábil de um Ativo de uso	80.000,00
Evidência de perda por irrecuperabilidade	12.000,00

Registro da perda de irrecuperabilidade em Ativo não gerador de caixa	D – 3.6.1.5.x.xx.xx – VPD Redução a Valor Recuperável de Imobilizado	12.000,00
	C – 1.2.3.9.0.00.00 – Redução ao Valor Recuperável de Imobilizado (Redutora)	12.000,00

Caso deixem de existir evidências que indicaram a necessidade de registro do *impairment* no Ativo não gerador de caixa, deverá ser feita a *reversão da perda por irrecuperabilidade,* debitando-se uma conta de VPA em contrapartida à respectiva conta redutora de Ativo na qual o ajuste foi registrado:

Registro da reversão da perda de irrecuperabilidade em Ativo gerador e não gerador de caixa	D – 1.2.3.9.0.00.00 – Redução ao Valor Recuperável de Imobilizado (Redutora)
	C – 4.6.5.0.x.xx.xx – VPA Reversão de Redução a Valor Recuperável

Por outro lado, se a evidência de perda for confirmada, o componente patrimonial de Ativo deixa de existir, com a conta redutora relativa ao ajuste de *impairment* submetida ao confronto com este:

Registro referente à confirmação da perda do componente patrimonial	D – 1.1.4.9.1.00.00 – Ajuste de Perdas de Investimentos e Aplicações Temporárias (Redutora)
	C – 1.2.3.x.x.xx.xx – Imobilizado

Nos exemplos apresentados não foram consideradas as depreciações, provisões e estimativas de perdas, que devem ser inseridas na aplicação do teste de *impairment* para chegar ao valor da perda por irrecuperabilidade.

8.5 Resumo

1. A taxa de administração representa o montante de recursos de que o gestor de RPPS pode dispor para manter a estrutura administrativa da Unidade Gestora, seja na forma de despesas correntes (pagamento de folha, compra de material de expediente, contratação de serviços de terceiros etc.), seja na forma de despesas de capital (obras e aquisição de bens).

2. A legislação previdenciária estabelece que as despesas administrativas da Unidade Gestora de RPPS podem ser custeadas com os recursos previdenciários, desde que observado o limite de até 2% incidentes sobre o total das folhas de pagamentos de todos os segurados e beneficiários do RPPS (servidores, aposentados e pensionistas) relativas ao exercício anterior.

3. Se a taxa de administração mensal reservada para as despesas administrativas for ultrapassada, os gastos adicionais devem ser ajustados durante o exercício financeiro, de modo que a taxa de administração anual seja observada. Caso esse montante anual também seja extrapolado, a diferença deverá ser suportada pelo tesouro do ente federativo. Por outro lado, se o montante da taxa anual não for utilizado durante o exercício, poderá ser constituída uma reserva administrativa com a sobra desses valores.

4. Os investimentos dos recursos da taxa de administração devem ser efetuados com os demais investimentos da Unidade Gestora, compondo os limites e as demais regras estabelecidas para a carteira de investimentos do RPPS.

5. O papel da reavaliação é o de preservar o conceito de uso e o Princípio da Continuidade das atividades operacionais da entidade, por isso os bens móveis e imóveis de uso, registrados no Ativo Não Circulante – Imobilizado dos RPPS –, deverão ser submetidos a esse procedimento contábil.

6. Segundo o disposto na NBC T 16.10, que trata da avaliação e mensuração de Ativos e Passivos em entidades do setor público, as reavaliações devem ser feitas utilizando-se o valor justo ou o valor de mercado na data de encerramento do Balanço Patrimonial.

7. Do ponto de vista contábil, na hipótese de aumento do valor da classe de um Ativo em virtude da reavaliação, esse aumento deve ser creditado diretamente à conta de reserva de reavaliação, conta de Patrimônio Líquido.

8. De acordo com a legislação previdenciária, as depreciações e amortizações dos RPPS poderão ser efetuadas utilizando-se os parâmetros e índices admitidos pela SRF, adequando-os às peculiaridades inerentes a cada regime próprio.

9. Segundo a Norma Brasileira de Contabilidade Aplicada ao Setor Público (NBC T SP 16.10), que trata da avaliação e mensuração de Ativos e Passivos em entidades do setor público, o ajuste a valor recuperável (*impairment*) representa a redução nos benefícios econômicos futuros ou no potencial de serviços de um Ativo.

10. As fontes indicadoras da irrecuperabilidade podem ser de ordem interna e externa.

8.6 Temas para discussão, pesquisa e desenvolvimento

1. Que medida pode o ente federativo adotar para minimizar o impacto no custo da previdência em relação à taxa de administração e, consequentemente, nos limites da despesa total com pessoal?

2. Considerando que apenas os bens de uso da Unidade Gestora estão sujeitos a depreciação e amortização, qual a relevância e os impactos desses procedimentos para os RPPS?

3. E quanto à reavaliação dos componentes do Ativo? Por que fazê-la e quais impactos podem promover no equilíbrio financeiro e atuarial do RPPS?

4. Qual a relevância de instituir comissão de servidores para a realização e/ou acompanhamento dos procedimentos de reavaliação dos Ativos?

5. O *impairment* ainda é uma figura relativamente nova na Contabilidade Pública Nacional; para os RPPS, quais podem ser os seus benefícios, especialmente para os recursos previdenciários?

6. Que medidas administrativas e/ou judiciais devem os gestores dos RPPS adotar nas situações em que sejam justificados os registros do *impairment* para os Ativos geradores de caixa?

7. Considere os dados abaixo e faça os cálculos correspondentes:

Folha de pagamento total do ente federativo	6.450.000,00
Empregados e demais prestadores de serviços do ente federativo	(382.000,00)

Continua

Base de cálculo da taxa de administração	?
Percentual definido para a taxa de administração pela legislação local	1,5%
Taxa de administração anual	?
Taxa de administração mensal	?

8. A partir dos dados da tabela da questão anterior, contabilize o valor da taxa de administração anual e registre o investimento correspondente a 20% dos valores não utilizados no exercício.

9. A partir dos dados a seguir, efetue os lançamentos contábeis correspondentes à reavaliação e à primeira parcela da depreciação:

Valor contábil do bem (veículo)	48.000,00
Depreciação acumulada	(24.000,00)
Valor contábil líquido	24.000,00
Novo valor apurado pelo laudo de peritos	36.000,00
Vida útil estabelecida pelo laudo dos peritos	meses

10. Considere que um equipamento em uso, registrado na contabilidade do RPPS por R$ 45.000,00, apresente evidência de perda por irrecuperabilidade correspondente a 30% do seu valor. Faça o lançamento correspondente.

Sistemas e Demonstrativos Exigidos pelo MPS

9

OBJETIVOS

Proporcionar ao leitor os seguintes conhecimentos:

- Sistema de Informações dos Regimes de Previdência Social (CADPREV)
- Demonstrativo do Resultado da Avaliação Atuarial (DRAA)
- Demonstrativo de Informações Previdenciárias e Repasses (DIPR)
- Demonstrativo da Política de Investimentos (DPIN)
- Demonstrativo de Aplicações e Investimentos dos Recursos (DAIR)
- Nota final

Neste capítulo, a partir das informações e figuras extraídas dos manuais disponíveis no sítio da Previdência Docial, onde também se encontram os aplicativos, buscaremos tão somente demonstrar ao leitor que o MPS definiu alguns demonstrativos específicos, não contábeis, com a finalidade de exercer a sua competência de órgão normatizador e fiscalizador dos RPPS.

9.1 Sistema de Informações dos Regimes de Previdência Social (CADPREV)

O Sistema de Informações dos Regimes de Previdência Social (CADPREV) é o sistema desenvolvido pelo Ministério da Previdência Social para fins de cadastramento do regime previdenciário adotado pelos entes federativos, do acompanhamento e supervisão da gestão dos RPPS, e consequente emissão e disponibilização do Certificado de Regularidade Previdenciária (CRP).

Para fins didáticos, consideramos o sistema como *CADPREV Operacional*[1] e *CADPREV Web*,[2] este composto por dois módulos distintos: o "CADPREV – Ente Local" – e o "CADPREV Web". O CADPREV – Ente Local – é um aplicativo *desktop*, cuja finalidade é dar ao usuário o suporte necessário à elaboração dos demonstrativos e demais informações a serem enviados para o MPS.

O CADPREV Web, por sua vez, é o aplicativo de transmissão, processamento e retorno das informações. Equivale a dizer que, no primeiro módulo, as informações são de domínio do ente/RPPS; as do segundo módulo, do MPS. Então, no CADPREV – Ente Local –, o ente pode incluir as informações que desejar, alterar, excluir etc.; depois de transmitidas via CADPREV Web, qualquer alteração somente pode ser feita por retificação.

A situação de qualquer Regime Próprio de Previdência Social (RPPS) existente no Brasil encontra-se acessível às pessoas em geral via sítio da Previdência Social, por intermédio do CADPREV, o que possibilita a transparência dos dados do regime previdenciário e o controle social sobre eles.

---

[1] CADPREV Operacional: denominação nossa atribuída ao sistema interno de uso exclusivo do MPS utilizado para controle das regularidades do RPPS e emissão do CRP.
[2] CADPREV Web: os aplicativos disponibilizados aos RPPS para elaboração e envio dos demonstrativos e informações ao MPS.

Atualmente, os demonstrativos a seguir mencionados devem ser elaborados e enviados pelos entes federativos instituidores de RPPS ao MPS via Sistema "CADPREV Web":[3]

    i. Demonstrativo do Resultado da Avaliação Atuarial (DRAA).

    ii. Demonstrativo de Informações Previdenciárias e Repasses (DIPR).

    iii. Demonstrativo da Política de Investimentos (DPIN).

    iv. Demonstrativo de Aplicações e Investimentos dos Recursos (DAIR).

    v. Demonstrativos Contábeis (estes ainda não disponíveis no CADPREV).

Para envio dos demonstrativos, cada ente federativo deve cadastrar os responsáveis, mediante senhas específicas, por meio do sítio do MPS no *link* denominado "inclusão/atualização cadastral".

9.2 Demonstrativo do Resultado da Avaliação Atuarial (DRAA)

O DRAA é um documento exclusivo de cada RPPS, que registra as características gerais dos planos de benefícios e custeio, evidenciando os resultados da avaliação atuarial, devendo ser apresentado via CADPREV Web até o dia 31 de março do exercício, tendo como referência a data de encerramento do exercício anterior.

Para elaborar a avaliação atuarial, deve-se ter em mente as diferenças entre a data-base e a data da avaliação atuarial. Entende-se por *data-base da avaliação atuarial* o momento da extração dos dados cadastrais, devendo tais dados estar posicionados entre os meses de julho a dezembro do exercício anterior ao da vigência de sua apresentação, admitindo-se outra data desde que não seja inferior a seis meses contados da data da avaliação, ou quando se tratar de avaliação inicial.

Por outro lado, a *data da avaliação atuarial* tem como referência a data de encerramento de exercício financeiro (31 de dezembro), independentemente da data-base da avaliação atuarial e da data da efetiva realização do cálculo, e refere-se

---

[3] Portaria MPS nº 204/2008.

ao cálculo do valor atual dos compromissos futuros do plano de benefícios, suas necessidades de custeio, a precificação dos ativos vinculados ao plano de benefícios e o resultado atuarial.

O administrador do ente, o gestor da Unidade Gestora de RPPS e o responsável pela avaliação atuarial são quem deve definir as premissas e hipóteses atuariais da avaliação atuarial, observando sempre os parâmetros mínimos de prudência estabelecidos na legislação vigente. A atual plataforma do CADPREV agrega o aplicativo específico para inserção e envio das demonstrações relativas à avaliação atuarial contemplando a Nota Técnica Atuarial (NTA), o Demonstrativo de Resultado da Avaliação Atuarial (DRAA), o Fluxo Atuarial do RPPS (Projeção das Receitas e Despesas do Plano Previdenciário e Financeiro) e o Relatório da Avaliação Atuarial.

As diversas abas do sistema demandam as seguintes informações:

I – ENTE

II – UNIDADE GESTORA

III – ATUÁRIO

IV – ÓRGÃO/ENTIDADE

V – COMPOSIÇÃO DA MASSA

VI – IDENTIFICAÇÃO DO DRAA

1. SERVIDORES CIVIS

1.1. Plano Previdenciário

1.1.1. Base Normativa

1.1.1.1. Plano de Custeio Vigente

1.1.1.2. Segregação da Massa

1.1.1.3. Plano de Benefícios

1.1.1.4. Previdência Complementar

1.1.2. Base Cadastral

1.1.2.1. Estatística da População Coberta

1.1.2.2. Estatística da População Coberta – Previdência Complementar

1.1.2.3. Avaliação Crítica

1.1.2.4. Tratamento Base Cadastral

1.1.3. Base Técnica

1.1.3.1. Regimes e Métodos de Financiamento

1.1.3.2. Hipóteses Atuariais

1.1.3.3. Justificativa da Adoção de Hipóteses

1.1.4. Resultados

1.1.4.1. Valores dos Compromissos

1.1.4.2. Custo Normal

1.1.4.3. Custo Suplementar

1.1.4.4. Custo com a Administração do Plano

1.1.4.5. Plano de Custeio a Constar em Lei

1.1.4.6. Comparativo de Receitas e Despesas Projetadas e Executadas

1.1.4.7. Comparativo de informações das Últimas Avaliações Atuariais

1.1.4.8. Parecer Atuarial

2. SERVIDORES CIVIS

2.1. Plano Financeiro

2.1.1. Base Normativa

2.1.1.1. Plano de Custeio Vigente

2.1.1.2. Segregação da Massa

2.1.1.3. Plano de Benefícios

2.1.1.4. Previdência Complementar

2.1.2. Base Cadastral

2.1.2.1. Estatística da População Coberta

2.1.2.2. Estatística da População Coberta – Previdência Complementar

2.1.2.3. Avaliação Crítica

2.1.2.4. Tratamento Base Cadastral

2.1.3. Base Técnica

2.1.3.1. Regimes e Métodos de Financiamento

2.1.3.2. Hipóteses Atuariais

2.1.3.3. Justificativa da Adoção de Hipóteses
2.1.4. Resultados
2.1.4.1. Valores dos Compromissos
2.1.4.2. Custo Normal
2.1.4.3. Custo Suplementar
2.1.4.4. Custo com a Administração do Plano
2.1.4.5. Plano de Custeio a Constar em Lei
2.1.4.6. Comparativo de Receitas e Despesas Projetadas e Executadas
2.1.4.7. Comparativo de informações das Últimas Avaliações Atuariais
2.1.4.8. Parecer Atuarial
3. SERVIDORES CIVIS
3.1. Mantido pelo Tesouro
3.1.1. Base Normativa
3.1.1.1. Plano de Benefícios
3.1.2. Base Cadastral
3.1.2.1. Estatística da População Coberta
3.1.2.2. Avaliação Crítica
3.1.2.3. Tratamento Base Cadastral
3.1.3. Base Técnica
3.1.3.1. Regimes e Métodos de Financiamento
3.1.3.2. Hipóteses Atuariais
3.1.3.3. Justificativas da Adoção de Hipóteses
3.1.4. Resultados
3.1.4.1. Valores dos Compromissos
3.1.4.2. Parecer Atuarial
4. MILITARES
4.1. Plano Previdenciário
4.1.1. Base Normativa

4.1.1.1. Plano de Custeio Vigente

4.1.1.2. Segregação da Massa

4.1.1.3. Plano de Benefícios

4.1.1.4. Previdência Complementar

4.1.2. Base Cadastral

4.1.2.1. Estatística da População Coberta

4.1.2.2. Estatística da População Coberta – Previdência Complementar

4.1.2.3. Avaliação Crítica

4.1.2.4. Tratamento Base Cadastral

4.1.3. Base Técnica

4.1.3.1. Regimes e Métodos de Financiamento

4.1.3.2. Hipóteses Atuariais

4.1.3.3. Justificativa da Adoção de Hipóteses

4.1.4. Resultados

4.1.4.1. Valores dos Compromissos

4.1.4.2. Custo Normal

4.1.4.3. Custo Suplementar

4.1.4.4. Custo com a Administração do Plano

4.1.4.5. Plano de Custeio a Constar em Lei

4.1.4.6. Comparativo de Receitas e Despesas Projetadas e Executadas

4.1.4.7. Comparativo de informações das Últimas Avaliações Atuariais

4.1.4.8. Parecer Atuarial

5. MILITARES

5.1. Plano Financeiro

5.1.1. Base Normativa

5.1.1.1. Plano de Custeio Vigente

5.1.1.2. Segregação da Massa

5.1.1.3. Plano de Benefícios

5.1.1.4.   Previdência Complementar

5.1.2.   Base Cadastral

5.1.2.1.   Estatística da População Coberta

5.1.2.2.   Estatística da População Coberta – Previdência Complementar

5.1.2.3.   Avaliação Crítica

5.1.2.4.   Tratamento Base Cadastral

5.1.3.   Base Técnica

5.1.3.1.   Regimes e Métodos de Financiamento

5.1.3.2.   Hipóteses Atuariais

5.1.3.3.   Justificativa da Adoção de Hipóteses

5.1.4.   Resultados

5.1.4.1.   Valores dos Compromissos

5.1.4.2.   Custo Normal

5.1.4.3.   Custo Suplementar

5.1.4.4.   Custo com a Administração do Plano

5.1.4.5.   Plano de Custeio a Constar em Lei

5.1.4.6.   Comparativo de Receitas e Despesas Projetadas e Executadas

5.1.4.7.   Comparativo de informações das Últimas Avaliações Atuariais

5.1.4.8.   Parecer Atuarial

6. MILITARES

6.1.   Mantido pelo Tesouro

6.1.1.   Base Normativa

6.1.1.1.   Plano de Benefícios

6.1.2.   Base Cadastral

6.1.2.1.   Estatística da População Coberta

6.1.2.2.   Avaliação Crítica

6.1.2.3.   Tratamento Base Cadastral

6.1.3.   Base Técnica

6.1.3.1. Regimes e Métodos de Financiamento

6.1.3.2. Hipóteses Atuariais

6.1.3.3. Justificativas da Adoção de Hipóteses

6.1.4. Resultados

6.1.4.1. Valores dos Compromissos

6.1.4.2. Parecer Atuarial

A seguir veremos algumas telas representativas dessas informações atuariais do RPPS do "CADPREV – Ente Local":

a) *Ente* – registra os dados cadastrais do ente federativo e de seu representante legal:

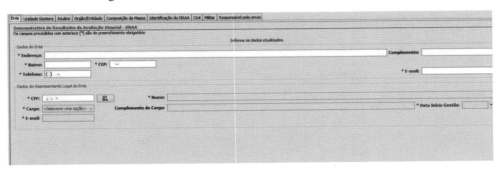

b) *Unidade Gestora* – insere o registro dos dados da Unidade Gestora e de seu representante legal, e também os dados do colegiado deliberativo do RPPS e de seu representante:

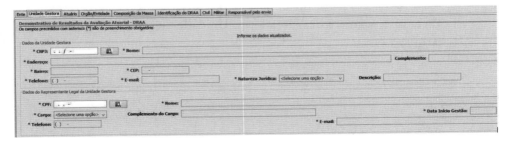

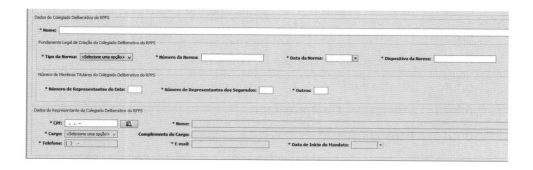

c) *Atuário* – os campos são destinados ao registro dos dados do responsável técnico pela avaliação atuarial e da empresa prestadora de serviços contratada pelo ente ou pela Unidade Gestora do RPPS:

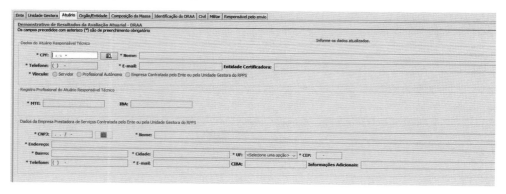

d) *Órgão/Entidade* – contempla os campos destinados à inclusão de todos os órgãos e unidades do ente federativo que possuem segurados vinculados ao RPPS, na forma do art. 12 da Portaria MPS nº 403/2008 (Ex: Prefeitura, Câmara de Vereadores, Unidade Gestora, Autarquia X, Autarquia Y etc.):

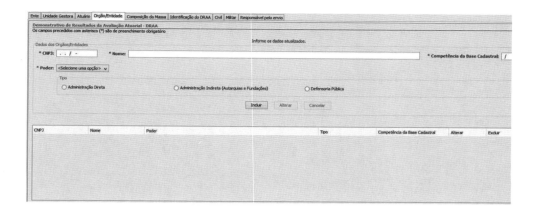

e) *Composição da Massa* – os espaços são destinados à informação da existência ou não da segregação da massa, tanto para os servidores civis como para os militares, no caso de Estados ou Distrito Federal:

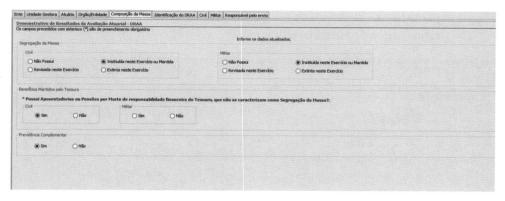

f) *Identificação do DRAA* – contempla os campos destinados à identificação do DRAA do exercício objeto da informação:

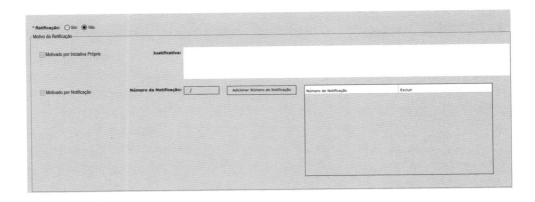

g) *Servidor Civil* – são registradas as informações segregadas por Plano: previdenciário, financeiro e benefícios mantidos pelo Tesouro, referentes à população civil; e na aba militares, assim como no campo relativo aos civis, devem ser inseridas as informações segregadas por Plano: previdenciário, financeiro e benefícios mantidos pelo Tesouro, só que referentes à população militar.

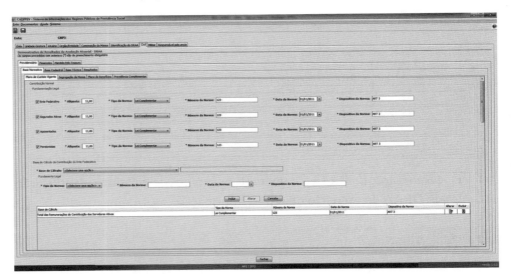

h) *Responsável pelo envio* – campo utilizado para o registro dos dados do responsável pelo envio do DRAA:

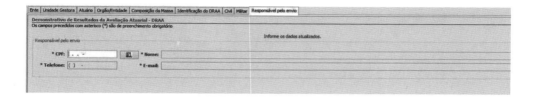

As informações contidas no DRAA são complementadas pela nota técnica atuarial, acompanhada do "Certificado de Veracidade" – documento digitalizado no qual os representantes legais do ente e da Unidade Gestora e o responsável pela avaliação atuarial atestam que as informações constantes no documento refletem a realidade; dos fluxos atuariais; do relatório da avaliação atuarial (completo); e do "Certificado de Veracidade" do DRAA, também firmado pelos responsáveis.

9.3 Demonstrativo de Informações Previdenciárias e Repasses (DIPR)

O DIPR é o documento que tem a finalidade de apresentar todas as informações relativas às bases de cálculo das contribuições previdenciárias, nos termos da legislação de cada ente federativo, os valores a serem repassados à respectiva Unidade Gestora por unidade administrativa, os valores efetivamente repassados nas datas correspondentes, bem como os pagamentos dos benefícios previdenciários e das despesas administrativas, sendo este o principal documento de comprovação pelos entes federativos do cumprimento do caráter contributivo do RPPS.

O DIPR deverá ser enviado até o último dia do mês seguinte ao encerramento de cada bimestre, acompanhado da "Declaração de Veracidade".

O envio do arquivo contendo as informações para a geração do DIPR e, posteriormente, da Declaração de Veracidade, assinada e digitalizada, será efetuado por meio do CADPREV Web. O DIPR é composto por grupos de informações que contemplam os seguintes aspectos:

   a) *Ente* – da mesma forma que no DRAA, é a tela utilizada para o registro dos dados cadastrais do ente federativo e de seu representante legal:

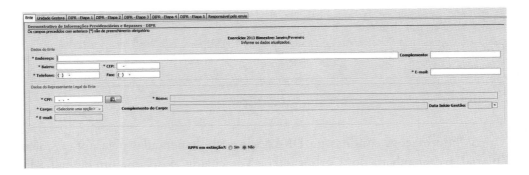

b) *Unidade Gestora* – também será utilizada para o registro dos dados da Unidade Gestora e de seu representante legal:

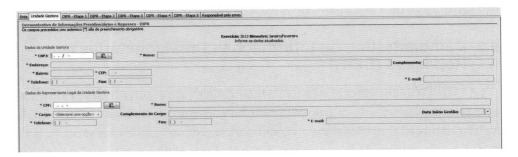

c) *DIPR – Etapa 1 (órgãos do ente federativo)* – contempla os campos destinados à inclusão de todos os órgãos e entidades do ente federativo que possuam segurados vinculados ao RPPS (Exs.: Prefeitura, Câmara, Unidade Gestora, Autarquia X, Autarquia Y etc.):

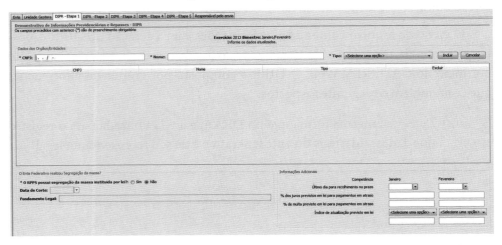

d) *DIPR – Etapa 2 (remunerações e bases de cálculo)* – destina-se à informação das remunerações e bases de cálculo constantes das folhas de pagamento dos segurados de todos os órgãos e entidades do ente federativo (Prefeitura, Câmara, Autarquias, Unidade Gestora etc.), cadastrados na Etapa 1:

e) *DIPR – Etapa 3 (contribuições, aportes e outros valores)* – destina-se à informação dos valores efetivamente repassados da "contribuição patronal" (normal e suplementar) e da contribuição dos segurados, relativa a cada um dos órgãos e entidades do ente federativo (cadastrados na Etapa 1). As contribuições repassadas, informadas por "referência" na Etapa 3, guardarão correspondência com as bases de cálculo de cada "referência" informada na Etapa 2. Nesta etapa devem ser informados também os aportes e transferências recebidos pela Unidade Gestora de RPPS, assim como os valores referentes às parcelas dos termos de acordo de parcelamento:

f) *DIPR – Etapa 4 (demais ingressos de recursos do RPPS)* – destina-se à informação dos demais ingressos de recursos na Unidade Gestora de RPPS, não informados na Etapa 3, como: contribuição de servidores cedidos/licenciados, contribuição de auxílio-reclusão, recebimento da compensação financeira, rendimentos de aplicações financeiras, rendimentos dos demais ativos e outros ingressos:

g) *DIPR – Etapa 5 (utilização de recursos do RPPS)* – destina-se à informação das despesas do RPPS (utilização de recursos), compreendendo o pagamento efetuado pela Unidade Gestora dos benefícios previdenciários (aposentadoria, pensão por morte, auxílio-doença, salário-maternidade, salário-família, auxílio-reclusão e benefícios em decorrência de decisão judicial), sejam eles de responsabilidade da Unidade Gestora ou do Tesouro:

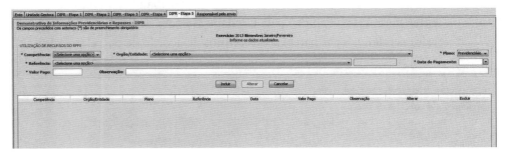

h) *Responsável pelo envio* – será utilizada para o registro dos dados do responsável pelo preenchimento e envio do DIPR:

9.4 Demonstrativo da Política de Investimentos (DPIN)

Recapitulando, os responsáveis pela gestão do RPPS, antes do exercício a que se referir, deverão definir a política anual de aplicação e investimentos dos recursos de forma a contemplar, no mínimo:

a) O modelo de gestão a ser adotado e, se for o caso, os critérios para a contratação de pessoas jurídicas autorizadas nos termos da legislação em vigor para o exercício profissional de administração de carteiras.

b) A estratégia de alocação dos recursos entre os diversos segmentos de aplicação e as respectivas carteiras de investimentos.

c) Os parâmetros de rentabilidade perseguidos, que deverão buscar compatibilidade com o perfil de suas obrigações, tendo em vista a necessidade de busca e manutenção do equilíbrio financeiro e atuarial e os limites de diversificação e concentração previstos na Resolução do CMN nº 3.922/2010.

d) Os limites estabelecidos para cada segmento de aplicação e investimentos.

A legislação exige que a União, os Estados, o Distrito Federal e os Municípios comprovem a elaboração da política anual de investimentos mediante o envio à Secretaria de Políticas de Previdência Social (SPPS) do DPIN.

O relatório da política anual de investimentos e suas revisões, a documentação que os fundamenta, bem como as aprovações exigidas, deverão permanecer à disposição dos órgãos de acompanhamento, supervisão e controle pelo prazo de 10 (dez) anos.

O DPIN deverá conter as assinaturas dos responsáveis legais pelo ente federativo e pela Unidade Gestora do RPPS e dos responsáveis pela sua elaboração, aprovação e execução da política anual de investimentos do RPPS.

O DPIN é composto por grupos de informações que contemplam os seguintes aspectos:

a) *Informações do ente federativo* – guia utilizada para o registro dos dados do ente federativo e de seu representante legal:

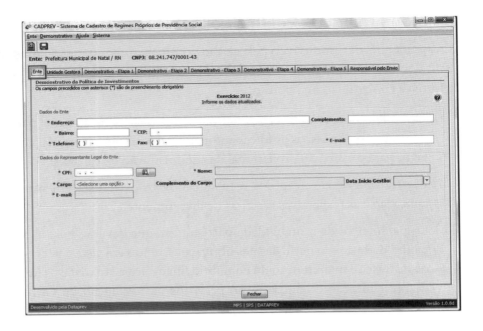

b) *Informações sobre a Unidade Gestora* – nesta guia devem ser informados os dados da Unidade Gestora, do seu representante legal e do seu gestor de recursos:

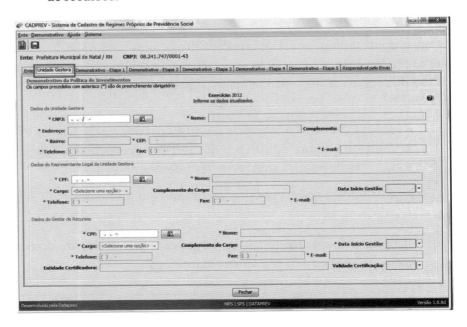

c) *Informações da Etapa 1* – é utilizada para registrar os dados do órgão superior competente, data da elaboração, data da ata de aprovação do demonstrativo e dados do responsável pela elaboração da política de investimentos, meta de rentabilidade dos investimentos e as opções do meio utilizado para divulgação. Todos os campos desta etapa são de preenchimento obrigatório:

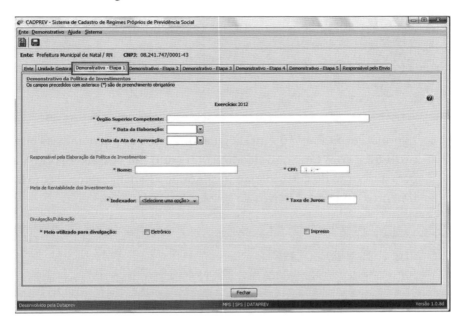

d) *Informações da Etapa 2* – nesta etapa será disponibilizada a entrada dos dados para os percentuais de alocação de recursos referentes à renda fixa e à renda variável. O sistema apresenta uma tabela com a lista de tipos de ativos associados aos segmentos. Para cada tipo de ativo apresentado o sistema informa o limite máximo de alocação regido pela resolução vigente e apresenta o campo reservado para o percentual de alocação de recursos que deverá ser informado. A soma dos percentuais alocados para ambos os segmentos será contabilizada no último campo:

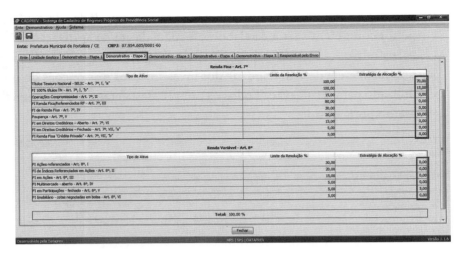

e) *Informações da Etapa 3* – nesta guia, o sistema apresenta duas caixas de texto livre com tamanho de até 8.000 (oito mil) caracteres cada uma, para descrição do cenário macroeconômico e análise setorial para investimentos e outros objetivos da gestão:

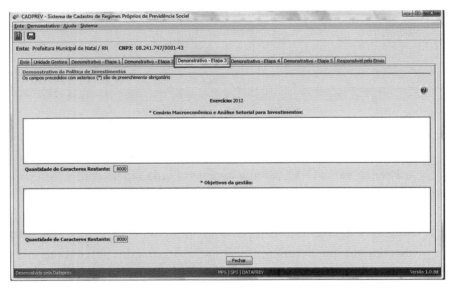

f) *Informações da Etapa 4* – para a etapa 4 do demonstrativo, também haverá duas caixas de texto livre com tamanho de até 8.000 (oito mil) caracteres cada uma, para descrição da estratégia de formação de preços – investimentos e desinvestimentos, e critérios de contratação – e administração de carteiras de renda fixa e variável:

Capítulo 9 | Sistemas e Demonstrativos Exigidos pelo MPS 269

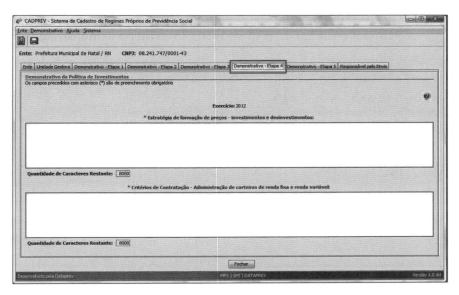

g) *Informações da Etapa 5* – nesta etapa, o sistema trará outras duas caixas de texto de livre preenchimento, com tamanho de até 8.000 (oito mil) caracteres cada uma, para descrição dos testes comparativos e de avaliação para acompanhamento dos resultados dos gestores e da diversificação da gestão externa dos Ativos, bem como para descrição das observações:

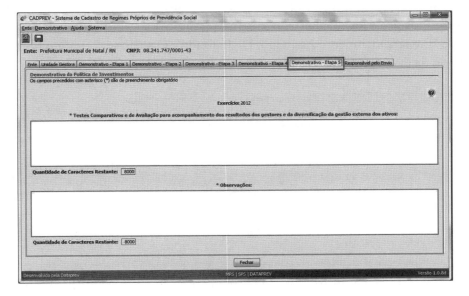

h) *Informações do responsável pelo envio* – finalmente, neste formulário serão registrados os dados do responsável pelo envio do demonstrativo:

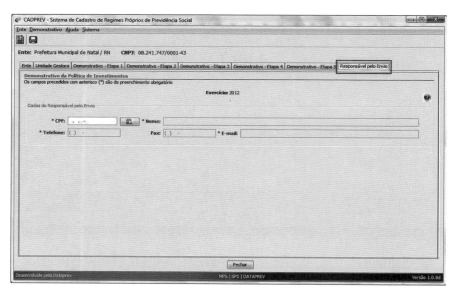

O DPIN, depois de elaborado, assim como o DRAA e o DIPR, com a utilização do "CADPREV – Ente Local –", deve ser enviado ao MPS pelo "CADPREV Web", que, depois de processado e em conformidade, deve ser impresso, assinado nos campos próprios, digitalizado e reenviado ao MPS pelo mesmo veículo, na opção "Enviar Documento Assinado/Digitalizado". O envio será confirmado pelo retorno da informação na tela a seguir:

Depois do envio do arquivo, este será processado no "CADPREV Web", e o resultado do processamento será visualizado em "Consultar Arquivos Enviados":

Consultar Arquivos Enviados
Os campos precedidos com asterisco(*) são de preenchimento obrigatório.

```
Dados da Consulta
           * Ente: [Selecione uma opção    ]
  Tipo de Demonstrativo: [Política de Investimentos]
    Data Envio Inicial: [          ]       Data Envio Final: [          ]
          Situação: [Todos           ]

                    [ Consultar ]   [ Cancelar ]
```

Enviar arquivo do Demonstrativo da Política de Investimentos

✓ O arquivo foi enviado com sucesso. Aguardar Processamento/Consultar arquivos

[Enviar Outro]   [Cancelar]

9.5 Demonstrativo de Aplicações e Investimentos dos Recursos (DAIR)

O DAIR é o documento que tem como objetivo demonstrar o efetivo cumprimento da política anual de investimento, observando os limites das alocações dos recursos previdenciários nos diversos segmentos admitidos pela legislação.

Além das informações sobre as aplicações e investimentos dos recursos previdenciários, o DAIR contém campos específicos para a apresentação de informações acerca da qualificação do responsável pelos investimentos dos recursos do RPPS.

Enquanto a informação relativa ao Comitê de Investimentos não for incorporada no DAIR, a sua comprovação se dará por meio do envio à SPPS da Declaração de Funcionamento do Comitê de Investimentos, conforme formulário disponibilizado no endereço eletrônico do MPS na rede mundial de computadores – Internet. O DAIR é composto por grupos de informações que contemplam os seguintes aspectos:

a) *Ente:* a tela inicial deste demonstrativo também é utilizada para o registro dos dados cadastrais do ente federativo e de seu representante legal:

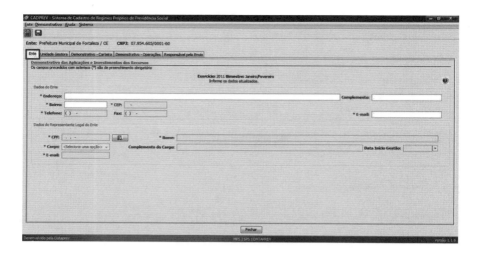

b) *Unidade Gestora*: esta tela deve ser utilizada para informar os dados da Unidade Gestora, de seu representante legal e do gestor de recursos:

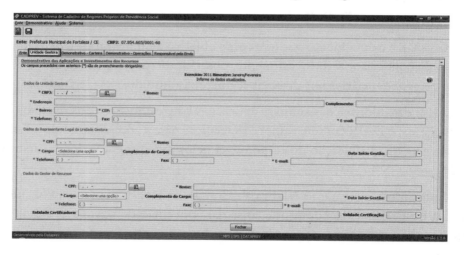

c) *Informações – Demonstrativo – Carteira*: neste grupo estão os dados principais do demonstrativo em que poderão ser registradas as informações das aplicações em carteira ou a declaração de inexistência de recursos aplicados no bimestre em questão:

Capítulo 9 | Sistemas e Demonstrativos Exigidos pelo MPS   273

Ou:

d) *Segmento: Disponibilidades Financeiras*: havendo ou não recursos aplicados no bimestre, deve-se obrigatoriamente informar disponibilidades financeiras:

e) *Segmento: Imóveis*: para informar as eventuais aplicações no segmento Imóveis, deve ser selecionada a opção correspondente no combo "Segmento" e em seguida selecionar no combo "Tipo de Ativos" a opção "Fundo de Investimento Imobiliário". Não se trata das aplicações em cotas de fundo imobiliário com os recursos financeiros do RPPS. Em seguida, o sistema apresentará os campos associados a esse segmento e tipo de Ativo:

f) *Segmento: Ativos em Enquadramento*: nos casos de Ativos em enquadramento, selecionar a opção correspondente no combo segmento:

g) *Segmento: Renda Fixa – Tipo de Ativo: Poupança*: para as aplicações em poupança, selecionar no combo "Segmento" a opção "Renda Fixa" e em seguida selecionar no combo "Tipo de Ativos" a opção "Poupança". Após esses passos, o sistema apresentará os campos associados a esse segmento e tipo de Ativo.

h) *Segmento: Renda Variável – Tipo de Ativo*: FI Ações Referenciados, FI de Índices Referenciados em Ações, FI em Ações, FI Multimercado – aberto, FI em Participações – fechado, FI Imobiliário. Findados esses passos, o sistema apresentará os campos associados a esse segmento e tipo de Ativo.

i) *Segmento: Ativos Vinculados por Lei ao RPPS*: para recursos em Ativos Vinculados por Lei ao RPPS, geralmente para cobertura de déficits atuariais, mas que não compõem nenhum fundo de investimento imobiliário. O sistema apresenta as possibilidades de informações sobre os seguintes bens: Terrenos, Prédio Residencial, Prédio Comercial, Loja, Casa, Apartamento, Outros. Ao término desses passos, o sistema apresentará os campos associados a esse segmento e tipo de Ativo.

As figuras inseridas neste capítulo têm como fonte os manuais de instalação e preenchimento dos Demonstrativos, constantes no sítio do Ministério da Previdência Social.

9.6 Nota final

A gestão, um dos principais pilares de sustentação da perenidade das instituições, assim como as próprias instituições, deve estar em permanente processo de evolução. Nesse contexto, não há como dissociar desse processo a Contabilidade Pública Nacional como imprescindível instrumento de gestão das entidades públicas.

É nesse sentido que esta obra tem a pretensão de colaborar, ou seja, ele busca introduzir e difundir elementos com vistas à evolução dos processos de gestão na mesma velocidade que as transformações que as entidades públicas de RPPS requerem, até porque, como dito na abertura, esta obra, além de pretender agregar aos interessados, gestores públicos e academias mais alguns conhecimentos sobre a questão, tem também a pretensão de ser mais uma fonte de difusão do conhecimento e pesquisa, embora deixando inúmeros pontos de desafios ao aprofundamento, e, por que não dizer, também algumas provocações.

Portanto, recomenda-se aos caros leitores, especialmente aos dirigentes e gestores dos RPPS, que busquem se manter sempre atualizados em relação aos regulamentos aplicáveis a esses importantes regimes de previdência social, por exemplo por meio de consultas frequentes ao sítio da Previdência Social, em que sempre haverá disponibilizadas informações de grande utilidade referentes a temas específicos da previdência no serviço público, entre outros, o Plano de Contas Aplicado aos RPPS, manuais de instalação e preenchimento dos demonstrativos específicos e demais orientações sobre a contabilidade aplicada, sobre questões administrativas e de gestão, além da legislação de caráter normativo geral.

9.7 Resumo

1. O CADPREV é um sistema de informações desenvolvido pelo Ministério da Previdência Social para fins de emissão e disponibilização do Certificado de Regularidade Previdência (CRP) por meio eletrônico.

2. O usuário interno do CADPREV é o próprio MPS, que monitora a regularidade dos RPPS. O usuário externo é o gestor de RPPS, que utiliza a versão Web do sistema para enviar as informações exigidas para emissão do CRP.

3. O DRAA é um documento exclusivo de cada RPPS, que registra de forma resumida as características gerais do plano e os principais resultados da avaliação atuarial, e deve ser apresentado até o dia 31 de março do exercício a que se refere o cálculo.

4. A plataforma do CADPREV agrega um novo aplicativo para o envio do DRAA, composto por nove grupos de informações identificados no menu horizontal superior do aplicativo CADPREV – Ente Local: Ente, Unidade Gestora, Atuário, Órgão/Entidade, Composição da Massa, Identificação do DRAA, se do Plano Financeiro e Plano Previdenciário, no caso de segregação da massa, informações relativas à população civil e militar e responsável pelo envio das informações.

5. O DIPR é um documento obrigatório, que apresenta informações gerais dos RPPS, exigido em substituição ao "Demonstrativo Previdenciário" e ao "Comprovante do Repasse"; estes últimos continuarão sendo exigidos em relação aos bimestres anteriores à sua substituição pelo DIPR.

6. O DIPR é composto por oito grupos de informações, identificados no menu horizontal superior do aplicativo CADPREV – Ente Local: Ente, Unidade Gestora, Órgãos do Ente Federativo, Remunerações e Base de Cálculo, Contribuições, Aportes e Outros Valores, Demais Ingressos dos Recursos dos RPPS, Utilização dos Recursos dos RPPS e Responsável pelo Envio.

7. Segundo o disposto na legislação previdenciária, a União, os Estados, o Distrito Federal e os Municípios comprovarão a elaboração da política anual de investimentos, mediante o envio à Secretaria de Políticas de Previdência Social (SPPS) do Demonstrativo da Política de Investimentos (DPIN).

8. O relatório da política anual de investimentos e suas revisões, a documentação que os fundamenta, bem como as aprovações exigidas, deverão permanecer à disposição dos órgãos de acompanhamento, supervisão e controle pelo prazo de dez anos.

9. O ente federativo elaborará e encaminhará ao Ministério da Previdência Social o Demonstrativo das Aplicações e Investimentos dos Recursos (DAIR), que deverá conter campos específicos para apresentação de informações acerca da comprovação da qualificação e certificação do responsável pelos investimentos dos recursos do RPPS.

10. A ausência dos Demonstrativos e das corretas informações exigidas enseja a não emissão do Certificado de Regularidade Previdenciária (CRP).

9.8 Tema para discussão, pesquisa e desenvolvimento

1. Qual a importância dos diversos demonstrativos exigidos pelo Ministério da Previdência Social na gestão dos RPPS?

Glossário de termos técnicos

Este glossário tem como objetivo facilitar o entendimento dos principais termos técnicos utilizados no decorrer da obra.

A

Abono de Permanência. Valor concedido aos servidores que optarem por permanecer em atividade após terem completado as exigências para a aposentadoria voluntária.

ALM. Técnica que se caracteriza por ser um processo contínuo de formulação, implementação, monitoramento e revisão de estratégias relacionadas com Ativos e Passivos, viabilizando o alcance sustentado dos objetivos financeiros da entidade.

Aposentadoria. Benefício previdenciário concedido ao servidor que tenha completado os requisitos de elegibilidade, ou seja, tempo de contribuição e idade mínima.

Aposentadoria Programada. É o benefício vitalício no qual é possível prever seu início em função da idade atual do servidor e o tempo de contribuição projetado.

Ativo do Plano. Somatório de todos os bens e direitos com finalidade previdenciária, utilizados na avaliação atuarial.

Ativo em Enquadramento. Situações em que a legislação ampara a permanência da aplicação até o vencimento ou por um período determinado sem que se constitua em irregularidade.

Ativos Financeiros. Também conhecidos como "ativos de papel", primordialmente negociados em mercados financeiros, como ações, contratos futuros, contratos a termo, entre outros.

Atuária. Ciência que tem como objetivo o estudo das bases técnicas dos planos de previdência e seguros em geral, por meio da matemática financeira e atuarial.

Atuário. Profissional técnico com formação acadêmica em Ciências Atuariais e habilitado para o exercício da profissão.

Autarquia. Entidade criada por lei, com personalidade jurídica, patrimônio e receita próprios, para executar atividades típicas da Administração Pública, que requeiram, para seu melhor funcionamento, gestão administrativa e financeira descentralizada (art. 5º, inciso I, do Decreto-lei nº 200/1967).

Avaliação Atuarial. Estudo técnico desenvolvido pelo profissional de atuária, baseado nas características biométricas, demográficas e econômicas da população analisada, e da legislação, com o objetivo principal de estabelecer, de forma suficiente e adequada, os recursos necessários para a garantia dos pagamentos dos benefícios previstos no plano de benefícios.

B

Balanço Financeiro. Demonstração contábil que evidencia as receitas e despesas orçamentárias, bem como os ingressos e dispêndios extraorçamentários, conjugados com os saldos de caixa do exercício anterior e os que se transferem para o início do exercício seguinte.

Balanço Orçamentário. Demonstração contábil que apresenta as receitas previstas e as despesas fixadas nos Orçamentos Fiscal e da Seguridade Social, em comparação com as receitas e despesas realizadas, apurando as diferenças entre elas.

Balanço Patrimonial. Demonstração contábil que evidencia, qualitativa e quantitativamente, a situação patrimonial da entidade pública por meio de contas representativas do patrimônio público, bem como os atos potenciais, que são registrados em contas de compensação (natureza de informação de controle).

Base Cadastral. Data-base do cadastro dos servidores públicos utilizada na avaliação atuarial.

Base de Cálculo. Limite preestabelecido de uma grandeza econômica ou numérica sobre a qual se aplica a alíquota para obter o valor devido.

Bases Técnicas. Premissas e hipóteses biométricas, demográficas, econômicas e financeiras utilizadas na elaboração da avaliação atuarial.

Benefício. Toda e qualquer prestação assegurada pelo plano de benefícios aos seus segurados e respectivos beneficiários, na forma e condições estabelecidas na legislação.

Benefício Previdenciário de Risco. Benefício de caráter previdenciário no qual a concessão dependerá da ocorrência de eventos imprevistos como invalidez, auxílio-doença ou por morte.

Benefício Programado. Benefício programado de caráter previdenciário em que a data de seu início é previsível, conforme as condições estabelecidas na legislação.

C

CADPREV. Sistema desenvolvido pelo Ministério da Previdência Social para fins de cadastramento do regime previdenciário adotado pelos entes federativos, acompanhamento e supervisão da gestão dos RPPS e consequente emissão e disponibilização do CRP.

Carteira de Ativos Financeiros. Ver *Investimentos dos Regimes Próprios de Previdência Social (RPPS)*.

Certificado de Regularidade Previdenciária (CRP). Documento que atesta a regularidade do RPPS, emitido pelo Ministério da Previdência Social.

Compensação Previdenciária. Indenização paga pelo regime de origem ao regime instituidor em decorrência da contagem recíproca por tempo de contribuição.

Conta. Elemento contábil destinado a sintetizar, mediante débitos e créditos, as operações orçamentárias, financeiras, patrimoniais e de controle, classificadas segundo os tipos dos componentes do patrimônio, dos custos, despesas ou consumos, das rendas ou receitas, do capital e dos resultados.

Contabilidade Previdenciária. Ramo da Contabilidade que tem o papel de evidenciar a capacidade econômico-financeira do ente federativo em relação ao seu sistema previdenciário.

Contabilidade Pública. Ramo da ciência contábil que aplica, no processo gerador de informações, os Princípios de Contabilidade e as normas contábeis direcionados ao controle patrimonial de entidades do setor público.

Conta Corrente Contábil. Menor fração da estrutura de uma conta contábil, que possibilita o acompanhamento individualizado de saldos para os quais seja necessário maior detalhamento, principalmente para identificar fornecedores, empenhos, transferências e célula orçamentária.

Contrapartida Contábil. Lançamento contábil de uma partida contrária a outra, em obediência ao Princípio da Partida Dobrada.

Contribuição Patronal. Contribuição efetuada pela Administração Pública para o RPPS em virtude da sua condição de "empregadora", resultante do pagamento de pessoal.

Contribuição Previdenciária. Recurso destinado ao pagamento dos benefícios previdenciários, originado de alíquota incidente sobre a folha de pagamento dos segurados e beneficiários de previdência.

Custo Normal. Valor correspondente às necessidades de custeio do plano de benefícios do RPPS, atuarialmente calculadas, conforme os regimes financeiros e o método de financiamento adotados, referentes a períodos compreendidos entre a data da avaliação e a data de início dos benefícios.

Custo Suplementar. Valor correspondente às necessidades de custeio, atuarialmente calculadas, destinado à cobertura do tempo de serviço anterior à data de avaliação atuarial pela ausência ou insuficiência de recursos previamente reservados.

D

Débitos Previdenciários. Valores devidos ao fundo de previdência pelo ente federativo em razão da ausência de repasse em época própria.

Déficit Atuarial. Ocorre quando os compromissos líquidos projetados (passivo atuarial) são superiores aos ativos financeiros capitalizados acrescidos dos ingressos de recursos projetados.

Déficit Financeiro. Insuficiências financeiras verificadas no exercício entre os ingressos de recursos e reservas financeiras acumuladas e o pagamento de despesas previdenciárias.

Déficit Orçamentário. Ocorre quando a despesa orçamentária é maior que a receita orçamentária.

Déficit Patrimonial. Ocorre quando a soma dos Ativos for maior que a soma dos Passivos de uma entidade (passivo a descoberto).

Demonstração das Mutações do Patrimônio Líquido (DMPL). Demonstração contábil que permite demonstrar a evolução do Patrimônio Líquido da entidade, cuja elaboração é obrigatória apenas para as empresas estatais dependentes constituídas sob a forma de sociedade anônima.

Demonstração das Variações Patrimoniais (DVP). Demonstração contábil que evidencia as alterações verificadas no patrimônio, resultantes ou independentes da execução orçamentária, e indicará o resultado patrimonial do exercício.

Demonstração dos Fluxos de Caixa (DFC). Demonstração contábil que permite analisar a capacidade de a entidade gerar caixa e equivalentes de caixa, e a utilização de recursos próprios e de terceiros em suas atividades.

Demonstrativo da Política de Investimentos (DPIN). Documento que tem a finalidade de demonstrar a política anual de investimentos dos recursos previdenciários sob a responsabilidade da Unidade Gestora de RPPS.

Demonstrativo de Aplicações e Investimentos dos Recursos (DAIR). Documento que tem a finalidade de demonstrar as alocações e os limites das aplicações e investimentos de recursos previdenciários sob a responsabilidade da Unidade Gestora de RPPS.

Demonstrativo de Informações Previdenciárias e Repasses (DIRP). Documento que tem a finalidade de demonstrar os valores devidos, repassados ou parcelados pelo ente federativo para a Unidade Gestora de RPPS.

Demonstrativo de Resultado da Avaliação Atuarial (DRAA). Documento exclusivo de cada RPPS que registra as características gerais do plano e os principais resultados da avaliação atuarial.

Despesa Corrente. Despesas realizadas com os gastos operacionais dos RPPS, como pessoal, material e serviços, inclusive de natureza intraorçamentária.

Despesa de Capital. Despesas realizadas com o propósito de formar ou adquirir Ativos, abrangendo, entre outras ações, o planejamento e a execução de obras, a compra de instalações, equipamentos, material permanente etc., inclusive de natureza intraorçamentária.

Despesa de Exercícios Anteriores. Refere-se às dívidas reconhecidas, resultantes de compromissos gerados em exercícios financeiros anteriores àquele em que devia ter ocorrido o pagamento.

Despesa Pública. Conjunto de dispêndios realizados pelos entes públicos para o funcionamento e a manutenção dos serviços públicos prestados à sociedade, que se desdobram em dispêndios extraorçamentários e em despesas e em receitas orçamentárias.

Despesas Orçamentárias. Decorrem de toda transação que depende de autorização legislativa, na forma de consignação de dotação orçamentária, para ser efetivada, e, dependendo do impacto na situação líquida patrimonial, pode ser classificada em despesa orçamentária efetiva (no momento de sua realização reduz a situação líquida patrimonial da entidade) e despesa orçamentária não efetiva (no momento da sua realização não reduz a situação líquida patrimonial da entidade).

Dispêndios Extraorçamentários. Compreendem saídas de numerários decorrentes de depósitos, pagamentos de restos a pagar, resgate de operações de crédito por antecipação de receita e recursos transitórios, que não constam da Lei Orçamentária Anual.

Documento Hábil. Documentação que comprova os atos e fatos que originam o lançamento na escrituração contábil da entidade.

Dotação. Limite de crédito consignado na Lei de Orçamento ou crédito adicional, para atender a determinada despesa.

E

Elegibilidade. Em previdência, significa preencher todos os requisitos que dão direito ao benefício previdenciário.

Encerramento do Exercício. Levantamento dos saldos das contas de resultado e das contas da programação orçamentária e financeira, para a apuração do resultado do exercício.

Ente Federativo (Ente Público). A União, os Estados, o Distrito Federal e os Municípios.

Equilíbrio Atuarial. Garantia de equivalência, a valor presente, entre os Ativos acumulados e o fluxo das receitas estimadas, e das obrigações projetadas, apuradas atuarialmente, a longo prazo.

Equilíbrio Financeiro. Garantia de equivalência entre os ativos acumulados e as receitas auferidas, e as obrigações do RPPS em cada exercício financeiro.

Exercício Financeiro. Período de execução dos serviços de um orçamento, equiparado pela Lei nº 4.320/1964 ao ano civil (1º de janeiro a 31 de dezembro).

F

Fato Gerador. Diz-se do momento em que o credor cumpre todas as obrigações para exigir do devedor o pagamento de uma obrigação (tributo, contribuição etc.). Nas entidades públicas, podem ser as obrigações constantes do empenho, ou seja, a entrega do bem ou do serviço contratado.

Fundo Especial. Produto de receitas especificadas por lei, que se vinculam à realização de determinados objetivos ou serviços, facultada a adoção de normas peculiares de aplicação (art. 71 da Lei nº 4.320/1964). A Constituição Federal os denomina simplesmente fundos, exigindo a aprovação de lei para sua instituição.

G

Gestão. Uma das partes do patrimônio de uma Unidade Gestora relativa à entidade administrada, que apresenta demonstrações, acompanhamento e controles distintos.

I

Imunidade Fiscal. Atributo de entidade que se encontra desobrigada por lei de pagar tributo.

Índice de Cobertura. Relação entre o Ativo Real e a Reserva Matemática Previdenciária calculada pelo Método do Crédito Unitário Projetado.

Ingressos Orçamentários. São recursos financeiros de caráter temporário que não integram a LOA, pois o ente é mero depositário desses recursos.

Inversões Financeiras. Dispêndio com a compra de imóveis ou bens de capital já em uso e também com a compra, aumento ou constituição de títulos de empresa. É uma despesa de capital que não agrega valor ao produto da economia nacional, por ser uma transação já registrada em período anterior.

Investimento. Dispêndio com a execução de obras, inclusive com a compra dos imóveis necessários para a conclusão das obras, bem como programas especiais de trabalho e outros materiais permanentes.

Investimentos dos Regimes Próprios de Previdência Social (RPPS). Ativos aplicados no mercado financeiro e de capitais pelos RPPS para cobertura das obrigações previdenciárias, com a observância da regulamentação específica.

L

Licitação. Processo pelo qual o poder público adquire bens ou serviços destinados à sua manutenção e expansão. São modalidades de licitação: convite, tomada de preços, concorrência pública, leilão, concurso público e pregão.

M

Modificações Estruturais. Mudanças trazidas pela EC nº 41/2003, que alterou a forma de financiamento dos benefícios previdenciários.

Modificações Paramétricas. Mudanças trazidas pela EC nº 41/2003, que trouxe alterações no plano de benefícios previdenciários.

N

Natureza de Informação. Segregação das contas contábeis em grandes grupos, de acordo com as características dos atos e fatos neles registrados, cuja metodologia permite o registro dos dados contábeis de forma organizada de modo a facilitar a análise das informações de acordo com a sua natureza, seja ela orçamentária, patrimonial ou de controle.

Natureza de Informação de Controle. Natureza de informação na qual são registrados, processados e evidenciados os atos de gestão cujos efeitos possam produzir modificações no patrimônio da entidade do setor público, bem como aqueles com funções específicas de controle, como o registro de contratos e garantias e o controle das disponibilidades.

Natureza de Informação Orçamentária. Natureza de informação na qual são registrados, processados e evidenciados os atos e fatos relacionados ao planejamento e à execução orçamentária, como a aprovação da Lei Orçamentária Anual, a realização da receita orçamentária, o empenho e a liquidação da despesa orçamentária e a inscrição em restos a pagar.

Natureza de Informação Patrimonial. Natureza de informação na qual são registrados, processados e evidenciados os fatos financeiros e os fatos não financeiros relacionados com as variações patrimoniais qualitativas e quantitativas do patrimônio público, como a entrada e saída de recursos, direitos e obrigações de curto e longo prazo e incorporações e baixas de bens.

Nota Explicativa. Esclarecimentos apresentados nas demonstrações contábeis com informações relevantes, complementares ou suplementares àquelas não suficientemente evidenciadas ou que não constam das demonstrações contábeis propriamente ditas.

Nota Técnica Atuarial. Documento exclusivo de cada RPPS que descreve de forma clara e precisa as características gerais dos planos de benefícios, a formulação para o cálculo do custeio e das reservas matemáticas previdenciárias, as suas bases técnicas e premissas a serem utilizadas nos cálculos, contendo, no mínimo, os dados constantes do Anexo da Portaria MPS nº 403/2008.

O

Orçamento Público. Lei de iniciativa do Poder Executivo que estima a receita e fixa a despesa da Administração Pública. É elaborada em um exercício para, depois de aprovada pelo Poder Legislativo, vigorar no exercício seguinte.

P

Parcelamento de Débitos Previdenciários. Forma de pagamento das contribuições previdenciárias devidas pelo ente público e não repassadas em época própria.

Parecer Atuarial. Documento que apresenta, de forma conclusiva, a situação financeira e atuarial do plano, certifica a adequação da base de dados e das hipóteses utilizadas na avaliação e aponta medidas para a busca e manutenção do equilíbrio financeiro e atuarial.

Partida Dobrada. Método que implica o registro de um débito, tendo como contrapartida pelo menos um crédito correspondente.

Passivo Atuarial. Somatório dos compromissos líquidos do plano. Ver *Provisão Matemática Previdenciária*.

Patrimônio Público. Conjunto de bens e direitos onerados pelas obrigações que o integram e que a entidade governamental utiliza como meio para concretização dos seus fins.

Plano de Benefícios. Conjunto de benefícios de natureza previdenciária oferecidos aos segurados do respectivo RPPS, segundo as regras constitucionais e legais previstas, limitados aos estabelecidos para o Regime Geral de Previdência Social (RGPS).

Plano de Contas Aplicado ao Setor Público (PCASP). Estrutura básica da escrituração contábil, formada por uma relação padronizada de contas contábeis, que permite o registro contábil dos atos e fatos praticados pela entidade de maneira padronizada, harmônica e sistematizada, bem como a elaboração de relatórios gerenciais e demonstrações contábeis de acordo com as necessidades de informações dos usuários.

Plano de Custeio. Definição das fontes de recursos necessárias para o financiamento dos benefícios oferecidos pelo Plano de Benefícios e taxa de administração, representadas pelas alíquotas de contribuições previdenciárias a serem pagas pelo ente federativo, pelos servidores ativos e inativos e pelos pensionistas ao respectivo RPPS e aportes necessários ao atingimento do equilíbrio financeiro e atuarial, com detalhamento do custo normal e suplementar.

Plano Financeiro. Sistema estruturado somente no caso de segregação da massa, no qual as contribuições a serem pagas pelo ente federativo, pelos servidores ativos e inativos e pelos pensionistas vinculados são fixadas sem objetivo de acumulação de recursos, sendo as insuficiências aportadas pelo ente federativo, admitida a constituição de fundo financeiro.

Plano Previdenciário. Sistema estruturado com a finalidade de acumulação de recursos para pagamento dos compromissos definidos no plano de benefícios do RPPS, sendo o seu plano de custeio calculado atuarialmente segundo os conceitos dos regimes financeiros de Capitalização, Repartição de Capitais de Cobertura e Repartição Simples, e em conformidade com as regras dispostas na legislação previdenciária.

Política de Investimentos. Instrumento básico de orientação à atividade do responsável pela operacionalização das aplicações e investimentos, devendo trazer a transparência exigida para a gestão dos ativos sob a responsabilidade do RPPS, permitindo seu monitoramento pelos interessados em geral, pelos segurados e beneficiários e pelos órgãos responsáveis pela sua supervisão.

Princípios de Contabilidade. Princípios que representam a essência das doutrinas e teorias relativas à Ciência Contábil, consoante o entendimento predominante nos universos científico e profissional de nosso País.

Probabilidade. Possibilidade da ocorrência de um evento aleatório.

Projeção Atuarial. Fluxo projetado dos ativos e das receitas, despesas e saldo do regime próprio para um período de 75 anos ou até sua extinção.

Provisão. São valores destinados a cobrir perdas prováveis ou referentes à existência de exigibilidades cujos montantes possam ser previamente conhecidos ou calculados.

Provisão Matemática Previdenciária. Total de recursos necessários ao pagamento dos compromissos dos planos de benefícios, calculados atuarialmente, em determinada data, a valor presente.

Provisão para Perdas em Investimentos. Estimativa de perdas constituída e contabilizada pelos RPPS com o objetivo de suportar eventuais perdas em aplicações ou investimentos malsucedidos.

R

Reavaliação Atuarial. Atualização da avaliação atuarial.

Receita de Compensação Previdenciária. Valores recebidos pelo regime instituidor de benefício do regime de origem do servidor em decorrência da contagem recíproca de tempo de contribuição.

Receitas Correntes. Ingressos destinados a atender às despesas classificáveis em despesas correntes, representados pelas receitas tributária, patrimonial, industrial e diversas e ainda as provenientes de recursos financeiros recebidos de outras pessoas de direito público ou privado (art. 11, § 1º, da Lei nº 4.320/1964). São também conhecidas como receitas efetivas ou receitas primárias.

Receitas de Capital. Ingressos destinados a atender a despesas classificáveis em despesas de capital, representados por recursos financeiros oriundos da constituição de dívidas, da conversão em espécie de bens e direitos, recursos recebidos de outras pessoas de direito público ou privado e, ainda, pelo superávit do orçamento corrente (art. 11, § 2º, da Lei nº 4.320/1964). São também conhecidas como receitas por mutação patrimonial ou receitas secundárias.

Receitas Orçamentárias. Representam disponibilidades de recursos financeiros que ingressam durante o exercício e constituem elemento novo para o patrimônio público.

Receitas Públicas. Constituem ingressos de recursos financeiros nos cofres do ente público, que se desdobram em ingressos orçamentários e em receitas orçamentárias.

Recursos Previdenciários. As contribuições e quaisquer valores, bens, ativos e seus rendimentos vinculados ao RPPS ou ao fundo de previdência.

Regime de Caixa. Regime contábil que consiste em reconhecer a despesa no momento de seu pagamento e a receita no momento de seu recebimento.

Regime de Competência. Regime contábil que consiste em reconhecer a despesa e a receita no momento de sua ocorrência (fato gerador), independentemente do pagamento ou recebimento.

Regime de Financiamento. Mecanismo pelo qual o RPPS busca, segundo a condição econômico-financeira do ente federativo e as exigências legais, estabelecer os fluxos de ingresso e acumulação de recursos necessários para o cumprimento de suas obrigações previdenciárias no imediato, no curto, no médio e no longo prazo.

Regime de Previdência Complementar (RPC). Regime de previdência privada de caráter complementar, sendo facultativo e organizado de forma autônoma em relação ao RGPS e ao RPPS, com a constituição de fundos que garantam o benefício contratado, como contribuição definida.

Regime Financeiro de Capitalização. Regime em que as contribuições estabelecidas no plano de custeio, a serem pagas pelo ente federativo, pelos servidores ativos e inativos e pelos pensionistas, acrescidas ao patrimônio existente, às receitas por ele geradas e a outras espécies de aportes, sejam suficientes para a formação dos recursos garantidores da cobertura dos compromissos futuros do plano de benefícios e da taxa de administração.

Regime Financeiro de Repartição de Capitais de Cobertura. Regime em que as contribuições estabelecidas no plano de custeio, a serem pagas pelo ente federativo, pelos servidores ativos e inativos e pelos pensionistas, em determinado exercício, sejam suficientes para a constituição das reservas matemáticas dos benefícios iniciados por eventos que ocorram nesse mesmo exercício, admitindo-se a constituição de fundo previdenciário para oscilação de risco.

Regime Financeiro de Repartição Simples. Regime em que as contribuições estabelecidas no plano de custeio, a serem pagas pelo ente federativo, pelos servidores ativos e inativos e pelos pensionistas, em determinado exercício, sejam suficientes para o pagamento dos benefícios nesse exercício, sem o propósito de acumulação de recursos, admitindo-se a constituição de fundo previdenciário para oscilação de risco.

Regime Geral de Previdência Social (RGPS). Regime de previdência originalmente destinado aos trabalhadores do setor privado e aos funcionários públicos celetistas; é também aplicável aos servidores titulares de cargos efetivos não vinculados a regime próprio.

Regime Próprio de Previdência Social (RPPS). Regime de previdência estabelecido no âmbito da União, dos Estados, do Distrito Federal e dos Municípios que assegura, por lei aos servidores titulares de cargos efetivos pelo menos os benefícios de aposentadoria e pensão por morte previstos no art. 40 da Constituição Federal.

Remuneração de Benefício. Valor considerado para a base de cálculo do valor do benefício do RPPS.

Remuneração de Contribuição. Valor considerado para a base de cálculo do valor da contribuição para o RPPS.

Repasse. Tipo de liberação de recursos do órgão setorial de programação financeira para entidades da administração indireta, e entre essas entidades, e também de entidades da administração indireta para órgãos da administração direta, ou entre esses órgãos, se de outro órgão ou ministério (art. 19, inciso II, do Decreto nº 825/1993). Em conformidade com a Instrução Normativa nº 01/1997, o repasse é também a liberação de recursos financeiros da União aos Estados, aos Municípios e ao Distrito Federal, bem como a entidades sem fins lucrativos, no âmbito dos convênios firmados entre estes e o Governo Federal.

Reserva. Recursos que visam manter a integridade do patrimônio.

Reserva Administrativa do RPPS. Reserva que tem como objetivo estruturar a Unidade Gestora, que deverá utilizar esses recursos ao longo dos anos sob as mesmas condições colocadas para o uso da taxa de administração do exercício.

Reserva de Contingência. Dotação não especificamente destinada a determinado órgão, unidade orçamentária, programa ou categoria econômica, constante do orçamento anual, cujos recursos serão utilizados para abertura de créditos adicionais (art. 91 do Decreto-lei nº 200/1967).

Reserva do RPPS. Diferença positiva apurada entre a receita prevista e a despesa fixada na elaboração do orçamento dos RPPS do exercício, com o objetivo de constituir fundo para assegurar o pagamento dos benefícios futuros.

Reserva Matemática. Montante calculado atuarialmente, em determinada data, que expressa, em valor presente, o total dos recursos necessários ao pagamento dos compromissos do plano de benefícios ao longo do tempo. Ver *Provisão Matemática Previdenciária*.

Resultado Patrimonial. Apurado pelo confronto entre as variações patrimoniais quantitativas aumentativas e diminutivas.

RPPS em Extinção. O RPPS cujo ente federativo tenha vinculado os seus servidores ativos titulares de cargo efetivo ao RGPS. Contudo, ainda mantém a responsabilidade pela concessão de benefícios previdenciários aos servidores que tenham preenchido os requisitos de exigibilidade, bem como a manutenção dos benefícios do cargo até sua extinção.

RPPS Extinto. O RPPS do ente federativo que teve cessada a responsabilidade pela concessão e manutenção de benefícios previdenciários.

S

Salário de Benefício. Valor considerado para a base de cálculo do valor do benefício do RGPS.

Salário de Contribuição. Valor considerado para a base de cálculo do valor da contribuição para o RGPS.

Segregação da Massa. Consiste em uma forma de equacionamento do déficit atuarial alternativa ao plano de amortização por meio de alíquotas suplementares ou aportes periódicos, separando os segurados do RPPS em dois grupos distintos: Plano Financeiro e Plano Previdenciário.

Seguridade Social. Conjunto de ações de iniciativas dos Poderes públicos e da sociedade para assegurar os direitos das pessoas em relação à saúde, à previdência e à assistência social.

Serviço Passado. Parcela do passivo atuarial dos servidores ativos, aposentados e pensionistas, correspondente ao período anterior ao ingresso no RPPS do respectivo ente federativo.

SIPREV. Sistema Integrado de Informações Previdenciárias, que tem por objetivo organizar e padronizar as informações sobre os segurados, ativos, aposentados e pensionistas dos RPPS, por meio da constituição de uma única base de dados no ente público.

Suitability. Regra segundo a qual o distribuidor dos produtos do mercado financeiro e de capitais deve ter uma base sólida para considerar que o produto oferecido é o mais adequado ao perfil do investidor.

Superávit Financeiro. Diferença positiva entre o Ativo financeiro e o Passivo financeiro, conjugando-se, ainda, os saldos dos créditos adicionais e as operações de créditos a eles vinculados.

Superávit Orçamentário. Ocorre quando a soma da receita arrecadada é superior à soma da despesa executada.

T

Tábuas Biométricas. Instrumentos estatísticos utilizados na avaliação atuarial que expressam as probabilidades de ocorrência de eventos relacionados com sobrevivência, invalidez ou morte de determinado grupo de pessoas vinculadas ao plano.

Tábua de Mortalidade. Instrumento utilizado para o estudo da probabilidade de morte, por sexo e por faixa etária, de uma população.

Tábua de Serviço. Tábua representativa dos empregados ativos, admitidos na entidade e filiados ao fundo com a mesma idade, considerados expostos à morte, ao desemprego, à incapacidade e à aposentadoria.

Tábua de Sobrevivência. É similar à tábua de mortalidade, porém estudando a probabilidade de sobrevivência por sexo e por faixa etária de uma população.

Taxa de Administração. Valor estabelecido em legislação de cada ente federativo para custear as despesas correntes e as despesas de capital necessárias à organização e ao funcionamento da Unidade Gestora do RPPS.

Transferências para os RPPS. Compreendem o valor dos aportes financeiros do ente para cobertura de insuficiências financeiras, aportes para a formação de reserva, para cobertura de déficits financeiros ou atuariais do RPPS e outros aportes, exceto os decorrentes de alíquota de contribuição complementar.

U

Unidade Gestora. Entidade ou órgão integrante da estrutura da Administração Pública de cada ente federativo que tenha por finalidade a administração, o gerenciamento e a operacionalização do RPPS, incluindo a arrecadação e gestão de recursos e fundos previdenciários, a concessão, o pagamento e a manutenção dos benefícios.

V

Valor Contábil Líquido. Montante com o qual um bem está registrado na Contabilidade, numa determinada data-base, líquido da correspondente depreciação, amortização ou exaustão acumulada ou provisão para ajuste do Ativo ao seu valor recuperável.

Valor de Mercado. Valor líquido pelo qual as aplicações e os investimentos dos RPPS podem ser resgatados ou vendidos, isto é, valor bruto de venda no mercado menos as despesas necessárias à venda, como comissões e corretagens. No caso do imobilizado, valor de mercado é o valor que a entidade despenderia para repor o Ativo, considerando uma negociação normal entre partes independentes, sem favorecimentos e isenta de outros interesses.

Referências

BRASIL. **Circular Banco Central do Brasil nº 3.068, de 8 de novembro de 2001.** Estabelece critérios para registro e avaliação contábil dos títulos e valores mobiliários.

_____. **Constituição da República Federativa do Brasil/Constituição (1988).** Texto constitucional de 5 de outubro de 1988 com as alterações.

_____. **Decreto nº 3.048, de 6 de maio de 1999.** Aprova o Regulamento da Previdência Social e dá outras providências.

_____. **Decreto nº 3.112, de 6 de julho de 1999.** Dispõe sobre a regulamentação da Lei nº 9.796, de 5 de maio de 1999, que versa sobre compensação financeira entre o Regime Geral de Previdência Social e os regimes próprios de previdência dos servidores da União, dos Estados, do Distrito Federal e dos Municípios, na contagem recíproca de tempo de contribuição para efeito de aposentadoria, e dá outras providências.

_____. **Decreto nº 3.788, de 11 de abril de 2001.** Institui, no âmbito da Administração Pública Federal, o Certificado de Regularidade Previdenciária (CRP).

_____. **Emenda Constitucional nº 18, de 5 de fevereiro de 1998.** Dispõe sobre o regime constitucional dos militares. *Diário Oficial [da] República Federativa do Brasil*, Poder Executivo, Brasília, DF, 6 de fevereiro de 1998, Seção 1.

_____. **Emenda Constitucional nº 19, de 4 de junho de 1998.** Modifica o regime e dispõe sobre princípios e normas da Administração Pública, servidores e agentes políticos, controle de despesas e finanças públicas e custeio de atividades a cargo do Distrito Federal, e dá outras providências. *Diário Oficial [da] República Federativa do Brasil*, Poder Executivo, Brasília, DF, 5 de junho de 1998, Seção 1.

_____. **Emenda Constitucional nº 20, de 15 de dezembro de 1998.** Modifica o sistema de previdência social, estabelece normas de transição e dá outras providências. *Diário Oficial [da] República Federativa do Brasil*, Poder Executivo, Brasília, DF, 16 de dezembro de 1998, Seção 1.

_____. **Emenda Constitucional nº 25, de 14 de fevereiro de 2000.** Altera o inciso VI do art. 29 e acrescenta o art. 29-A à Constituição Federal, que dispõem sobre limites de despesas com o Poder Legislativo Municipal. *Diário Oficial [da] República Federativa do Brasil*, Poder Executivo, Brasília, DF, 15 de fevereiro de 2000, Seção 1.

_____. **Emenda Constitucional nº 41, de 19 de dezembro de 2003.** Modifica os arts. 37, 40, 42, 48, 96, 149 e 201 da Constituição Federal, revoga o inciso IV do § 3º do art. 142 da Constituição Federal e dispositivos da Emenda Constitucional nº 20, de 15 de dezembro de 1998, e dá outras providências.

_____. **Emenda Constitucional nº 47, de 5 de julho de 2005.** Modifica os arts. 37, 40, 195 e 201 da Constituição Federal, para dispor sobre a Previdência Social, e dá outras providências. *Diário Oficial [da] República Federativa do Brasil*, Poder Executivo, Brasília, DF, 6 de julho de 2005, Seção 1.

_____. **Emenda Constitucional nº 70, de 29 de março de 2012.** Acrescenta o art. 6º-A à Emenda Constitucional nº 41, de 2003, para estabelecer critérios para o cálculo e a correção dos proventos da aposentadoria por invalidez dos servidores públicos que ingressaram no serviço público até a data da publicação daquela Emenda Constitucional.

_____. **Lei nº 4.320, de 4 de março de 1964.** Estatui Normas Gerais de Direito Financeiro para elaboração e controle dos orçamentos e balanços da União, dos Estados, dos Municípios e do Distrito Federal. *Diário Oficial [da] República Federativa do Brasil*, Poder Legislativo, Brasília, DF, 23 de março de 1964, Seção 1, p. 2745.

_____. **Lei nº 6.385, de 7 de dezembro de 1976.** Dispõe sobre o mercado de valores mobiliários e cria a Comissão de Valores Mobiliários. *Diário Oficial [da] República Federativa do Brasil*, Poder Legislativo, Brasília, DF, 23 de março de 1964, Seção 1, p. 2745.

_____. **Lei nº 8.212, de 24 de julho de 1991.** Dispõe sobre a organização da seguridade social, institui plano de custeio e dá outras providências. *Diário Oficial [da] República Federativa do Brasil*, Poder Executivo, Brasília, DF, 25 de julho de 1991, Seção 1 (publicação consolidada).

_____. **Lei nº 8.213, de 24 de julho de 1991.** Dispõe sobre os planos de benefícios da previdência social e dá outras providências. *Diário Oficial [da] República Federativa do Brasil*, Poder Executivo, Brasília, DF, 25 de julho de 1991, Seção 1 (publicação consolidada).

_____. **Lei nº 9.639, de 25 de maio de 1998.** Dispõe sobre a amortização e parcelamento de dívidas oriundas de contribuições sociais e de outras importâncias devidas ao INSS, altera dispositivos das Leis nºs 8.212 e 8.213, ambas de 24 de julho de 1991, e dá outras providências. *Diário Oficial [da] República Federativa do Brasil*, Poder Executivo, Brasília, DF, 27 de maio de 1998, Seção 1.

_____. **Lei nº 9.717, de 27 de novembro de 1998.** Dispõe sobre as regras gerais para a organização e o funcionamento dos regimes próprios de previdência social dos servidores públicos da União, dos Estados, do Distrito Federal e dos Municípios, dos militares dos Estados e do Distrito Federal e dá outras providências. *Diário Oficial [da] República Federativa do Brasil*, Poder Executivo, Brasília, DF, 17 de julho de 2003, Seção 1.

Referências **295**

_____. **Lei nº 9.796, de 5 de maio de 1999.** Dispõe sobre a compensação financeira entre o Regime Geral de Previdência Social e os regimes de previdência dos servidores da União, dos Estados, do Distrito Federal e dos Municípios, nos casos de contagem recíproca de tempo de contribuição para efeito de aposentadoria, e dá outras providências. *Diário Oficial [da] República Federativa do Brasil*, Poder Executivo, Brasília, DF, 6 de maio de 1999, Seção 1.

_____. **Lei nº 10.887, de 18 de junho de 2004.** Dispõe sobre a aplicação de disposições da Emenda Constitucional nº 41, de 19 de dezembro de 2003, altera dispositivos das Leis nºs 9.717, de 27 de novembro de 1998, 8.213, de 24 de julho de 1991, 9.532, de 10 de dezembro de 1997, e dá outras providências. *Diário Oficial [da] República Federativa do Brasil*, Poder Executivo, Brasília, DF, 21 de junho de 2004, Seção 1.

_____. **Lei Complementar nº 101, de 4 de maio de 2000.** Estabelece normas de finanças públicas voltadas para a responsabilidade na gestão fiscal e dá outras providências. *Diário Oficial [da] República Federativa do Brasil*, Poder Legislativo, Brasília, DF, 5 de maio de 2000, Seção 1, p. 1.

_____. Comissão de Valores Mobiliários. **Instrução nº 554, de 17 de dezembro de 2014.**

_____. Ministério da Fazenda. Ministério do Planejamento, Orçamento e Gestão. **Portaria Interministerial nº 163, de 4 de maio de 2001.** Dispõe sobre normas gerais de consolidação das Contas Públicas no âmbito da União, Estados, Distrito Federal e Municípios, e dá outras providências. *Diário Oficial [da] República Federativa do Brasil*, Poder Executivo, Brasília, DF, 7 de maio de 2001, Seção 1, p. 15. Disponível em: <http://www3.tesouro.fazenda.gov.br/legislacao/download/contabilidade/Portaria_Interm_163_2001_Atualizada_2011_23DEZ2011.pdf>. Acesso em: 10 ago. 2016.

_____. Ministério da Fazenda. Secretaria da Receita Federal. **Instrução Normativa SRF nº 103/1984.** Fixa prazo de vida útil e taxa de depreciação de bens usados.

_____. Ministério da Fazenda. Secretaria da Receita Federal. **Instrução Normativa SRF nº 162, de 31 de dezembro de 1998.** Fixa prazo de vida útil e taxa de depreciação dos bens que relaciona. *Diário Oficial [da] República Federativa do Brasil*, Poder Executivo, Brasília, DF, 7 de janeiro de 1999, Seção 1, p. 5.

_____. Ministério da Previdência Social. **Livro Branco da Previdência Social.** Brasília: MPS/GM, 2002, 152 p.

_____. Ministério da Previdência Social. **Orientação Normativa MPS/SPS nº 2, de 31 de março de 2009.**

_____. Ministério da Previdência Social. **Orientação Normativa MPS/SPS nº 1, de 30 de maio de 2012.** Estabelece orientações para o cálculo e as revisões dos benefícios de aposentadoria por invalidez e das pensões deles decorrentes concedidas pelos regimes próprios de previdência social para fins de cumprimento do disposto na Emenda Constitucional nº 70, de 29 de março de 2012.

_____. Ministério da Previdência Social. **Portaria MPS nº 204, de 10 de julho de 2008.** Dispõe sobre a emissão do Certificado de Regularidade Previdenciária (CRP) e dá outras providências.

_____. Ministério da Previdência Social. **Portaria Ministerial nº 402, de 10 de dezembro de 2008.** Disciplina os parâmetros e as diretrizes gerais para organização e funcionamento dos regimes próprios de previdência social dos servidores públicos ocupantes de cargos efetivos da União, dos Estados, do Distrito Federal e dos Municípios, em cumprimento das Leis nºs 9.717, de 1998, e 10.887, de 2004.

_____. Ministério da Previdência Social. **Portaria Ministerial nº 403, de 10 de dezembro de 2008.** Dispõe sobre as normas aplicáveis às avaliações e reavaliações atuariais dos Regimes Próprios de Previdência Social (RPPS) da União, dos Estados, do Distrito Federal e dos Municípios, define parâmetros para a segregação da massa e dá outras providências.

_____. Ministério da Previdência Social. **Portaria Ministerial nº 519, de 24 de agosto de 2011.** Dispõe sobre as aplicações dos recursos financeiros dos Regimes Próprios de Previdência Social instituídos pela União, Estados, Distrito Federal e Municípios, altera redação da Portaria MPS nº 204, de 10 de julho de 2008, e da Portaria MPS nº 402, de 10 de dezembro de 2008, e 402, ambas de 2008, e dá outras providências. (Retificado no *Diário Oficial da União*, de 26 de agosto de 2011.)

_____. Ministério da Previdência Social. **Portaria MPS nº 509, de 12 de dezembro de 2013.** Dispõe sobre a adoção do Plano de Contas Aplicado ao Setor Público e das Demonstrações Contábeis Aplicadas ao Setor Público definidos no *Manual de Contabilidade Aplicada ao Setor Público* da Secretaria do Tesouro Nacional no âmbito dos Regimes Próprios de Previdência Social (RPPS).

_____. Ministério da Previdência Social. **Portaria MPS nº 530, de 24 de novembro de 2014.** Disciplina o Processo Administrativo Previdenciário (PAP) para análise e julgamento das irregularidades em Regime Próprio de Previdência Social (RPPS) de Estado, do Distrito Federal ou de Município, apuradas em auditoria-fiscal direta.

_____. Ministério da Previdência Social. **Portaria MPS nº 185, de 14 de maio de 2015.** Institui o Programa de Certificação Institucional e Modernização da Gestão dos Regimes Próprios de Previdência Social da União, dos Estados, do Distrito Federal e dos Municípios – "Pró-Gestão RPPS".

_____. Ministério da Previdência Social. **Portaria MPS nº 300, de 3 de julho de 2015.**

_____. **Resolução do Banco Central do Brasil nº 3.922, de 25 de novembro de 2010.** Dispõe sobre as aplicações dos recursos dos regimes próprios de previdência social instituídos pela União, Estados, Distrito Federal e Municípios.

_____. **Resolução do Banco Central do Brasil nº 4.392, de 19 de dezembro de 2014.** Altera a Resolução nº 3.922, de 25 de novembro de 2010, que dispõe sobre as aplicações dos recursos dos regimes próprios de previdência social instituídos pela União, Estados, Distrito Federal e Municípios.

_____. **Resolução do Conselho Monetário Nacional nº 3.506, de 27 de outubro de 2007.** Dispõe sobre as aplicações dos recursos dos regimes próprios de previdência social instituídos pela União, pelos Estados, pelo Distrito Federal ou por Municípios. *Diário Oficial [da] República Federativa do Brasil*, Conselho Monetário Nacional, Brasília, DF, Seção 1.

CONSELHO Federal de Contabilidade. **Normas Brasileiras de Contabilidade Aplicadas ao Setor Público.**

_____. **Princípios de Contabilidade e Normas Brasileiras de Contabilidade.**

_____. **Resolução CFC nº 1.111, de 5 de dezembro de 2007.** Aprova o Apêndice II da Resolução CFC nº 750/93 sobre os Princípios de Contabilidade (Redação dada pela Resolução CFC nº 1.367/2011.)

LIMA, Diana Vaz de; GUIMARÃES, Otoni Gonçalves. **Contabilidade Aplicada aos Regimes Próprios de Previdência Social.** Brasília: MPS, 2009. 160 p. (Coleção Previdência Social, Série Estudos; v. 29.)

MASCARENHAS, Roberta de Aguiar; OLIVEIRA, Antônio Mário Rattes de; CAETANO, Marcelo Abi-Ramia. **Análise Atuarial da Reforma da Previdência do Funcionalismo Público da União.** Brasília: MPS, 2004. 83 p. (Coleção Previdência Social, Série Estudos; v. 21.)

SECRETARIA do Tesouro Nacional. **Manual de Contabilidade Aplicada ao Setor Público (MCASP).** Aplicado à União, aos Estados, ao Distrito Federal e aos Municípios, válido a partir do exercício de 2015. Portaria Conjunta STN/SOF nº 1, de 10 de dezembro de 2014. Portaria STN nº 700, de 10 de dezembro de 2014.

VIANA, Cibílis da Rocha. **Teoria Geral da Contabilidade.** 6. ed. Edição Sulina, 2º volume, 1976.

_____. **Teoria Geral da Contabilidade.** 7. ed. Edição Sulina, 1º volume, 1979.

VILANOVA, Wilson. **Matemática Atuarial.** São Paulo: Pioneira, 1969.

SÍTIOS PESQUISADOS

1. Câmara dos Deputados <www.camara.gov.br>.
2. Conselho Federal de Contabilidade <www.cfc.org.br>.
3. Previdência Social <www.previdencia.gov.br>.
4. Palácio do Planalto <www.planalto.gov.br>.
5. Senado Federal <www.senado.gov.br>.
6. Secretaria do Tesouro Nacional <www.stn.fazenda.gov.br>.

Pré-impressão, impressão e acabamento

grafica@editorasantuario.com.br
www.editorasantuario.com.br
Aparecida-SP